魂が伝えるウェルネスの秘密

The Secret of Life Wellness

INNA SEGAL

人生を癒し変容させるための実践ガイド

イナ・シガール 著　采尾英理 訳

ナチュラルスピリット

THE SECRET OF LIFE WELLNESS
by Inna Segal

Japanese translation rights arranged with BEYOND WORDS,
a Division of SIMON & SCHUSTER, INC., through Owls Agency Inc.

本書は神の手中にあり、私たちすべての中にある無限の愛に捧げられます。

本書は著者の見解および所見を記載しています。その目的は、本書にて扱っているテーマに関する有用な情報提供にあります。著者および出版社は、医療サービス、保健サービス、そのほかいかなる個人的な専門サービスの提供にも携わらないことをご理解ください。本書にて述べられている提案を実行される前、または本書に基づき推断される前に必ず医療専門家、ヘルスケアの専門家、そのほか有資格の専門家にご相談ください。著者および出版社は、本書の内容を適用した結果、直接、間接に生じた個人的またはそれ以外の損害、損失、危険についていかなる責任をも負うことがありません。

魂が伝えるウェルネスの秘密　もくじ

第二部　魂の旅を極める

第三部　人生の様々な関係を変容させる

第四部　解き放つ

序文

直観――それは誰もが備えている力です。ところが、社会や教育機関が私たちに意識して磨くよう奨励している能力の中で、直観力はあまり注目されない存在です。ほとんどの人は、直観という「ギフト」を与えられたと言われる人たちに助言を求めようとしますが、それは見当違いです。なぜなら、直観は特別な人にのみ与えられたギフトではなく、誰もが生まれながらにして与えられている力だからです。ただ、その力を磨いているかどうかが人によって異なるのです。

私たちは毎日のように「勘」と呼ばれる不可解な感覚を働かせていると言っても過言ではないでしょう。この「勘」こそが実は、私たちを通じて現れ、訴えかけている未開発の直観を指しているのです。本書でイナ・シガールが述べているのは、直観に気づき、人生のあらゆる方面でそれを活かす方法です。

直観は科学的に証明できるものではありません。なぜなら、その実態が非科学的で、論理を超えたところに存在するからです。そして、この国際社会には「二十一世紀の人類が抱えている数々の課題に対する答えは、科学やテクノロジーによって実証されるものの中に見いだされるはずだ」という集合的な信念があります。それでも――取り立てて言うほどのことではありませんが――世界中の様々な社会組織（政府、軍、現代医学の医師なども含みます）が直観能力者にこっそり相談して超自然的な意見や情報を得ている一方で、一般人もあらゆる種類のシャーマン、民間療法士、霊能者（アニマル・コミュニケーターなども含む）に万能薬や解決策を求めたりしています。頭脳優秀な科学者たちでさえも、勘、つまり内面から訪れる「ひらめき」を待つべきだと考えるようになってきています。私たちの中に潜んでいる最も微細なエネルギーの一つである直観は、ダイレクトに知覚、認知されます。この直観以上に実用的で正確なものなどあるでしょうか？

ここで認識していただきたい大切なことがあります。合理的かつ分析的で理知的なマインドは五感や知覚の限界にとらわれてしまうことが多々ありますが、直観はそのマインドを超える存在だということです。マインドは現実を理詰めの思考で解釈し、内なるスピリットは現実を直観で経験します。直観はマインドを超え、あなたを明晰で澄みわたった達観の地へと連れて行くでしょう。身体が備える知恵が本能ならば、魂という意識が備える知恵が直観なのです。

自身の経験から、イナは私たちの背中を押すべく冷静に次のように語っています。「実のところ直観は自然な現象で、その力を磨くための時間とエネルギーを惜しまない人なら誰でも活用できます」。私たちが磨くべき能力の中でも直観はとりわけ堅実で必要不可欠なものであり、人生のあらゆる方面で救いの手を差し伸べてくれます。ありがたいことに、直観は外から調達しなければならないものではなく、すでに私たちに内蔵されているのです。そして、種の中で眠るドングリの木が実を結ぶために必要な滋養を待っているように、直観も私たちの内面で出番を待っています。

直観は、常にあなたを正しい方向へと導いてくれる「内なる目」です。方法論的な分析など必要とせず、純粋な真理を苦もなく見つけてくれます。イナが勧めるあなた自身の癒しを通して、信頼の心で直観的な内なる目のレンズを磨いてみましょう。自分自身を癒すということは自らの成長と精神的な成熟に責任を持つことを意味し、それは人類史において今まさしく岐路に立っている私たち全員が必要としているステップです。イナのプロセスを実践することで、私たち一人ひとりに生来与えられている直観というギフトを磨いて高めることができます。自分を愛する優しさには強さがあります。その強さを通じて、本書はあなたを直観という全知のパワーへと導き、天からの恵みのようなインスピレーションをもたらしてくれるでしょう。

マイケル・バーナード・ベックウィズ

著者による序文

本書のテーマは、あなたの人生を癒し、変容させ、愛することです。私の目的は、あなたがヴィジョナリー（予見者／洞察力を持つ人の意）となって、ウェルネス（心身の健やかさ）と進化の原則を人生に活かして実践できるよう、インスピレーションを与えることです。

本書で扱っている膨大な量の情報、経験談、プロセスは、私が編み出した「ヴィジョナリー直観ヒーリング（Visionary Intuitive Healing）」という新しい癒しの手法に基づいています。この手法は、私の人生を一変させた癒しの経験がきっかけとなって生まれました。激しい背痛、消化器異常、乾癬《かんせん》、不安症を癒した私は、自身の身体にチューニングする（意識を合わせる）能力だけでなく、魂の知恵にアクセスする能力を自分が備えていることに気づきました。私は練習を重ね、相手の身体、心、エネルギーの状態を正確に「見抜いて」感じとり、そこから洞察を得る能力を磨きました。そして、人々がその生き方や情報の受けとり方によって特定の病気を患う理由がわかるようになったのです。

微細な領域を感じとるこの能力のおかげで、私は非常に効果的かつシンプルなプロセスを編み出し、そのプロセスを通して人の身体的な症状を癒し、制限的な感情を解き放ち、色やエネルギーを活用し、潜在意識にアクセスしてそのプログラムを作り直す手助けができるようになりました。私の関心は常に、人々が直観を磨いて人生に活かせるよう協力し、自己治癒、変容、進化を通してヴィジョナリーとなる力添えをすることにあります。

本書のインスピレーションになったもの

私は長年にわたって「ヴィジョナリー直観ヒーリング」というワークショップを指導し、クライアントの相談に乗り、医師や医療関係者と協力し、調査研究や個人的な体験、旅を重ね、高次のガイダンスを受けとってきました。本書はそういった経験を下敷きにしています。セミナーやヒーリング・セッション、メール、ソーシャルメディアなどを通してよく受ける数々の質問がインスピレーションとなり、私は本書を執筆することにしました。

年月を重ねるにつれて、私はあることに気づきました。それは指導している国や場所がどこであれ、人々が知りたいと願うこと、人生の関心事は世界中どこに行っても似通っているということです。多くの人々が、思考や感情がどのように健康に影響を及ぼすかということに関心を持ち、自身を癒す力が自分にも備わっているかどうかを知りたがっていました。とりわけ高い関心を集めていたのは、ストレスや心配事を解消する方法や、人生の目的に従って成功する方法についてです。誰もが、私の教えをどのようにして人生のあらゆる方面に応用できるのか知りたがっていました。

そこで私は、これまでに寄せられた何千という質問を分類してまとめました。同類の質問が多かったため、最もよく尋ねられる二十一のトピックに絞り、それぞれ一つの質問にまとめた上で、必須情報を盛り込むようにしました。各章では、私が得た洞察や実体験、実用的なアドバイス、変容のためのプロセスについても述べています。

前著『体が伝える秘密の言葉』が多くの人たちにとって健康改善を促すガイドとなったように、本書もまた、私たちの人生の大切な領域一つひとつを変容させる実用的な情報源となるよう願っています。取り上げたトピックは、自分の愛し方、人間関係の改善、理想的な体重の達成、直観力の磨き方、自信にあふれた子どもの育て方、経済的な繁栄の実現など広範にわたります。いつも強調していることですが、身体の状態はあなたの人生経験を映し出しています。そして、あなたの人生が健全なものかどうかは身体の健康状態を見ればわかります。人生のある領域が改善されれば、ほかの領域も自然と改善され、大いに向上するでしょう。

イントロダクション

本書は、人生によく起こる問題をわかりやすい方法で解決へと導くためのガイドブックであり、人々がヴィジョナリーとなれるよう背中を押して指導するムーブメントの一環でもあります。世界中で広まりつつあるこのムーブメントは、内なる知恵に意識を向けて人生を変容させるためのレールを敷くものです。本書は「読んで自ら経験する」ための書籍であり、読者の皆さんを一段とすばらしい人生経験へと導く強力なプロセスと癒しの振動を備えています。かつてないほど多くの人々が、意識の壮大な転換を迎えようとしています。この意識の転換は、個人レベルでも人類レベルでも起こりつつあります。私たちは、新しい生き方を見つける準備ができています。この新しい生き方は、現実的で、愛と平和に満ち、調和のとれた健全な生き方です。私たちは、個人が直面する問題と地球規模の問題の両方を解決するために、よりいっそうスピリチュアルで魂に根差した意識的な方法を選ぶ心構えができています。そう、私たちは新しい生き方を望んでいるのです！

私のほかの著作、オーディオ・プログラム、カード、ビデオ、ワークショップなどと同様に、本書の目的も、直観の導きを信頼できるよう少しずつ確実にあなたを引き立て、ひらめきと勇気にあふれた有意義な人生へと誘うことにあります。

長い間、本書で扱っているようなトピックについて詳しく学びたいという要望をたくさんの教え子たちから受けてきました。そこで私は自分が読んできた文献などを勧めてはいたのですが、彼らからは「入手困難だ」「自分の母国語に翻訳されていない」「量が多すぎて目を通す時間がない」などという反応が返ってきました。その上、私が発見したことの多くは、ほかの人が書いた本には載っていません。これらの発見は、人の身体やエネルギー・フィールドを見抜く私の能力と実体験、ヴィジョン、内なるガイダンスの声を通して得られたものだったからです。

こうして広範なトピックを一冊の本にまとめてお届けできるのは、とても幸せなことです。本書では、愛情深いパートナーを引き寄せるためのトピック、妊娠に備えるためのトピック、自信と幸福感に満ちた子どもを育てるためのトピックなど、繊細な問題を多岐にわたり扱っています。人生の特定の時期にしか関係のないトピックもあるかもしれませんが、すべて重要な事柄なので、ひと通り読んでいただくことをお勧めします。癒しと進化につながる貴重な知識やプロセスを得られるかもしれません。

本書の内容は、自分に対してもっと優しくなるよう励ますムーブメントの一環でもあります。体が伝える直観的なメッセージに耳を澄まし、より平穏で魂が喜ぶ健康的な人生を送り、リラックスして、自然とつながり共存してください。

本書の使用方法

本書で取り上げているのは、直観とつながり、ハートを開いて魂の声に耳を傾け、健全な人生を創り出すための様々な方法です。最初から順番に読み進めていく必要はありませんが、多くのテーマがそれぞれにリンクしているため、順を追って読んでいただいた方が良いでしょう。また、十分に理解していると思えるトピックにも、目を通していただくことをお勧めします。すでに知っていることを思い出したり、人生の謎を解くきっかけになることがあるかもしれません。

第一部では、直観力を高めて内なるパワーを呼び起こすことに焦点をあてています。直観を受けとる力を磨き、あなたの影（シャドウ）が持つ様々な側面に親しみましょう。そして、チャクラ（エネルギー・センター）に働きかけ、つらい感情やストレスを人生から解き放ち、自分にパワーを与えてください。

第二部では、魂の旅路をマスターすることについてお話ししています。ここでは魂とつながる方法、聖なるエネルギーの受けとり方、無条件の愛に心を開く方法、ソウルメイトについての理解の深め方、過去生に取り組む方法、魂の目的を知る方法を学べます。

第三部では、人生のパートナー、子ども、お金、自分を取り巻く環境などをテーマに、望むものを引き寄せること、癒すこと、関係を変容させることについて述べています。人生を理解し、自分を愛し、魂の旅路を受け入れることを通して、今この瞬間を大切に生き、現実的なやり方で試練に立ち向かう能力を高められるようになるでしょう。

第四部では、余分な体重を落とし、心の傷を癒し、喪失を乗り越えて前進するための様々な方法についてお話ししています。ここでは、パワーが湧いてくる新たな決断をくだせるようあなたを励ますとともに、死が魂の旅路の終わりではないという見解についてじっくり考えてみることをお勧めしています。

私自身の経験はもちろんのこと、クライアントや教え子、友人、家族から聞いた話も数多くご紹介しています。理屈だけではピンとこないようなことでも、実際にあった話を聞くことによって、インスピレーションや実生活での具体的なイメージが得られるからです。実話には、重要なポイントを強調し、可能性に対するマインドの視野を広げる力があります。

まずはひと通り読み終えてから、興味を引かれるセクションに重点的に取り組んでみることをお勧めします。

プロセスについて

前著『体が伝える秘密の言葉』と同じく、本書でもあなたが持つすべての感覚や様々な能力を活用するヒーリング・プロセスを作りました。前著や『カラー・カード』でご紹介しているプロセス、私のオーディオ・プログラム、あるいはあなたがすでに使っているレメディや療法と本書のプロセスを組み合わせてもかまいません。私がプロセスの中で組み合わせたものには、聖なる存在とつながること、明確な意図、視覚化《ヴィジュアライズ》、カラー・ヒーリング、瞑想、呼吸法、タッチ（軽く押す、触れるなど）、ツボ療法、ムドラ、動作、振動によるヒーリング、音、感情解放などがあります。

なるべく短い時間でできるよう、本書のプロセスはすべて簡単に行えるものになっています。プロセスを行っているうちに、あなた自身と人生経験において大きな変化が起こり始めるでしょう。

本書を読みながら日記をつけることをお勧めします。どうしても取り組みたいと思うセクションが出てくるかもしれませんので、そのときはそれを書き留めましょう。人生の様々な領域で起こる変化や進展を記録しておくと便利です。

ほとんどのプロセスでは、浄化の宣言を唱えます。これは「神聖なる叡智」への呼びかけで始まりますが、この言葉は「高次の知恵」「神」「大いなる源」「魂」など、あなたが魂の本質を連想しやすい言葉に置き換えてもかまいません。プロセスで出てくる言葉に違和感がある場合は、あなたが共鳴する言葉を使ってください。

浄化の宣言では、最後に「クリア（浄化）」という言葉を繰り返すことで、滞ったエネルギーを浄化し解放します。英語の「clear」という言葉は「clarity（明晰性）」という言葉と関係しています。よどみや滞りを解き放って明晰性を得るイメージで行いましょう。最良の効果を得るためには、三十秒から一分ほどかけて「クリア」という言葉を繰り返すことが大切です。これは、内面を清める掃除機のようなものと考えてください。

浄化をイメージできるものなら、別の言葉に変えてもかまいません。その場合は、ポジティブで繰り返し唱えると気分が良くなる言葉にしてください。プロセスの中には、「安らぎ」「平穏」「委ねます」といった言葉を使うものもあります。大切なのは、プロセスを行っているときに心地良い気分で完全にリラックスすることです。

プロセスの効果を実感するには

よどみを手放すと、何かが解放されているサインとして、ピリピリするような感じ、あくびが出そうな感覚、かすかな痛み、緊張感などが体から伝わってくることがあります。安らぎ、冷感、熱感、体がより目覚めていく感覚などをおぼえることもあるでしょう。重大な気づきを得る人もいます。咳き込んだり、喉の渇き、眠気、空腹感が生じたり、苛立ちまたは心の平穏を感じることもあります。気が重くなることもあれば、気が軽くなることもあります。色彩やまばゆい光線が浮かんだり、太陽の光のような温かい感覚があったり、何かの香りに気づいたりするかもしれません。むずがゆい感じ、くしゃみが出そうな感覚、目まいや空虚感などを経験する人もいます。

解放が起こっているというメッセージを体が独特の方法で伝えてくることもあります。少しペースを落として注意を払えば、そのメッセージに気づくことができるでしょう。無気力状態に陥っていたり、自分を守るバリアを築いてしまっている人もいるかもしれません。これまでにヒーリング・ワークを経験したことがない方は、先述した強い感覚が起こる前に、まずはそうした無気力状態やバリアを手放すのに少し時間がかかるかもしれません。焦らずに、じっくり構えましょう。

あなたが必要とするワークを深いレベルでやり遂げると、人生のウェルネスにおいて大きな飛躍が感じられることでしょう。

プロセスを継続して行う

本書に取り組むことによって得られる最大の効果は、各章でご紹介しているプロセスを行うことで実感できます。私はもう何年にもわたって人々の相談に乗り、その体やエネルギー・フィールドにチューニングすることで、彼らを手助けする方法を追求してきました。彼らが痛みを手放し、みじめな感情に対処し、ハートを開き、病から奇跡のような身体的治癒を遂げ、お金に関する制限的な考え方を変え、家族を許し、直観力を高め、大いなる源とつながるのをサポートする方法について理解を深めてきたのです。

本書でご紹介しているプロセスは、試行錯誤を重ねて工夫を凝らし練り上げてきたものです。これらのプロセスでどうか人生を癒して変容させ、やる気やパワーを高めてください。本書追記にて、プロセスを継続して行うための提案をいくつか記載しています。じっくりと検討し、あなたの人生にうまく適用できる形で活用してください。

本書を読んでプロセスを継続して行うことで、直観力を高め、聖なるエネルギーとつながり、あなたのスペースを浄化する方法を習得し、重くよどんだエネルギーから自分を守ることができます。また、心の傷を癒し、愛情深いパートナーを引き寄せ、現在の人間関係に調和をもたらす方法も発見できるでしょう。

本書は一般的な書籍ではありません。あくまでも、読んで実践するためのものです。厄介な感情を抱えている方、ストレスの解消法を探っている方、チャクラを浄化したい方、魂の知恵とつながりたい方、希望やインスピレーションを求めている方――あなたが今どのような状態にあるとしても、本書を「読んで使える情報源」として活用し、自らを癒して変容させ、人生を楽しんでいただければ幸いです。

1

直観力を高め、
内なるパワーを呼び起こす

第一部では、あなたが直観力を磨くお手伝いをします。体を癒したい方、人生の大きな決断をくだそうとしている方、大切な人とつながりたい方、生活を守りたい方、仕事での課題を解決したい方——どのような方にとっても、直観を効果的に活用することが重要な鍵となります。読み進めていくうちに、本当の自分と再びつながって、いっそう優しく真心と愛に満ちた視点で自分自身や他者を見つめられるようになるでしょう。直観力を磨き高めるためには、時間をかけて内面を見つめ、自分の強さと弱さの両方を受け入れなければなりません。

私の目的は、あなたが簡単な方法で人生のあらゆる領域を強化、進化させてマスターできるようインスピレーションと励ましを与え、その方法を実演することにあります。あなたは学びの道中で、自分の旅路の精妙なプランに心を奪われることでしょう。各章の最後に、いくつかのシンプルで奥深いプロセスを用意しています。どれも数分でできるものですが、癒しや変容を促し、直観を磨いてハートを開き、人生の様々な領域を受け入れるのに役立つでしょう。

読み進むにつれて、あなたは森羅万象が調和を保っているということに気づいていくはずです。人生のあらゆる側面は、あなたが学んで成長し飛躍する助けとなるよう計画されているのです。

1．直観力を磨くには

Q

直観については読んだり聞いたりしてきて、誰もが持っているものだと理解しています。直観を高める方法、また直観と通常の思考を識別する方法はありますか？

直観はあなたを導くメカニズム――万物の見えざる神聖な王国との架け橋です。直観力が優れていると、自分の体と魂、ハイヤーセルフ（高次の自己）にチューニングして霊的なガイダンスを得、受けとったメッセージを理解し、パワフルな選択ができるようになります。目が覚めているとき、瞑想中、夢を見ているとき、シャワーを浴びているとき、運動中、体とつながっているとき、普通にくつろいでいるときなど、直観によるひらめきは様々な瞬間に訪れます。瞑想状態にあるときの方が直観にアクセスしやすいかもしれませんが、たとえば危機に直面しているときなど、直観はどのような瞬間にでも訪れる可能性があります。

モナ・リザ・シュルツはその著書『Awakening Intuition』で次のように述べています。

「直観とは、目の前の世界にあるもの以外の存在を内面で知覚することです。それは、内なる視覚、ある種の聴力、体の感覚、感情などを通して訪れます。直観はほかの感覚となんら変わりなく、それらの感覚が研ぎ澄まされた状態とも共通しています。ほかの感覚と直観との違いは、その受けとり方です。直観はそれぞれにユニークな形で訪れるため、その受けとり方にも個人差があるのです」［注1］

通常の思考と直観との違い

通常の思考と直観との違いは、受けとる情報の性質にあります。思考は浮かび上がっては消えていきますが、直観はたいてい不変の感覚として訪れます。思考は変化しますが、直観は思考よりも奥深く、内なる認識として湧き出てきます。通常の思考は直線的な考えに基づいていますが、直観は自然にもたらされます。思考は一瞬で過ぎ去っていきますが、直観はしばしば体の感覚や不思議な現象を伴います。

直観は必ずしもあなたが望んでいるメッセージを運んでくるとは限りません。人が直観を無視してしまうことがある理由の一つは、ここにあります。

自分の感情に注意を払って勘に従おうとする気持ちがあれば、直観は磨かれていきます。筋肉を鍛えるのと同じように、直観も使えば使うほど自信が湧き、勘も研ぎ澄まされてくるでしょう。直観的なひらめきが持つ最大のパワーは、あなたが取る一連の行動、ひいては人生を変えるその力にあります。

直観が呼び起こされるのは、自分の感受性を享受して感情を味わい、自然とつながろうとしたときです。リラックスして体と対話していると、あなたを取り巻く世界と内面の世界をこれまでと違った視点で眺めることができるようになるでしょう。そして、あなたは体からのメッセージに耳を傾け、宇宙の叡智と魂の知恵に注意を向け始めるはずです。直観力が高まるのは、自分を守ろうとするバリアを手放して、神秘のベールに包まれた世界に心を開いたときです。あらゆるものが可能なこの世界はガイドや天使といったヘルパーが存在する時間を超越した王国で、そこでは物事が瞬時に姿を変えます。この神聖な可能性に満ちあふれた非直線的な現実では、時間、空間、引力の法則に縛られているものは存在しません。

直観に気づくには

「どのように、直観的なひらめきに気づくことがありますか」とワークショップの参加者に聞いてみると必ず、ほとんどの人から「疑いようのない感覚」を経験するという答えが返ってきます。たいていの場合、この「知っている」という感覚はふいに涌き起こるものですが、それに関連する予備知識を根拠にしているとは限りません。必ずしも理屈にかなっているとは言えないのです。どこからともなく得られる確信、ヴィジョン、特定の事柄に関する目的意識、すべきことへの答えなどを受けとることもあるかもしれません。ピリピリするような感覚や温度の変化、匂い、口の中の特殊な味に気づくといった場合もあります。何かが聞こえたり、サインを通してガイダンスを受けとることもあるでしょう。カード、チャネリング、占星術、数秘術、夢などの手段を活用する人もいます。このように、誰もが独自の方法で洞察を得るのです。

直観はあなたが進むべき方向を示す羅針盤となります。あなたの順応性を高め、内なる知恵と外界の状況の両方に基づいて人生のコースを調整してくれる操縦機のようなものです。本書では直観力を磨くことをお勧めしていますが、それと同時に知力を活用することも忘れてはなりません。特に、重要な決断をくだすときは知力も働かせることが大切です。

ほとんどの人がこれまでに、自分が行くべき場所に導いてくれる直観的なガイダンスを受けとったことがあるでしょう。大切な人がトラブルに見舞われて助けを必要としていることを察知したり、身近な人がこの世を去ろうとしていることを感知したり、希望の職種に応募する前から採用されることを確信していたり……という風にです。直観にまつわる大きな難題の一つは、受けとった情報を正しく解釈できるかどうかにあります。

体はいつもメッセージを伝えようとしている

前著『体が伝える秘密の言葉』では、感覚、身体的な痛み、感情、特定の思考パターン、記憶、象徴、色彩、ヴィジョン、味、匂い、音、動き、夢などを通して、体が直観的にメッセージを伝える方法について述べています。

体はあなたの人生で何がうまく機能し、何が機能していないかを絶え間なく伝えようとしています。私はこれまでに、多くの友人やクライアントが人間関係をこじらせて深刻な首の痛みを訴えるのを見てきました。彼らの体にチューニングして「現在もしくは過去の人間関係に未解決の問題があり、それが首の症状として現れているようだ」と伝えてみても、皆躍起になって万事順調だと答えました。やがて痛みに耐え切れなくなり、どれだけカイロプラクティック治療を受けても効き目がないとなって初めて体の声に耳を傾けて感情に取り組み、人生に変化を起こそうとする人もいました。誰かが悩みの種となっているとき、英語ではその人を「a pain in the neck（うんざりさせる人、の意）」と表現することがあります。文字通り、厄介な相手が「首の痛み」となるのです。この直観的な洞察が、特定の相手との間に問題があるときの文化的な表現方法としても現れています。

直観的な方法で病気を診断する

病気の直観的な診断方法はたくさんあります。人によっては、相手の体のイメージや細胞記憶を見たり、チャクラにチューニングしたり、相手の感情や痛みを感じとったりすることができます。また、筋力テストによって身体的、精神的、エネルギー的、感情的な問題を診断するテクニックも数多くあります。

自分自身をどう見つめ、人生をどのように感じているかを患者に絵に描いてもらうことによって、その病気を正確に示すことができる芸術療法士や医師にも何人か会ったことがあります。一枚の紙を二回折って四等分にして広げ、それぞれの枠に色鉛筆で自分の顔、体、家族、そのほか自分に関係があると感じるものを描いてもらうのですが、経験を積んだプラクティショナーなら、その絵から患者の生活や抱えている感情、推測される疾患、必要となる可能性がある検査、患者の病気の考えられる要因などについての情報を得ることができます。四つの絵から、患者の過去、現在、未来に関する情報をつなげることもできます。こうして直観的に絵を描いてもらうテクニックは、とりわけ子どもに効果があります。彼らにとっては、絵を描くことが自分を表現し、今何が起こっているかを理解する機会となるからです。

サウンド・ヒーリング、アロマテラピー、タッチングやムーブメント療法などでも、身体的、感情的、エネルギー的な問題を正確に示すことができます。クリスタル、ペンジュラム、ルーン文字、カード、色彩をツールとして活用し、身体的、感情的、エネルギー的症状をとらえる人もいます。内なるガイダンスも外界からのガイダンスも、あなたが人生の目的に向かって正しい方向に進んでいるかを示してくれます。そして、健康を維持し、自分を癒して成長し、前進する勇気を与えてくれます。

大切なのは、自分がどのような形で直観を受けとるのか、その方法に気づくことです。直観は多方面であなたの人生を助けてくれますが、良識とバランスのとれた視点を持って現実的な選択をすることの重要性も忘れてはなりません。直観、知恵、経験を合わせて活用すると、すばらしい結果がついてくるでしょう。

積年の悩みに魔法のような解決策をもたらすと約束するような手法には、過剰な期待を寄せないよう気をつけてください。人が即効性を求めるのはたいていの場合、途方に暮れて絶望し、気力を失っているときです。奇跡のような癒しや瞬時の悟り、または手軽な金儲けを保証する人たちについての話を耳にすることがありますが、こういった話や私自身の長年にわたる経験と研究を通して気づいたことは、そうした解決方法はそれに抵抗なく馴染めるほんの少数の人々にしか効果がないということです。しかも、このような手法に引き込まれた人の多くが、やがてはパワーやお金、時間、信頼を失っています。

私がいつもクライアントや家族、友人に助言しているのは、もらったアドバイスを鵜呑みにせず、自分が抱えている症状や問題を十分に調べてから取るべき行動を決めるのが大切だということです。よくわからないことや違和感のあることを勧められたときは、それが医師や医療関係者、もしくは直観ヒーラーから言われたことだとしても、慎重に対応するようにしてください。実際に、かなりの時間をかけてある種の呼吸法に取り組んだり、ちゃんと理解していないマントラを唱え続けた結果、体と神経系の様々な回路を乱し、文字通り再起不能となって寝たきりになった人にも何人か出会ったことがあります。いつも新しいヒーリング法はないかと探し求め、ヒーリングに何千ドルもはたいた挙句、具合が悪化した人たちも知っています。ですから、取り組もうとしているヒーリング法を念入りに調べ、聞くべきことは根気よく質問し、自分が何をしようとしているのかを確実に把握するようにしましょう。

ヒーリングがいつも治癒につながるとは限らないということも覚えておいてください。感情的な問題を手放して内面に変化があったとしても、ほかの要因によって肉体的な状態が変わらないということがあります。反対に、内面の世界に変化が起こっていないのに肉体に癒しが起こることもありますが、そうした場合は問題や症状がぶり返すことも珍しくありません。問題の根本原因に対処できていなければ、不健全なエネルギーが体の弱っている別の部位に移動してしまうこともあります。真の目的は、あらゆる面で癒しを起こし、いつまでも続く心身の健康を享受することです。

直観的な洞察はどこからやってくるのか
——内なるひらめきと外界からのガイダンス

人は内なるひらめきと外界からのガイダンスの両方を受けとると私は考えています。内なるひらめきが訪れるのは、あなたが自分の抱えている身体的な問題、人間関係、過去の経験、迷っている決断などに関して体や魂が伝えようとしている、大切なメッセージや知恵に意識を向けたときです。

瞑想したり、意識的に体とつながることで、内なるガイダンスにアクセスすることができます。夢の中でガイダンスを受けとることもあるので、繰り返し見る夢は心に留めておきましょう。それは、潜在意識、魂、直観が夢を通してあなたの注意を引こうとしているのです。

外界からのガイダンスは、シンクロニシティ、不思議な出来事、繰り返し現れるサイン、カードリーディング、意外な出会い、天使の出現、ヴィジョン、チャネリング、奇跡、シンボルなどといった形で宇宙から届けられることがあります。

内なるひらめきも外界からのガイダンスも自分に関する直観的な洞察をもたらし、人生のウェルネスを享受するために必要なことを教えてくれます。

❖内なるガイダンス——瞑想で直観を呼び起こす

瞑想をしているとマインドにゆとりが生まれ、体と感情と魂につながる能力が芽生えます。重要な洞察を得るために理想的なのは、リラックスした状態です。私のワークショップでは、全身の力を抜いて、体の痛みや不快感がある部位に手を置き、パワーが湧いてくるような質問をして探求を始めてもらいます。あなたにパワーを与えてくれる質問には次のようなものがあります。

◆体のこの部位に何らかの思考パターンや信念が保存されていますか？　それはどのようなものですか？
◆この部位に感情が溜まっていますか？　それはどのような感情で、どのような状況と関係しているでしょう？
◆元気になるために取るべき行動について、体からのメッセージはありますか？

どんな質問でもかまいません。質問をしたら、ただリラックスして答えが心に浮かんでくるのを待ちましょう。質問の明確な意図を保ったまま心を開いていくと、答えを受けとる可能性も高まります。答えが意外なものである場合は、それが顕在意識ではなく直観とハイヤーセルフからもたらされたものだと考えてほぼ間違いないでしょう。

内なるガイダンス――夢から受けとる直観

夢はしばしば、あなたが無視しようとしていることや押し殺そうとしていること、抑圧しようとしていることを示します。あなたが隠された影の側面や抱えている困難を認めてそれに対処し始めると、夢の内容も変化してくるでしょう。夢分析の専門家の多くは、夢は本人が認めたくない感情を意識化するよう促すことがあると考えています。それによって、身体的な病気を発症することなく困難な問題に向き合うことができるという見解です。

私がお勧めしているのは、印象深い夢や直観的なひらめきを日記につけて、夢が意味することを考える時間を作り、変化が必要な領域を認識して、パワーが湧いてくる選択ができるよう前進することです。直観が訴えていることを完全に理解するためには、夢の隠された意味と明らかな意味の両方を掘り下げなければなりません。

❖【事例／ケリーの場合】繰り返し見る強烈な夢

友人のケリーは、歯が抜ける夢を繰り返し見ていました。これはよくある夢ではありますが、その人特有の経験を参考にしながら解釈しなければなりません。ケリーの場合、この夢は自分ばかりが無理をしている遠距離恋愛の悩みを映し出していました。夢の中で抜ける一本一本の歯は、彼女が払った犠牲を表していたのです。恋人と過ごすために、ケリーは自分の目標、仕事、責任を後回しにして彼について世界中を周っていました。これが経済的にも精神的にも重荷となっていたのです。ケリーはまた、恋人に対して心から正直になれないと感じていたので、夢は彼女のパワーの喪失、行き詰まり感、選択肢の欠如を見せようとしていました。

身体面における歯の役割は、食物の咀嚼とコミュニケーションを助けることです。感情面から見ると、歯を失うことは無力感や老いへの不安、現状への対処能力の欠如などを表している場合があります。象徴的な意味では、この種の夢は発言権を失うこと、人生経験を共同で創り上げていく自分の能力への信頼感の欠如を表しています。それはまた、一つの状況にはまり込んで身動きが取れなくなっている状態とも言えるでしょう。興味深いことに、ケリーは刑務所に閉じ込められて何度も逃げ出そうとしている夢も見ていました。

ケリーの直観は夢を通してはっきりと訴えかけ、彼女のマインドと体と精神が現状にとらわれていること、そして彼女が力を失いつつあるので自分自身と恋人に対して正直になる必要があることを示していました。ところがケリーは逆の解釈をし、夢は事態が好転しつつあること、彼女がポジティブな変化を起こしていることを伝えようとしていると考えていたのです。第三者の視点からは、ケリーは人生のいくつかの領域で悪戦苦闘しているように見えました。そして彼女の魂は、機能していない領域に注意を向け、自分に素直になって助けを求め、現実的な決断をくだし、自分の経済状態に責任を持つよう促しているようでした。

じっくりと自分を省みて素直になったケリーはとうとうメッセージを理解し、恋人に自分の思いを打ち明けて新たに人生設計をし直し、自信を取り戻して経済状態にも責任を持つようになりました。そうしてやっとポジティブな変化を起こすことができたのです。

❖外界からのガイダンス――色から受けとる直観

私はカラー・ヒーリングが気に入っているので、色彩が人生で果たす役割を意識することを人にもお勧めしています。たとえば相手が着ている服の色や選ぶ食材の色を観察してみると、その人の精神状態もよくわかります。

セミナーでは、参加者に体の特定の部位とつながってもらい、「その部位に色があるとすれば、それは何色ですか?」と尋ねることがあります。しばらく時間を置いて、「その色は体にとって健全な色ですか? そうでなければ、何色が健全だと思いますか?」と続けます。彼らが受けとるメッセージは、体が本来備えている知恵から直接やってきます。見えてくる色は体の内側の状態を教えてくれたり、心身の健康を改善する方法についての洞察を与えてくれるのです。私はそこで色彩が持つ意味合いについて簡単に説明し、自分が受けとった色について学ぶよう提案します。

私の『カラー・カード』からカードを引いてもらうこともあります。引いたカードは人生の取り組むべき領域を示してくれることがあります。何色が出てくるかわからないので、自分が引いた色を見てその色が自分の人生とどう関係しているかを理解したときには、皆興奮して息をのんだりしています。それはとても楽しい光景です。

カラー・ヒーリングを試したい方は、「私が必要とする色を直観を通して教えてください」と体にお願いしてみましょう。

あなたが取り組んでいることへの洞察を即座に与えてくれるヒーリング・カードには、たくさんの種類があります。ほかにも直観力を高めるのに役立つツールが数多くありますので、いろいろ試してみてください。

❖【事例／ロンダの場合】カラー・ヒーリング

ロンダは、母親の甲状腺がんを癒す助けになればと、私の『カラー・カード』を使ったカラー・ヒーリングとレイキに取り組みました。ヒーリングを始めるにあたって、母親は甲状腺と免疫系に効果がありそうな色を三つ直観で選びました。まずは青色。この色は、喉や甲状腺の症状などのようなものにでも有効です。青色には、体を浄化し、神経的な苛立ちを鎮めて、詰まった経路を清める働きがあります。次にオレンジ。この色は、免疫系を活性化させたり、つらい感情を取り払うのに役立ちます。三色目の緑は、恐れを克服して、欲求不満や焦りを解消し、神経系と循環系を再活性化させる助けになります。

ロンダはこの三色のカードを母親の体に乗せて、癒しのエネルギーを送りました。そしてカードを取り除けると、変色したそれぞれのカードに温かくねばねばした液体がついていました。「厄介なエネルギーが体から出て行っている気がする」と母親は言いました。

まもなくして、母親は甲状腺の摘出手術を受けました。結果、がんはどこにも認められませんでした。

ディーパック・チョプラは次のように述べています。

「がんを歪んだエネルギーだと考えるのは妙に聞こえるかもしれませんが、がんとはそういうものなのです。その不快なものを取り除くためには、まずエネルギーという観点で全身をとらえる必要があります。自分を癒す最も簡単な方法は、自分自身のエネルギーに取り組むことです。そうすることで、問題の源に直接たどり着けるからです」［注2］

直観とカラー・ヒーリングとエネルギー・ワークを組み合わせたところ癒しに役立った、という話を何度も聞いたことがあります。自分を癒すために、食生活やライフスタイルはもちろんのこと、自分の精神的なパターンや感情的なパターンの様々な側面を深く掘り下げることが必要になる場合もありますが、あっさりと簡単に癒しが起こることもあります。明確な意図と偏見のない心で行うヒーリング・プロセスは、たとえ単純なものでもパワーがあります。ですから、そのパワーを過小評価しないことが大切です。

❖外界からのガイダンス――繰り返し見るサインから受けとる直観

魂はときとして宇宙の叡智とつながり、繰り返し起こる経験や不思議な出来事、場合によっては瞬時の助けを通してあなたにメッセージを届けることがあります。こうした現象は通常、あなたが物事に対する見方を変えたり人生のある領域を癒したりするのを後押しするために起こります。また、あなたが困っている人に手を貸したり、正しい軌道に乗っていると確信したり、人生の針路を大きく変えたりするのを助けるために起こることもあります。宇宙の叡智は常にあなたを楽に進める道へと導こうとしますが、あなたが抵抗すれば、愛と喜びではなく苦労を通して成長することを余儀なくされるでしょう。

繰り返し見るサインは、あなたが独りではなく支えられていることを示す宇宙の叡智からのシグナルです。恐れや些細な事柄、制約に気を取られているとき、あなたが気づいていない全体像を示そうとしてサインが現れることもあります。

❖【事例／著者の場合】繰り返されるガイダンスに従う

数年前、私はヨーロッパで数々のワークショップを指導していました。ロンドンでのイベントもいくつか控えていたのですが、直観につながるたびに、なぜか「今回はロンドンに行かないだろう」という気がしてなりません。けれども予定をキャンセルしたくなかった私は、内心では動揺しつつも、この妙な感覚を無視しようとしました。

さらに気になったのは、行く先々でモロッコ旅行を勧める大きなポスターを目にすることでした。モロッコ旅行など考えたこともなかったのですが、行くべきだという切迫した思いにかき立てられた私は釈然としない思いでロンドン行きをキャンセルし、友人を説得して四日間のマラケシュ訪問に同行してもらいました。マラケシュでは大いに観光を楽しみ、モロッコ料理に舌鼓を打ちました。

ヨーロッパに戻る前日、友人と私はガイドを雇ってスピリチュアルスポットを何ヶ所か訪れることにしました。車中で私はずっと考えていました。このマラケシュ訪問は単なる学びの休暇なのかしら？　それともこの旅には大きな目的があるのかしら？　一方の友人は、私がヒーリングの仕事をしていることを運転中のガイドに話していました。

ふとガイドが私を振り返り、オーストラリアには目の移植手術を行う医師がいるかと尋ねてきました。どうしてか聞き返すと、彼は真剣な面持ちで「六歳になる息子が視力を失いかけているのです。できることなら自分の片目を与えてやりたくて」と語りました。彼の無条件の愛に胸を打たれた私はすぐに、「今日のツアー後にご自宅に伺います。息子さんにヒーリングを施しましょう」と申し出ました。ツアーがやっと終わったのは夜の十時頃で、私は疲労困憊していました。帰国便は翌日早朝でしたが、私は約束を守らねばと思っていました。

ガイドの家に着くと、三人の子どもたちが挨拶に出てきてくれました。そして、視力に問題がある小さな男の子が駆け寄ってきて、とびきり大きく心温まるハグをしてくれました。彼をぎゅっと抱きしめると、元気が湧いてくるようです。その子にはどこか不思議な魅力がありました。彼のエネルギーは愛と思いやりと知恵を放っていて、「この子の魂は進化している」と私は思いました。

その後一時間以上かけてヒーリングを行い、効き目がありそうなプロセスを思いつく限り試してみました。そして何よりも、私は祈りました。こんなに祈ったのは初めてだというくらい、全身全霊で祈りました。祈りながら、私は涙を流していました。

泣いたのは、英語も通じないこの男の子が私の心を動かしたからです。魂に触れられたような気がしました。私は彼の癒しを手伝いながら、自分も癒されていたのです。そのとき私は、自分の息子との関係をも癒していました。家から離れて家族や身近な人に寂しい思いをさせている自分、不完全な自分、助けたい人すべてを助けるために同時に複数の場所にいられない自分を許そうとしていました。その一方で、私はこの癒しに立ち会えたことを心から感謝していました。彼らに希望を与え、愛と奇跡を目の当たりにし、この男の子一人を助けるためにマラケシュを訪れる機会を得たことに感謝し、歓喜にさえあふれていました。

私はこのかわいい男の子と両親に、『体が伝える秘密の言葉』で紹介している目の再活性化に役立つエクサイズやプロセスを教えました。ヒーリングを終えると、父親が息子の目のテストをしてみようと、彼の目の前で距離を変えながら物を動かしてみました。家族が見守る中、男の子は遠くにある物も見ることができました。父親が涙を浮かべて私の方を向き、息子の視力が驚くほど良くなっていると言いました。そこで私は、この男の子と家族に希望と癒しのツールを与える役割があったのだということを悟りました。このモロッコ訪問の真の目的が理解できたのです。

❖外界からのガイダンス——人生に起こる「偶然」

人はときに、ある方向へ進むべきだと強く思うことがあります。それが正しい道だと思えるからです。ところが、途中で目標や考えが変わるなどして、宇宙が軌道修正してくれる場合があります。そうすると、最初に受けとったメッセージと次に受けとったメッセージはどこか矛盾しているように思えるものですが、宇宙には、あなたの道が面白みのないまっすぐな道になるべきだというようなルールはありません。人生は、規則正しくスケジュールに沿って進む会議ではないからです。

体にチューニングして直観力を磨くことができるようになると、あなたはより自然と触れ合い、人生の自然な流れに任せることができるようになるでしょう（ちなみに私は「intuition（直観）」を

「internal tuition（内面で受ける教育）」という風に考えています）。

忘れてならないのは、たとえチューニングできているときでも、人生に混乱が起こり、疑いや戸惑いが生じることはありうるということです。それは内面と外界の変化のときです。たいていの場合、変化は秩序と混沌の境界、明晰と混乱の境界、光と影の境界、現実と幻想の境界、成功と失敗の境界、喜びと痛みの境界などで起こるものです。人生はいつも、あなたに柔軟性、思慮深さ、新しい可能性を受け入れる能力を求めています。

❖【事例／ジェニーの場合】車の事故から得た直観的ひらめき

従姉妹のジェニーは次から次へと車のトラブルを起こしており、短い期間に八度も事故にあっていました。ジェニーは商業学を専攻したのち会計士のアシスタントをしていましたが、この仕事は彼女の性格に合っておらず、業務に苛立ちと不満を抱えていました。

ある日のこと、私とジェニーは映画館へと向かう道中で、宇宙から届くメッセージについて話し始めました。ジェニーは私に「事故は何らかのメッセージだと思う？」と聞いてきました。その質問には答えずに、「内面に意識を向けて、自分自身に聞いてみたらどう？」と私は言いました。

ジェニーは「商業学を五年間勉強してきて、習得したスキルには満足しているけれど、会計の仕事は自分には向いていない」ということを理解しました。その夜、ジェニーは仕事を辞めようと決意しました。すると驚いたことに、事故がピタリと止まり、彼女の気分も晴れやかになりました。さらに数日後、勤めていた会社の広報担当者がある仕事を紹介してくれました。その仕事はジェニーの性格にも合っていて、旅や成長、新しい人生経験のチャンスまでもたらしてくれたのです。

高次の助けを求める

私たちが習得できる最も重要なことの一つは、常に高次のガイダンスと天からの助けを願うことです。危機が起こるまでぼんやりしていないで、いつも協力を仰ぎましょう。日々聖なる王国とつながって対話していれば、あなたの旅路はさらに楽で穏やかなものとなり、楽しんで道を歩めるようになります。

直観力が磨かれていると、この見えざる不思議な王国の言葉を理解し話すことができます。生まれつき直観が鋭くて、聖なる王国とつながっている人もいれば、直観力を磨くのに時間がかかる人もいます。実のところ直観は自然な現象で、その力を磨くための時間とエネルギーを惜しまない人なら誰でも活用できるのです。「intuition」という言葉はラテン語の「intueri」という言葉に由来しますが、これは「内側を見つめる」「沈思黙考する」という意味です。あなたも試してみてはどうでしょうか。恐れずに見つめてみれば、きっと隠された宝物に気づけるはずです。

＊＊＊

【直観を磨くプロセス】

ここでご紹介するプロセスは繰り返し行うことをお勧めします。抵抗を解き、内なる知恵に敏感になり、ハートを開いて内なるパワーとつながり、自分自身と人生にさらなる調和をもたらす助けになるでしょう。プロセスはいくつかの要素に分かれています。一度に全部を行っても、気になる要素だけを繰り返し行ってもかまいません。

筋肉を鍛えて健康を維持するためには適度の運動が必要なように、直観を高めるためにも練習が欠かせないということを覚えておいてください。必要な助けをすべて受けとるための完璧なツールが自分には与えられている――そう確信して行いましょう。

❖抵抗を解く

座るか立つかしてください。では、ゆっくりと深呼吸しながら自分の感覚を意識してみましょう。直観的なガイダンスを受けとることに心を開き、胸を踊らせていますか？　それとも、抵抗や恐れを感じているでしょうか？　抵抗を感じるのなら、手に掃除機を握っているところを想像してみてください。そして、あなたが抵抗を感じる部位にその掃除機をあてて、あらゆる緊張、恐れ、葛藤を体から吸いとるところを心に描きましょう。ゆっくりと深呼吸を続けながら、体のよどみや重苦しさを解き放ちます。

次のように唱えましょう。「神聖なる癒しの叡智よ、どうかあらゆる抵抗、緊張、恐れ、葛藤を私の体と細胞記憶から解き放ってください。安全、サポート、自信をもたらすそのエネルギーで私を包み込み、私を神聖なるガイダンスの最も純粋で聡明な高次の源とつなげてください。ありがとうございます」

心が軽くなるまで、「クリア」という言葉を繰り返しましょう。

❖ハートとつながる

ハートが開いていると直観的なガイダンスを受けとりやすくなります。心を開くことを自分に許しましょう。しばらく両手をこすり合わせてから、美しいピンクの光の泡を両手の中に視覚化します。泡が大きくなって輝きを増していきます。心を開いて直観に耳を澄ますという目的に集中しましょう。では、胸に両手を置いて、ピンクの光が中へ入り、ハートの目と耳と口を開くところを視覚化してください。ハートが直観的なメッセージを受けとってあなたに伝えることを許しましょう。

次のように唱えてください。「神聖なる癒しの叡知よ、私のハートの耳を開いて、直観の声が聞こえるようにしてください。私のハートの目を開いて、真実が見えるようにしてください。ハートが声を取り戻して、大切なメッセージを私に届けられるようにしてください。ありがとうございます」

心が軽くなるまで、「クリア」という言葉を繰り返しましょう。

❖太陽神経叢に働きかける

横隔膜から胃のあたりに位置する太陽神経叢のセンターはあなたの直観と強くつながっているた

め、そこを封鎖するブロックがあるのなら、それを意識して手放さなければなりません。右手を太陽神経叢の前に置き、手のひらを体側に向けて時計回りもしくは反時計回りに動かしながら、太陽神経叢のチャクラを活性化してエネルギーを拡大させることを意図します（チャクラは両方向に動いているため、手を動かす方向は時計回りでも反時計回りでもかまいません）。胃のあたりに向けてゆっくりと深呼吸しながら、太陽神経叢に潜む感情やエネルギーがあるかどうか意識してみましょう。

次のように唱えてください。「神聖なる癒しの叡知よ、どうかあらゆる緊張、恐れ、欲求不満、無感動を解き放ち、感情から送られてくる直観的なメッセージを遮断しているブロックを取り除いてください。感情から得られる奥深い洞察とガイダンスに再びつながり、その声に耳を傾けて敬意を払えますように。ありがとうございます」

心が軽くなるまで、「クリア」という言葉を繰り返しましょう。

❖耳の滞りを浄化する

耳は常に情報を受けとっています。受けとった情報は脳で処理されて神経系にその影響を及ぼします。人はよく他人に感化されて、自分自身の声に耳を澄ますことを忘れ、直観の経路を閉ざしてしまいます。

両手をそれぞれの耳にあてましょう。耳にチューニングして、意識を向けてください。耳は開いてクリアな状態でしょうか？　それとも栓が詰まって、あなたがメッセージを聞いて受けとるのを邪魔しているでしょうか？　栓が詰まっているようなら、栓を抜いて、高次の知恵の源から直観的なメッセージとガイダンスを受けとることを自分に許可してください。まばゆく清らかな光が耳を通り抜け、あらゆるストレス、よどみ、感情の鎧を解き放っていく様子を視覚化しましょう。

次のように唱えてください。「神聖なる癒しの叡知よ、どうか耳を開いて最高の知恵を受けとらせてください。直観に耳を傾け、そのガイダンスに従うことができますように。私は今、宇宙と私自身の最も崇高な目的と調和して生きる方法を聞く準備ができています。ありがとうございます」

心が軽くなるまで、「クリア」という言葉を繰り返しましょう。

❖第三の目《サードアイ》を開く

第三の目は日常の世界を超えたものを見せてくれます。ここは直観のパワーを得るための入り口の一つです。右手の指をそっと額の中央にある第三の目に置いて、左手の指を後頭部に置きましょう。この二点をつなぐ架け橋を想像してください。では、インディゴの光の河が第三の目から流れ始め、橋をつたっていく様子を視覚化しましょう。あなたや他者の助けとなるクリアなイメージや癒しのメッセージを受けとることをブロックするような滞り、疑念、否定的なパターンがあれば、このインディゴの光が洗い流してくれます。溜まっている重苦しいエネルギーがすべて、後頭部の指をあてたポイントから解き放たれます。このプロセスを何度か繰り返しましょう。

このエリアが浄化されたと感じたら、今度は後頭部からインディゴの光が橋をつたって額へ向かうところを想像してください。光の輝きが第三の目から放たれるのを観察しましょう。このプロセスも何度か繰り返します。このインディゴの光は宇宙の聖なる知恵とつながり、あなたや他者の助けとなるメッセージを運んでくれます。これらのメッセージを受けとることを自分に許可しましょう。

次のように唱えてください。「神聖なる癒しの叡知よ、私の第三の目を優しく穏やかに開き、困難な領域をすべて癒して変容させるためのイメージをはっきりと見せてください。私が知るべきことを教えてください。それが私にふさわしいのであれば、他者が自ら困難を切り抜けるために必要なことを私に教え、彼らを手助けできるよう導いてください。人生の神々しく完璧な姿を見る能力と、万物のつながりを理解する能力を授けてください。人生がもたらす壮大なチャンスに目を開き、明確なガイダンスを受けとることができるよう助けてください。どうか全体性と真実とインスピレーションと共に人生を歩むことができますように。ありがとうございます」

心が軽くなるまで、「クリア」という言葉を繰り返しましょう。

2. 自分を愛するには

Q

「より深く大きな心で自分を愛し、内面とつながる」という話を聞きますが、今の私にはそれがどういうことなのか実感できません。自己とのつながりや愛する人たちとの絆を深めるにはどうすればいいですか？

娘のアンジェリーナが四歳の頃に言ったことがあります。「ママ、世界中でママが一番好き。宇宙でも一番だよ。でも……」。ここで口をつぐんだ娘はとても悲しそうな表情をしました。「どうしたの？」と聞くと、娘はこう続けました。「でも、ママよりも自分のことが好きなの」。娘は少し間を置いて私を見つめました。「ほんの少しだけだけど。だって自分のことを一番好きじゃないと、ほかの人のことも好きになれないでしょ」。私は胸がいっぱいになり、娘の素朴な洞察力に感動しました。

多くの人にとって、自分を愛することは自己発見、自己受容、深い内省への壮大な旅路です。「自分を愛する」という言葉をスピリチュアルな世界ではよく聞きますが、その本当の意味を知る人は少ないかもしれません。言葉に拒絶反応してしまわずに、それがどういうことを意味するのか探ってみましょう。

愛の前に立ちはだかる壁を乗り越える

自分を愛することの妨げとなるものをいろいろと見てきましたが、その中でもとりわけ大きな壁となるのは、自己批判と完璧を求める心です。この二つが高じると、自分に対する厳しさが増し、やがては病気につながります。現代社会は、自分を疎かにしてその欲求や思いを軽視させる風潮にあります。自分を慈しみ、滋養を与える時間をとって欠点がある自分に優しくしていると、「自分に甘くて我が強い人間だ」などと言われることも珍しくありません。

ほとんどの人は、自分のために時間を作るのは日常的なことではなく贅沢なことだと思うようです。けれども、自分を愛するためには、本来の自分とつながって何が自分を幸せにしてくれるのかを探る時間が不可欠です。

自己発見の旅

自分を人と比べるのはやめて、自分の長所と短所を発見して受け入れましょう。自分に思いやりを持つために知っておくべきことがあります。それは、自分は何が好きで、どのように人から接して欲しいか、どういったことに安心感を抱くか、健康のために何を食べたらいいのか、体を鍛えるためにどのような運動が必要か、どういった仕事に意欲が湧くか、学んで成長するためにどのようなスペースや環境を必要としているか、といったことです。

自分が内面に抱えている限界がわかれば、前より自分を認めることができるようになり、その弱さを補ってくれる強さを備えた人に出会えるでしょう。その人たちは、あなたが内面の制約に取り組んで学び成長し、一段と自由な心で前進できるよう優しく最後まで導いてくれるはずです。

優しさの実践

私たちの多くは、幼少の頃から「心身ともに強くあれ」「判断力を養いなさい」「競争に勝て」「同情などしなくていい」などと言われて育ちます。これでは攻撃性が世の中を支配してしまうのも不思議はありません。けれども、私たちは自分自身の人生を他者との共同作業で作り上げています。攻撃的な考え方をやめて、今とは違う現実を創造することもできます。そうしようと思えば、私たちには穏やかで優しい方法を受け入れることが可能なのです。

では少し時間をとって、今この瞬間の自分に優しくするとはどういうことなのか考えてみましょう。優しさについて考えるとき、何か生理的な反応はありますか？　呼吸がゆっくりになったり、心が軽くなったりしませんか？

人に優しく穏やかに接するとはどういうことでしょう？　優しく穏やかな気持ちのとき、あなたはどのように人と接しますか？　優しさと思いやりを毎日実践していると、それがあなたの生き方になります。

つながる時間を作る

自分を愛するということは、自分を大切にするということです。瞑想する時間、体とつながる時間、自然の中を散歩する時間、セルフ・ヒーリングを行う時間、読書や創作、スポーツをする時間、友人と過ごす時間、ハートを開いて育む時間を設けるのも、自分を愛することにつながります。

自分に聞いてみましょう。「日々の生活の中で、どうすれば自分への慈しみや育みが感じられるだろう？　私はどのようなことに心が踊り、ワクワクするだろう？」

自分を愛するということを難しく考える必要はありません。たとえば蝶を眺めたり、きれいな花の香りをかいだり、好きな飲み物を飲んだり、音楽を聴いたり、子どもと遊んだりすることも自分への愛情です。鏡を見て、「あなたは無二の存在で、大切にされている」と言い聞かせてもいいでしょう。踊ったり、歌ったり、スポーツをしたり、インスピレーションを受けるような芸術に触れたり、愛する人にハグしてもらうのも自分を愛することです。大切なのは、今に生きてこの瞬間に深く感謝することです。セルフ・ヒーリングや変容について指導し始めた頃に気づいたことがあります。それは、人に与えるためには、自分がまず愛と思いやりとサポートを受け入れられるようになる必要があるということです。

もしあなたを愛で包み込み、つらいときの避難場所を与えてくれる人が今は身近にいないのなら、毎日の瞑想や祈りでサポートをお願いしてみましょう。その際には、他者のエネルギーと共鳴し、彼らをハートに迎え入れることに意識を集中してください。私は魂でわかり合える友人、家族、子どもたちと一緒にいるとき、この物質界で彼らと出会う前からそのスピリットを知っていたという感じがします。

愛し愛されることができるようになると、人生が広がります。あなたはしっかり呼吸し、真に生き、愛を放ち始めるでしょう。そして、人生の刺々しい側面がすべて和らぎ、どんなに暗い闇の中でも前へ進み続ける強さを得るでしょう。

自分の価値を知る

あなたにはすばらしい愛、サポート、真心、成功、幸福を受けとる価値があるということに気づいてください。無意識、潜在意識の奥深いところで、あなたは自分が受けるにふさわしいと思っているものを人生に引き寄せているのだということを知ってください。

今これを読んで、たとえばこんな風に思っている方もいらっしゃるかもしれません。「私は自分が虐待を受けるにふさわしいなんて思っていないのに、不当に扱われている」と。自分でわざわざ「私は虐げられて当然だ」「貧しくあるべきだ」「利用されても仕方ない」などと言う人はいないでしょう。しかしながら、人はどういうことが当たり前なのかを子ども時代に観察して学びます。つまり、人は自分を取り巻く環境、両親との関わり方、両親の夫婦関係、学校での自分の扱われ方、自分について言われたことなどを通して、「何を善しとすべきか」を学んでいくのです。たとえば「お前はかわいくない」「取るに足りない子だ」「つまらない」「のろまだ」「話にならない」などと言われ続けていると、その言葉通りだと考えるようになってしまいます。そして無意識に引き寄せの場を作り出し、その「場」が、自分を制限する考え方と釣り合うような物事や人や経験を引き寄せてしまうのです。

細胞記憶とつながる

内面の世界を探っていると、自分のどのような性質を大切にすべきで、どのような信念や考え方や記憶を手放すべきか、または変えるべきかがわかってきます。とても不思議なのですが、細胞記憶に気づき、それを認めて微調整することで、健康状態や現実の出来事が変化し始めることがあります。

私の理解によれば、体内の細胞は過去の経験、先祖、過去生からの情報や記憶またはトラウマを保存しています。細胞記憶と呼ばれるこれらの記憶には、あなたの意識的な行動パターンと無意識の行動パターンに関する情報も含まれています。

統合エネルギー療法の創設者、ステヴァン・セイヤーはこのように述べています。

「体細胞一つひとつが記憶力を備えています。そして、細胞記憶は次のような記憶を保存することがあります。

◆身体的トラウマ――事故／切り傷／打撲傷／手術／虐待
◆心的トラウマ――心の傷／不安や恐れ／怒り
◆精神的トラウマ――低い自尊心／自己卑下／心配

トラウマが細胞記憶内で抑圧されていると、そのエネルギーが閉じ込められてしまうことがあります。抑圧された細胞記憶は、人が自由に喜びを持って生きる力を制限するだけでなく、体が身体的な病気を生み出すよう後押ししてしまうこともあります」[注3]

私はこれまでに何千人もの人々の相談に乗り、彼らが体とつながって意識的に細胞記憶に取り組んで自己を癒すことができるよう導いてきました。

多くの教え子たちが、細胞記憶とつながってから、それまで思い出したり意識して考えたりすることもなかった過去のつらい経験を自覚できたと報告してくれました。細胞記憶に刷り込まれているものが何かを尋ねてみると、痛みや不快感がある体の特定の部位にどこか違和感が生じたり、香りが漂ったり、何かが聞こえたり、映像が浮かんだり、口の中で妙な味がしたりするという報告もありました。

❖【事例／スザンヌの場合】細胞記憶に取り組む

スザンヌが相談にやってきたのは、彼女の膝の状態が急激に悪化していたからです。かつて作家になることを夢見ていたスザンヌは、ちょうど子ども向けの本を書き始めたところでした。私のオフィスへと続く階段を数段上がるだけで五分もかかり、ようやくオフィスに入ったスザンヌは、痛みと疲れで泣きそうになっていました。私が「両手を膝に乗せて、膝にチューニングしてみてください。何かそこに溜まっている感情はありますか？」と言うと、スザンヌはむっとして「何も感じません」と答えました。私は何度か深呼吸するよう穏やかに促しました。そして「感情を判断しなくてもいいのですよ」と伝えると、スザンヌは「腹が立っているけど、怒りを感じたくないんです」と言いました。私は「怒りを感じることを自分に許可して、その怒りにまつわる記憶を発見してみましょう」と求めました。

するとと急に、スザンヌは七歳の頃の自分の姿を見ました。絵を描いて、その下にお話を加え、かわいい絵本を創ろうとしています。出来上がると、幼いスザンヌは夢中で母親に見せに行きました。

ところが母親は相手にせず、「下手な絵ね」と言いました。七歳の子どもにとっては打ちのめされるような出来事です。そのときスザンヌは、もう絵を描いたり物語を創ったりなどしないと心に決めました。

ほどなくして、スザンヌは膝にわずかな不調を感じるようになりました。膝はしばしば、その人の柔軟性や人生を突き進む力を表すことがあります。五十七歳になったスザンヌがやっと子ども向けの本を書いてみようと思った途端に、膝の状態が悪化しました。彼女の膝は、あの母親とのやりとりを記憶していたのです。七歳のとき母親の言葉をどのような気持ちで受けとめたのか尋ねると、スザンヌは「自分がつまらない役立たずだと感じて、惨めな思いをしました」と答えました。

スザンヌは作家になるという夢を追っていたのですが、七歳のときの感情が五十年の時を経て再び浮上してきたというわけです。

私は「今話してくれた記憶を微調整してみましょう」と言いました。その出来事の数分後に実は母親が謝ってくれた、という風に想像してみるよう促したのです。「さっきはごめんね」と言いながら母親がスザンヌの絵をちゃんと見て、「上手に描けているわね。もっとたくさん描いてごらん。見るのが楽しみよ」と誉めてくれる場面を想像してもらいました。

それから、その記憶にまつわる苦痛を取り除くには何色が役立つと思うか尋ねたところ、スザンヌは「オレンジ」と答えました。オレンジは、トラウマとなった記憶を細胞から解き放つのに打ってつけの色です。スザンヌは、オレンジの光が体を通り抜けながら、トラウマとなった記憶にまつわる不快なエネルギーを浄化していくところを想像しました。次に私は、自信と創造性を高めるのに役立ちそうな色を視覚化するよう伝えました。スザンヌは青、黄色、紫を選びました。

セッションが終わると、スザンヌは「膝の痛みが八十パーセントくらい良くなっているわ」と言い、前進する自信を深めてオフィスをあとにしました。

細胞記憶を取り除くことはできませんが、記憶を微調整することはできます。潜在意識には現実と想像の区別がつかないからです。その際には、微調整した記憶が現実感を伴っていることがポイントになります。

自分の美しさを知る

私はクリスティーナ・アギレラの『Beautiful』という曲が大好きです。「誰が何と言おうとあなたは美しい」という歌詞には深い真実があります。私たちは今、セレブリティがもてはやされ、何が美しく魅力的で何がそうでないかを決めつけるような美容雑誌が氾濫する時代に生きていますが、人の真の美しさは内面から輝き出るものです。美しさは店頭で売り出されるものでもなければ、美容整形手術で作り出されるものでもありません。部屋に入ってきたときは目にもとまらなかったのに、その場を明るくして類い稀なる魅力を放ち始める人に会ったことがないでしょうか。そのとき私たちは、その人の外見などどうでもよくなり、その内面から光り輝くものに魅了されるのです。

自分を愛することとは、自分の美しさを知って磨くことでもあります。鏡の前を通るたびに自分を厳しくチェックするのではなく、どこか美しいと思える部分に目を向けるようにしましょう。内面の美しさでも外見の美しさでもかまいません。

それから、あなたのことを愛して気にかけてくれる人に、あなたのどこが魅力的で美しいと思うか聞いてみましょう。教えてもらったら、それを素直に受けとめてください。

自分を守ろうとするバリアを取り払う

多くの人が強固なバリアを築き、傷つけられたり失望させられたりすることから自分を守って、心を防御しようとしています。けれども、バリアを築いたからといって内心の苦痛から逃れられるわけではありません。バリアは、ハートを開いて愛し愛されることの障害となります。

自分で築いたバリアは多方面にわたってあなたの邪魔をします。たとえば直観を用いたり、未知なるものを信頼したり、チャンスをつかんだり、魂と強く結びついたり、愛に飛び込んだり、精神的に成長したり、人の役に立ったり、生きている実感と喜びをおぼえたり、といったことの妨げとなるのです。

❖【事例／ピエールの場合】愛へ向けて殻を打ち破る

ピエールは私がフランスで指導した六日間のワークショップの参加者です。長身で細身、四十代前半のピエールは人生に幻滅しているようでした。ワークショップに参加した理由は、たまたま私の話をラジオで聞いて感銘を受けたからだと言っていました。

彼は、ワークショップで教わることに効き目がなかったら、もう人生の意味を探ることはやめるつもりだと話していました。そして、何の感情も湧いてこないしイメージも浮かばない、体とのつながりも他人との結びつきも実感できないと言います。要するに、ピエールの心は凍りつき、体と魂の知恵から切り離されていたのです。彼の特技は考えることと判断することでした。ほかの参加者たちが何か美しいものや大切な存在のヴィジョンが浮かんだと語り合う中、ピエールは何も浮かばないと言っていました。私が感情や体とのつながりを説明していると、自分は何も感じないと言います。ピエールは、ほとんどの時間をもじもじしながら退屈そうに過ごしていました。

三日後、ピエールはもう飽きたから明日は来ないと言ってきました。私はワークショップが終わるまで判断するのは待った方がいい、明日も来て欲しいと伝えました。そして、「希望をことごとく失って、もう何の期待もしていないというときに大きな突破口が開くこともありますよ」と話しました。すると翌朝、ピエールは気の進まない様子で現れました。どうやら忘れ物を取りに来たついでのようでした。

前日のやりとりが念頭にあった私は、これがピエールの人生を変容させ、参加者にインスピレーションを与えるまたとない機会になると確信し、参加者に自分の内面へ意識を向けてもらって、「私は何者？」と自問してみるよう促しました。「あなたは手足ではありません。なぜなら、もし手足を切断されても残ったあなたはここにいるからです。あなたは思考や感情、経験ではありません。そうしたものは変化するからです。では、本当のあなたとは、どういう存在なのでしょう？」

部屋がシンと静まりました。全員が自分の内面を探り始めたからです。少し経って、参加者が口々に答えているのが聞こえました。「私は愛です」「僕はあらゆるものだ」「自分は魂です」「私は生命そのもの」といった具合に……。

私はさらに踏み込んで、「ここにいる誰かを批判、判断したことがありますか？　あるのなら、その人のことを頭に浮かべて、そのバリアの向こう側にあるもの、その人のハートと魂を覗いてみてください」と言いました。ピエールはまだ抵抗していたので、私は彼にチューニングしてみました。最初に浮かんだのは、人を寄せつけないような壁。直観的に、何がこの壁を作ったのか見せて欲しいと求めると、すぐに小さな男の子のイメージが浮かびました。その子は独りぼっちで、母親の愛情と世話と関心に飢えています。これはピエールの幼少時代の細胞記憶だわ、と私は気づきました。そして、どうしてピエールがこの大きな壁を作ったのかも理解しました。

全員がこのエクササイズを終えてから、ピエールに部屋の中央に座ってもらいました。私は彼の目を見つめて聞きました。「誰があなたをそれほど傷つけたのですか？　大きな壁を作って人を閉め出したいと思わせるほど、あなたを傷つけたのは誰？」。すると「どうしてわかったの？」と言わんばかりに、ピエールはショックを受けて私を見つめ返しました。彼が口を開く前に、「傷ついた子どもとしてのあなたから答えを聞かせてもらえますか」と言うと、ピエールは少し間を置いて囁くように答えました――「母です」と。

浮かんだイメージの通り、小さな男の子だったピエールは両親、とりわけ母親の愛情に飢えていました。関心を払ってもらえず途方に暮れて傷つき、見捨てられたような気持ちだった幼いピエールは、強くなって誰も頼りにしないことを心に誓いました。誰かと親しくなりそうになっても見捨てられる不安がいつも襲いかかってきて、相手を遠ざけてしまいます。見捨てられて傷つくのを防ぐために、ピエールはあらゆる感覚を麻痺させていたのです。

私はアシスタントの一人に部屋の中央に来てもらい、ピエールとロールプレイをしてもらうことにしました。ピエールは心の傷にしがみつく幼い自分に戻り、アシスタントは彼の母親の役を演じました。

ロールプレイ中、ピエールはこだわりを捨てて心の平穏を得られるまで、笑ったり泣いたりしました。続いて私は「今日はあなたに良いことがある日ですよ」と言って、参加者にピエールの愛すべきところを聞いていきました。一人ひとりがピエールと向かい合うたびに、彼の表情がぱっと明るくなりました。嘘みたいな変貌ぶりです。率直で人なつこく温和な顔をしています。全身が打ち震え、まるで空を飛んでいるようだとピエールは言いました。

このプロセスを終えると、部屋にいた全員が感動のあまりどこか別人になったようでした。何かが奥深いところで癒されていったのです。少し休憩時間をとってから、私のお気に入りのエクササイズを行うために全員に座ってもらいました。自分のハートとパートナーを組んだ相手のハートに癒しを届けるエクササイズです。それはとても深遠で美しいエクササイズとなり、ピエールの顔は輝いていました。どのような経験をしたか尋ねると、彼はパートナーのハートに浮かんだもの、感じたものをすべて語ってくれました。ピエールのパートナーは、彼が話したことは一言一句間違いない、自分の人生に関係することだと請け合いました。ピエールはなんと、彼女の過去生の情報まで正確に受けとったことを打ち明けもしました。その過去生については彼女も認識していました。ほんの数時間前まで、何も感じないし見えない、わからないと言っていた人が、このような思いがけない変化を遂げたのです。

翌朝、ピエールは早々と姿を現し、しきりに感謝しながら「昨日のセッションは人生最高の経験でした」と語りました。そして、「取ってくるものがあるから待っていてください」と言い置いて、部屋を出て行きました。十分後、彼は息をのむほど美しい大きな花束を二つ抱えて戻ってきました。

私は深く感動していました。彼の行動は、誰もが何よりも愛と心の結びつきを求めているということを表していました。子どもは親や身近な人からの扱いを通して、自分が愛すべき存在であることを知ります。そう、誰かにそのことを否定されるまで、私たちは自分のことを愛すべき人間だと感じているのです。

自分を愛するためには、まず自分のための時間を作って内観し、ハートを開くことに集中して自分自身を発見しなければなりません。ハートが開き始めると、今度は人にその愛情を表現したくなるものです。そうして愛を表現するとき、その愛は大きく広がって、自らの存在全体を通して流れ始めます。

愛の魔法

私はこれまでに何千人もの人々を指導し、体とつながってハートを開く手助けをしてきましたが、そのような経験ができて本当に幸せだと思っています。実に不思議なのですが、グループの中の数人が同時にハートを開く、ということがあります。そうした瞬間に、本当の魔法が起こります。愛のスペースの中で、極めて驚異的かつ想像もしなかったような身体的ヒーリングが起こるのを私は何度も目にしてきました。歩くのもままならなかった人たちが椅子から立ち上がって踊り出したり、医師も匙を投げていた病気が治ったり、過去に縛られていた人たちがその重荷を手放して、自分自身や家族、人生への愛を新たにするのを見てきたのです。深い絆が生まれる瞬間や、飛び上がりたくなるようなチャンスの扉が開かれる瞬間にも遭遇しました。ワークショップの参加者同士が結婚したケースさえあります。

これを書きながら、愛のエネルギーを体験してこれたことに心からの感謝が湧いてきます。愛を好ましい概念として書いたり話したりする人はたくさんいますが、実際にハートを開いて誰かを愛するという体験――恋愛の域を超えたところで愛を感じ、触れ合い、呼吸し、味わうこと――は特別なことです。この体験は今のパートナーとの関係を損なうものではなく、むしろ二人の関係をいっそう深めてくれることでしょう。

触れ合いの癒しパワー

体に触れることが癒しになることを科学的に実証する例は数多くあります。自分を愛したり、愛情を感じるためには、触れ合いが必要です。人は肉体的な触れ合い、感情的な触れ合い、魂の触れ合いを求めています。ハグが癒しになるという考えを受け入れる人が増えているのは喜ばしいことです。

私はたまにワークショップでお互いを抱きしめてもらうことがあります。何か曲を流して、その一曲が終わるまでハグし合うのです。それは、本当のつながりを感じてもらいたい——触れ合いのパワーを実際に感じ、ハートとハートの結びつきから得られる心強さを数分間でも味わってもらいたいからです。

❖【事例／著者の場合】ワンネスを経験する

フレッドと出会って間もない頃、私たちは近況を報告し合おうとディナーの約束をしました（私のソウルファミリーであるフレッドについては、ソウルメイトの章で詳しくお話しします）。私たちにはどこか強力で純粋なハートのつながりがあり、会うと言葉を失うほどでした。その非日常的で想像を絶する結びつきに、愛と感謝があふれて言葉すら見つからないのです。

私は音楽をかけ、数分の間、二人で静かに座って一緒にいられる喜びにふけっていました。二人の愛は純粋なものでした。なぜなら二人のハートの結びつきには魂が感じられたからです。いつしか私たちは抱き合い、ディナーのことを忘れていました。それまでに交わしてきたハグの中でもひときわ強く、心の込もったハグでした。まるで時間が止まったかのようで、私たちはワンネスを体験する二つの魂となっていました。

気が遠くなるような愛が体中の細胞一つひとつを駆け巡ります。ふいに私は、エネルギーとして存在することの意味を心から理解しました。そのとき、もはや肉体的な感覚が何もなかったのです。部屋中で愛が振動し、ソファーを、花を、壁を揺り動かしているかのようでした。それはとても忘れがたく荘厳な体験でした。その体験を通して、私は自分の人間関係、特に男性との関係を癒しているのを感じました。そして、自分自身に対する思いを癒し、自分は深く純粋な無条件の愛を受けるに値するということを実感していたのです。

あなたも同じように、純粋で親密で情熱的な無条件の愛を受けるに値する存在です。

＊＊＊

【自分を愛し、自分とつながるプロセス】

次にご紹介する三つのプロセスは、自分とつながり、愛情を深めるためのものです。これらのプロセスでは、自問したり、自分の愛すべき点を書き出したり、無限の愛を受けとる能力を伸ばす、といったことをしていきます。三つのプロセスは、一度に行っても、別々に行ってもかまいません。

❖自分とつながる

自分とのつながりを深めるために、まず十五分から三十分ほど邪魔が入らない環境を用意しましょう。背筋を伸ばして座り、何度かゆっくりと深呼吸します。両手それぞれの中指と小指を伸ばし、人さし指と薬指を親指の先に乗せてください（手は、楽な位置に置きましょう）。自分の内面に意識を集中します。

それでは「私は誰ですか?」と自問して答えを待ちましょう。もう一度、次のように思いを込めて同じ質問をします。「私という存在イコール私の体ではないのなら、私は誰なのでしょう? 私の思考、感情、信念、経験そのものが私自身ではないのなら、私は誰ですか?」。この質問に対する答えを探りながら、自分の思考、そして思考と思考の間にあるものを意識してみましょう。

このエクササイズを、続けたいだけ続けてみてください。十秒であれ三十分であれ、高い効果が期待できます。このエクササイズは、自分自身に集中して真の自己を探るためのものです。あなたが認識している身体的、精神的、感情的な側面を超えたところにある、本来の自己を追求するのです。

このエクササイズを一週間に何度も行って、自分とのつながりを深め、魂の静寂を探ります。より落ち着いて、地に足を着けた日常生活を送る助けとなるでしょう。

❖自分の愛すべき点を知る

自分を愛するためには、自分が愛すべき価値ある存在だということに気づかなければなりません。まずは、自分の愛すべきところはどこなのか、数分間考えてみましょう。浮かんだことを書き留めて、ベッドの脇に置きます。一週間、それを毎日読み上げてください。読みながら、一つひとつを自分の中に取り込んでいきます。さらにその一週間は、あなたが大切に思っている人たちに自分のどういうところが好きか聞いてみましょう。その答えも書き留めて、一つひとつを自分のものとして受けとめることに集中します。人が言うことに真剣に耳を傾け、あなたの優れている点を教えてくれたことに感謝してください。

自分が愛すべき価値ある存在だということがわかったら、人生に迎え入れたい人、経験、物事をどんどん引き寄せ始めるでしょう。あなたがそれらを受けるに値するということがわかってくるからです。

❖無限の愛を視覚化する

両手を胸に置いて目を閉じ、地面に大きな無限大の記号（∞）を視覚化します。その無限大記号の線上を歩くところをイメージしてみましょう。線をたどって歩きながら、あなたの人生における愛する人、愛するものすべてに意識を向けます。圧倒的な愛と感謝が押し寄せてくるまで歩き続けてください。次に、記号の中央に立ちます。両腕を大きく広げて、宇宙の無限の愛がハートに流れてくるところを想像しましょう。この愛を呼吸して体の細胞一つひとつに送り込むことに集中します。

では、無限なる深遠な愛のスペースから愛する人たちとつながることに意識を向けましょう。愛する人たちと人生を分かち合い、より強く深く関わることを自分に許可し、彼らの愛と思いやりを感じてください。

次のように唱えましょう。「神聖なる癒しの叡知よ、その無条件の愛をもたらすピンクの光線で私のマインド、体、ハート、魂を浄化し、聖なる愛で私のあらゆる側面にエネルギーを与えてください。可能な限り深いレベルで自分自身と魂について知ることができますように。最も崇高で明晰かつ完全なガイダンスを与えてください。あらゆる恐れ、疑い、怒り、切り離された感覚、そして私の幸福と愛と自由の邪魔をする障害を、内なる神聖な愛が解消してくれますように。ありがとうございます」

心が軽くなるまで、「クリア」という言葉を繰り返しましょう。

3. 自分の影《シャドウ》を受け入れ、インナーチャイルドと向き合う方法

Q

私たちには光の部分と影の部分があると聞きます。これについて教えていただけますか？　また、人生におけるインナーチャイルドの役割についても教えてください。インナーチャイルドとはどのように向き合えばいいのでしょう？

内なるパワーを取り戻し、心から自分を認めて愛するためには、自分の光と影の部分をすべて理解して受け入れることが大切です。本章と次章では、私たち人間の要素として存在する四つのアーキタイプ（元型）――インナーチャイルド、娼婦、犠牲者、妨害者についてお話しします。

アーキタイプはそれぞれが数多くのギフトと課題を備えていて、あなたの無意識レベル、潜在意識下にあるパターンや行動、反応を理解する手がかりを与えてくれます。

アーキタイプのエネルギーに取り組むことで、可能性が無限に広がります。それは、過去の傷を癒して恐れと制約のパターンを手放し、自虐的・自己妨害的な言動を解き放って自分が持つ最高の潜在能力を発揮し、完全性を取り戻し、選択肢を広げ、パワーを身につける助力となるでしょう。

光と影を受け入れる

私たちの影の部分は、自分にとって最も馴染みのない側面――つまり私たちが闇に葬り、抵抗し、抑圧している部分――で成り立っています。影の部分は、あらゆる不安、恐れ、失望、挫折を包み隠すための秘密の隠れ家です。同時にこの隠れ家は、私たちの潜在的な魅力、影響力、美、完全性、独自性をも隠しています。人は、受け入れられたいと願い、期待に沿いたいと切望するものです。そして、「変わり者」とレッテルを貼られることを何よりも恐れます。そこで人は、奥底に潜む不安、つまり自分が誰からも求められていない価値のない人間だという思いや、自分は不誠実な嫌われ者だ、恥ずべき悪人だなどとという思いから自分自身を切り離そうとするのです。

内面から目を逸らしたい、心の闇と見なされる存在を発見したくないという思いから、人は本心を隠し、必死になって相手の機嫌を取ろうとしたり、反対に相手を拒絶したりします。人はまた、自分自身の無意識の側面を相手の中に見いだすこともあります。この無意識の側面は、自分にはないと考えているポジティブな性格や特徴と、ネガティブな性格や特徴の両方を備えていることがあります。

人は、影の部分が強大なパワーを持っていることをなかなか認めようとしません。そして、私たちの真実の姿、可能性、魅力、創造性、成功、情熱、貢献する力の大部分は、自ら作り上げたバリケードの中に埋もれてしまっています。

自分の真の美しさ、愛すべき長所、成長、進化を顕現させるには、自分の欠点や愚かさ、個性を受け入れなければなりません。ところが、私たちの多くは完璧でなければいけないと思い込んでいるため、その視点を見失っているのです。

自らを制約するパターン、感情、行動を隠して否定したいという思いは、自分や他者を心から受け入れて愛する力を大きく損ないます。人は、自分の最高の側面に自らを導かせ、自分に満足し、ありのままの姿でいる代わりに、恐れ、憤り、拒絶、心の痛み、怒り、欠乏感に人生の主導権を渡してしまっています。しかも、自分がそうしていることに気づいていません。

怒りは情熱を呼び覚まし、自己中心性は立ち止まって休息することを促したり欲求と向き合わせてくれることがあります。同じように、欠乏感が愛というギフトや人助けしたいという思いをもたらすこともあります。けれども、そうしたことに気づいている人はほんの少数です。

不思議なことに、私たちの多くは自分が取るに足りない存在で弱くてつまらない人間だということに気づくのを恐れているのと同じくらい、自分がパワーや独創性、無類の才能を備えた人間である可能性に気づくのを恐れています。こうして光や影を受け入れず、自分や他者の課題を認めようとしないとき、影の部分が支配的になります。

影の部分は、私たちの中に潜む痛みを伴う未知の領域と見なされ、最も都合の悪いときや心の準備ができていないときに人生の様々な局面で邪魔してくるものだと解釈されることがあります。影の部分はたいてい潜在意識が支配しているため、簡単に日常生活に溶け込み、それとは知られず混乱を引き起こすのです。

私たちに潜む自己妨害的な側面は、巧妙かつ強引なやり方でその姿を現します。たとえば遅刻したり、チャンスを逃したり、いかがわしい人物と関わったり、人の発言を誤解したり、自分にパワーを与えてくれそうな人間関係を台無しにするなどといった形で、自らを妨害するのです。

影の部分を否定すると、恐れ、罪悪感、怒り、分離への旅に出ることになります。マインド、体、ハート、魂の知恵に耳を塞ぐようになり、その知恵に対する信頼を失って、内なる葛藤と混乱が始まります。自分の気持ちだけに従っていると、感情的で愛情に飢え、いつも不安で疑い深く、優柔不断で頼りない人間になることがあります。一方、マインドに支配権を握らせると、批判的かつ支配的な分析家になってしまいます。そして、感情や直観や知恵を無視して、理詰めの思考と知識を頼りに決断をくだすようになるでしょう。また、スピリチュアルな側面にすべての決定権を与えると、空想的で世事に疎い夢想家になってしまいがちです。不思議なファンタジーの世界で自分を見失い、救われたいという願望におぼれてしまうかもしれません。大切なのは、ハートとマインドとスピリットの関係を、健全でバランスのとれたものにすることです。

マインドと感情と魂がばらばらになり相互のコミュニケーション能力が失われていると、取るべき行動に疑念や迷いが生じ、相手とつながる方法や自分らしく生きる方法がわからなくなります。影の部分はあなたに自問するよう奮起させ、本来の自分をもっと受け入れることで癒しを起こすよう背中を押してくれるのです。

自らのパワーを強化するためには、自分の外の世界を生きるのではなく、体と直観と内なる世界につながらなければなりません。そのためには、制限的なパターンの中で凝り固まった影の部分に光をもたらし、成長するきっかけを与えることが大切です。

たとえば、あなたは今、感情面やエネルギー面でパートナーと相性が合わないという事実から目を逸らしているかもしれません。もし自分に正直であるなら、あなたはパートナーと向き合って関係を改善しようと努力するか、関係を終わらせるかするでしょう。そのためには勇気、信頼、素直さ、人としての大きな成長が求められます。反対に、独りになることを恐れて相手との関係が機能していないことを無視していると、ネガティブで攻撃的になり、嘘をつくようになるかもしれません。生活をぶち壊しながら、とりあえずの安定を得ようとして不愉快な状態に甘んじることもあるでしょう。

癒しの旅路の大部分を占めるのは、影の部分と向き合い、自分のパワー、すなわち生きるエネルギーを取り戻して、自由と選択肢を広げることなのです。

❖【事例／コリンの場合】影と向き合う

有能なビジネスマンのコリンは、結婚して四人の子どもがいます。彼が最初に遠隔ヒーリングを申し込んできたときは、かなりの秘密主義者で、身構えている様子でした。彼にチューニングしてみると、王子の姿になりすまそうとしている蛙のイメージが浮かびます（チューニングするときには、実際に相手の人生に起こっていることを理解するヒントとなるようなアーキタイプのイメージが浮かぶことがよくあります）。

これまでずっと、不誠実で破滅的な生き方をしてきたような印象を私は強く受けました。少し探ってみると、コリンは虐待されてきた女性や深く傷ついている女性の救済者になろうとしているということがわかりました。

コリンの母親は夫から深刻な虐待を受けていて、若いときに家族の何人かを亡くしてもいました。子どもだったコリンは母親の味方をしながらも、彼女が苦しむ姿をなすすべもなく見ていました。そして大人になったコリンは、出会った女性たちを助けることで母親を救おうとしていたのです。問題は、助けられた女性たちがコリンに執着し、彼のエネルギーを根こそぎ奪いとってしまうことでした。女性を助けてはエネルギーを奪われるというコリンのパターンは、結果として家族を放置し、妻に嘘をつき、手を貸そうとした女性と性的関係を結んでしまうという行動につながっていました。彼はまるで二つの別の人生を送っているように見受けられましたが、そのどちらにも真剣には向き合っていませんでした。ただ、危険を冒すことにスリルを感じていたのです。

コリンは危ない橋を渡っていました。彼は太り始め、重圧感や無力感をおぼえ、エネルギーと集中力を失いつつあり、家族と人生を破滅へと追い込んでいました。そこでコリンは、険しい道のりになるのを承知で自分の影と向き合い、つらかった子ども時代のことを解決しようと心に決めたのです。私たちは、救済者のアーキタイプとは別に、コリンには危険を好む反逆的なインナーチャイルドも内在していることを発見しました。「危険が大きいほど、スリルが高まる」というのがコリンの決まり文句です。反逆児の光の部分のおかげでコリンは自信にあふれ、仕事では五千万ドル規模の取引をするほどの成功を収めていました。一方で、その影の部分が女性を誘惑したり、反対に誘惑されたりという、嘘や隠し事まみれの二重生活を送らせていたのです。

家族を失いかけていること、さらに人生も破滅しかけていることに気づいたコリンは、子ども時代を探索し、インナーチャイルドと向き合い、さらに自分の家系についても調べ始めました。両親から受け継いだパターンに取り組まなければ、自分の子どもたちにもそのパターンを伝えてしまうということに気づいたのです。

コリンの母親は亡くなっていましたが、彼は彼女のスピリットと話して心の平穏を得ました。そして、自分の父親の身勝手で冷酷な性格は、その父親（コリンの祖父）から得られなかった愛情が原因だということを知りました。過去が癒されると、コリンは現在を癒すことができました。嘘や欺まんをやめ、家族にハートを開いたのです。体重も減り、彼は実業界を離れて自分で事業を立ち上げ、瞑想するようになり、内なる力とつながり始めました。インナーチャイルドを理解して問題に取り組もうとした姿勢が、彼の人生を変えたのです。

インナーチャイルドのアーキタイプ

アーキタイプとは、個人の性格特性や心理的なパターン、振る舞いの側面であると広く理解されています。アーキタイプは神話を由来とし、それぞれが人類共通の普遍的な精神の一形態を表しています。したがって、アーキタイプは人生に多大な影響を及ぼします。その大きな役割は、あなたの心の中にある破滅につながりかねないパターンに警鐘を鳴らしたり、そうしたパターンを健全でパワーが湧いてくる考え方、感情、行動へと改めるのを助けることです。

子どもの頃の信念、出来事、考え方、行き場のないエネルギー、感情の多くは、あなたのインナーチャイルドのアーキタイプが抱えています。このアーキタイプは、家族やサポート、養育、安全と関係しています。インナーチャイルドの影に取り組むときは、その子が変化の中に安全と慰めを見いだせるよう助けてあげなければなりません。変容はエネルギーと楽しみをもたらし、ワクワクするような新しいチャンスを運んでくるものだということを教えてあげましょう。

人が抱える不安の多くは子ども時代に起因していて、「自分は弱くて頼りなく無力だから、物事を変えることなどできない」と感じたインナーチャイルドの側面と関係しています。

子どもの頃、家族に対する大きな責任を抱えていて早く大人になることを求められていた人は、精神面、感情面、スピリチュアル面での成長が妨げられていた可能性があります。

大人になってから、「子どもの無垢な心、自由、希望、夢、創造力を楽しむチャンスがなかった」と苦しむ人もいるでしょう。責任の重さを感じたり、「もっと楽しみたい」という思いから人間関係やキャリアを犠牲にしてしまう場合もあるかもしれません。あるいは責任を放棄してファンタジーの世界で自分を見失ったり、注目を浴びたがったり、誰かに面倒を見てもらおうとすることもあります。身体的なレベルでは、憂鬱、落ち込み、不調を訴えることがあります。消化器系の異常、腎臓障害、慢性的な腰痛、不妊問題などの多くは、子ども時代に感じた痛みをインナーチャイルドがうまく処理できなかったことと関係しています。健康と調和を得るためには、見捨てられたインナーチャイルドに取り組む必要があるかもしれません。インナーチャイルドが愛と受容を感じられるようあなたが手助けして、その子を成長と進化へと導くのです。

あなたのインナーチャイルドは、承認されることと育んでもらうことを強く求めています。また、インナーチャイルドはあなたの創造性、自発性、未知の可能性の大部分を秘めており、インナーチャイルドにチューニングすると、文字通り魔法のような経験や天からのプレゼントのようなシンクロニシティを引き寄せることがあります。一方、インナーチャイルドを否定すると、疑念、恐れ、不安に悩まされ、前進と成功への道を妨げられることになるでしょう。

インナーチャイルドには、個人的なパターン、人類共通のパターン、そして個人のエネルギー特有の振る舞いが内在しています。

子どもの頃に実際に遺棄された経験があるわけではなくても、人生のある局面、たとえば恋人との別れ話に苦しんでいるときなどに、見捨てられた子どものアーキタイプに引きつけられることがあります。このアーキタイプに取り組むことで、ずっと抱えてきた拒絶感、孤独感、疎外感を癒したり、誤解を解くことができるのです。

インナーチャイルドのアーキタイプに働きかけると、穏やかで優しい気分になるでしょう。そして、このアーキタイプのエネルギーはあなたを助けるために存在しているのだということに気づき始めます。過去の痛みを癒し、喜びや快活さ、冒険心、遊び心、自発性を受け入れるのを助けてくれるのです。

インナーチャイルドのアーキタイプの存在を認識すると、それがあなたの人生をどのように操縦しているか、そして自分の役に立っているのかそうでないのかがわかってきます。また、インナーチャイルドの存在を認めて受け入れると、混乱や破滅の代わりに、人生のあらゆる領域においてサポート、知恵、癒しがもたらされるでしょう。

インナーチャイルドのタイプ

人はその生涯の特定の場面場面で、あるインナーチャイルドの側面に特別なつながりを感じることがあります。これまでに何千人もの人たちに携わってきて気づいたのですが、インナーチャイルドのアーキタイプは四つのタイプ――見捨てられた子ども、傷ついた子ども、反逆的な子ども、聖なる子ども――に大別できます。ここでは、それぞれのタイプを簡単に説明します。

その前に、覚えておいて欲しいことがあります。人の精神というのはその人固有のものなので、現れるインナーチャイルドも千差万別です。もっと掘り下げて調べたいと感じる方は、この四つのタイプ以外、たとえば無邪気な子ども、依存する子ども、永遠の子どもなどを発見することもあるでしょう。あくまでわかりやすい例としてこの四つのタイプを挙げているだけなので、タイプにこだわりすぎないよう気をつけてください。

❖見捨てられた子ども

見捨てられたインナーチャイルドは、「嫌がられた」「軽視された」「誤解された」と感じています。帰属感がなく、しばしば孤独感、疎外感、拒絶感を抱いています。いつも承認を求めていて、混乱と自己不信に悩んでいます。大人になって、責任を負うという概念に困惑することもあるでしょう。

明るい面もあります。見捨てられたインナーチャイルドは、サポートと癒しを通じて自立、勇気、自己強化の力を獲得します。そうして他者とハートでつながり、困難なときも思いやりと理解を示すようになります。やがては自由と創造性を実感し、傷つけられることを恐れずに人と遊べるようになるでしょう。

❖傷ついた子ども

傷ついたインナーチャイルドは、「傷つけられた」「無視された」「ひどい扱いを受けた」と感じています。被害者意識、暴行やトラウマに関わる感情を抱いています。すぐに人を非難し、世の中を危険で恐怖と痛みに満ちた場所として見ています。近しい人とのぎくしゃくした関係を味わうこともよくあります。

明るい面を見てみると、傷ついたインナーチャイルドには思いやり、許し、自己強化について学ぶチャンスがあります。自らの癒しを通じて「人に手を貸したい」「役立ちたい」と願うようになり、他者が成長、進化して愛や癒しを経験できるよう助けることもあります。

❖反逆的な子ども

反逆的なインナーチャイルドは支配と秩序に抵抗心を抱くため、社会や組織、状況、与えられた規則に適応するのを苦手とします。また、制約されている感覚や退屈感を抱え、順応することに嫌気がさしています。

反逆的なインナーチャイルドはすぐに境界線を押しのけ、変化を求め、他者の信念を一笑に付して、トラブルを起こします。危険をはらむ状況でも意に介さず、騒動を起こしたり、法を犯したり、でまかせを言ったりすることも珍しくありません。しばしば他者を利用したり虐待したり、麻薬やギャンブルに走ったり、権威に歯向かうこともあります。

明るくて穏やかな面もあります。反逆的なインナーチャイルドは、目の前の限界を受け入れてしまうことなく挑戦します。探検家、夢想家、開拓者となることもあるでしょう。創造性がその強みとなり、境界線をものともせず山をも動かす勢いで夢を実現させようとします。他者が古い考え方を捨てるのを後押しして、もっと画期的な生き方があるのだと人を導くこともあります。

❖聖なる子ども

希望が失われたとき、または人生の可能性や魔法が見当たらないとき、聖なるインナーチャイルドの影がその姿を現します。それは、落ち込みや疲労、停滞といった形で現れることがあるでしょう。かつては冒険家で、あらゆることに可能性を見いだしていたこの聖なる子どもは、一度その影に隠れてしまうと、生きる喜びを見失い、夢を実現する可能性を信じられなくなります。

明るい面を見てみると、聖なるインナーチャイルドは奇跡や幸運が起こりうるということだけではなく、それらが万人に授けられる天からの恵みだと信じています。また、創造性、インスピレーション、すばらしいアイデアにあふれ、人生を魔法の遊び場のように考えています。そして、高次の叡知を信頼しており、簡単に聖なる愛と知恵につながることができます。

インナーチャイルドに働きかける

インナーチャイルドに働きかける方法はたくさんあります。たとえば、次のような視覚化のエクササイズもいいでしょう。リラックスして自分の子どもの部分を思い描き、その子にどんな気持ちか、何を信じているのか、どんなことに傷つきどんなことに幸せを感じるのか、どのようにサポートして欲しいか聞いてみます。次のような質問もしてみてください。「何を癒したい？　どうしたら育まれていることを実感できる？　健康になって成長するためには何が必要だと思う？」

インナーチャイルドへの取り組みはとてもパワフルな作業であり、また、繰り返し行うことが必要です。その子は両親、お金、仕事、人間関係に関してあらゆる思い込みを抱えています。その思い込みの一つひとつに取り組むことで、それらすべてが変化していくことに気づくでしょう。そして、元気になった笑顔のインナーチャイルドを感じるはずです。インナーチャイルドは仙骨のチャクラとつながっているため、その子に働きかけるとこのチャクラが力強さと活気を取り戻すのがわかります。仙骨のチャクラは物事を物理的に実現させる能力と結びついているため、創造力が高まり、人生に望むことをどんどん叶えられることにも気づくはずです。

病気を抱えていた多くの人が、インナーチャイルドに働きかけることで大きな効果を得てきました。愛と育みを切望していた自分の一面を癒すことで健康問題が劇的に改善したり完全に解消されるということが、よく起こるのです。

何人かのクライアントは、インナーチャイルドに働きかけたら自分の子どもや両親、パートナーとの関係も飛躍的に改善されたと言っていました。自信、内なる力、愛情まで高まったそうです。また、大きな体格を維持することでインナーチャイルドを守ろうとしていた自分に気づいた途端、がくんと痩せたという人たちもいました。

❖【事例／著者の祖父の場合】インナーチャイルドを癒す

私の母方の祖父ミーシャは、子どもの頃から類い稀な勇気、直観、生存本能を培っていました。彼はとても勇敢だったため、兄姉やその友人たちからも一目置かれていました。ところが不運なことに、まだ十代の頃、ミーシャは濡れ衣を着せられて残酷な処罰を受けます。それは、ミーシャが十四歳のある日のことでした。ミーシャは家路の途中で喧々囂々《けんけんごうごう》と言い合う人だかりに出くわします。何だろう、と思って人垣に近づくと、地面に壊れた錠が転がっていました。どうやら誰かがパン屋に押し入り、盗みを働いたようです。ミーシャがことの次第を聞き終えたとき、大勢の警官が駆けつけ、パン屋付近にいた人たちを手当たり次第に捕らえました。

ミーシャは不当に訴えられ、シベリアの労働収容所で十年間の強制労働という刑を受けます。過酷な労働、飢え、身を切るような寒さ、むごたらしい虐待、無差別の殺害が起こる悪夢のような環境で、生き延びることができたのはほんのひと握りの人たちでした。ミーシャは本能的にマインドのパワーと直観を使って、釈放までの厳しい年月を生き抜いてみせるという強い決意を固めました。そして、信じられないことに、ミーシャは強くて優しく、穏やかで恐れを知らぬ大人へと成長しました。拷問のような日々が残した深い傷跡はミーシャの中で息を潜め、彼が七十代になった頃に初めて、はっきりと姿を現すことになったのです。

数年前のことです。私は先祖の記憶とそれが一族に及ぼす影響力について調べていました。私は祖父母がトラウマ的な幼少時代をほとんど癒せていないことを知っていました（ロシアでは、戦時中の苦労や収容所での出来事を語ったりするだけで刑務所に入れられたり、殺されたりすることがあったのです）。彼らが行った唯一のトラウマ解消法は、五十年後にやっと過去の経験を語るというものでした。

私は自分自身や身近な家族にも取り組んでいたため、私たちが祖父母のトラウマを引き継いでいることを理解していました。たとえば、私は十代後半から二十代前半にかけて、なぜかホームレスになることをひどく恐れていました。そして長い間、この不安がどこからやってくるのか不思議に思っていました。それが従姉妹と話していたある日のこと、彼女も同じ不安を抱えていたことを知ったのです。そのとき私は、祖父母が十代後半から二十代前半の頃ホームレスだったことを思い出しました。二人の解消できていなかった苦悩が私たちに引き継がれ、私も従姉妹も心配する必要などないのに、家を失うことを恐れていたのです。私はこの不安がどこからやってきていたのか認識することで自分の不安を解消することができ、従姉妹が不安を解消するのも手伝うことができました。

また、祖父が八十歳になる頃のことです。祖父母の住むアパートを訪れると、祖父の少年時代の話になりました。この頃の祖父はとてもネガティブで、私は彼とうまく対話できませんでした。何を聞いても否定的な答えが返ってくるため、どんな調子か聞くことすら避けていたのです。

ところがこの日は様子がいつもと違いました。祖父は、しみじみと胸を打つような口調で労働収容所で過ごした十年間の出来事を話し始めたのです。私はふと、深い悲しみが胸元に込み上げてくるのを感じました。私の頬に伝う涙を見て、悲しみを表現するのが苦手だった祖父母は「泣くんじゃないよ、昔のことなんだから。六十年も前に起こったことで動揺するものじゃない」と言いました。気まずい思いをさせたくなくて、私は口早に「もう帰らないと」と言って車に乗り、流れ落ちてくる涙を必死で止めようとしながら運転しました。そして家に着くと、こらえ切れずにむせび泣きました。まるで涙が魂の奥底から湧いてくるかのようです。それでいて、自分のために泣いているのではない、という不思議な感覚がありました。

祖父の話はそれまでに何度か聞いたことがあったので、どうして今これほど悲壮な気持ちになるのかわかりませんでした。するとそのとき、私の心の目に祖父のインナーチャイルドの姿が浮かんだのです。栄養不良の、傷ついた十四歳の少年——まるで目の前に立っているかのようにはっきりと、少年の姿が見えました。

私は目を閉じ、少年を優しく抱きしめて慰めるところを心に描きました。祖父のインナーチャイルドが直観を通して私に伝えてきたのは、シベリアに送られることを知ったときに受けた激しいショックでした。自分は死ぬのだろうか、もう家族とは会えないのだろうか……。強くなって何がなんでも生き残ってやろう、そう彼は自分に言い聞かせたそうです。だから祖父は泣かなかったのです。弱音を吐くまいと頑張ったのです。私は「あなたが泣けないなら、私が代わりに泣いてあげる」と言いました。

一時間以上も泣き続けた頃でしょうか、私は気分がすっきりと浄化されたように感じました。祖父のインナーチャイルドもどこか明るくすがすがしい様子で、落ち着いたように見えます。彼は私に感謝しながらどんどん成長していき、大人になった祖父の姿と重なりました。

その後、まるで魔法が起こったように祖父の性格が一変しました。明るくポジティブで積極的になったのです。電話をして調子を聞くと、「すこぶる元気だ」と答えてジョークを飛ばし、「また訪ねておいで」と言ってくれました。祖父の暗くて重苦しく沈んだエネルギーは消えてしまったようです。家族も一様に、祖父の驚くべき変貌ぶりに気づきました。そして、祖父は亡くなるまで朗らかなままでした。

この経験が物語っているのは、身近な人がそのインナーチャイルドと向き合えなかったり無意識の問題を抱えたりしているとき、あなたにもその人を助けられる瞬間があるということです。それは、たとえ離れていても可能なのです。

経済状況とインナーチャイルド

興味深いことに、経済的な問題を抱えている人の多くは、インナーチャイルドの視点から仕事をとらえています。彼らが豊かになれないのは、インナーチャイルドの側面が、たっぷりと給料を得るよりも限られたお小遣いをもらうことに慣れているからなのです。両親のお金に対する姿勢を見てきて、彼らの体験を映し出すような状況、あるいは彼らが取るであろう言動に反抗するような状況を、自ら作り出してしまうこともあります。

❖【事例／ジェイドの場合】お金とインナーチャイルド

ヒーリング・セッションを申し込んできた五十代の女性、ジェイドは経済的な困難を抱えていました。彼女は医療関係の仕事に就いていましたが、収入は「なんとかやりくりできる」程度で、どれだけ働いてもお金に困っていたのです。

ジェイドのエネルギーにチューニングしてみると、彼女のインナーチャイルドが両手でお金を投げつけている姿が見えました。ジェイドは、収入があってもそれを手元に置いておけないのだと認めました。

そこで、ジェイドにインナーチャイルドを視覚化してもらい、その子に話しかけ、どうしてお金を投げ捨てているのか聞いてもらいました。するとその子は、ジェイドが小さかった頃、経済的に豊かだった父親がいつも家にいなかったからだと答えました。その子の目には、父親が寂しく不幸せそうに映っていました。そこでジェイドはお金と不幸を結びつけ、人生にその不幸を招きたくないと思ったのです。

このことを彼女のインナーチャイルドに説明し、瞑想や言葉、視覚化などを通してその子に働きかけると、ジェイドの状況が目覚ましく変化しました。このプロセスを始めて一週間もしないうちに、富がジェイドの人生に流れ込んできたのです。六ヶ月後には、彼女はいくつかの大きな夢を叶えていました。そして一年後には、自分の代替医療の学校を設立しました。突然何もかもが簡単に叶うようになった、とジェイドは言っています。望んだものが人生に流れてくるようになったのです。それはインナーチャイルドが、彼女に逆らうのではなく協力し始めたからでした。

＊＊＊

【インナーチャイルドを癒すプロセス】

インナーチャイルドに働きかけ、その子を癒す方法を知ると、人生に変容が起こります。今のあなたが持つ知恵とインナーチャイルドの創造性と喜びと熱意を取り合わせて、パワーあふれる決断をくだせるようになるからです。

❖赤ちゃんの頃の自分とつながる

赤ちゃんだった頃の自分の写真を探して眺めてみましょう。その写真を見て何を感じますか？　目を閉じて、赤ちゃんの頃の自分を抱っこするところを想像します。赤ちゃんのあなたはどんな気持ちだと思いますか？　愛情と慈しみを感じていますか？　それとも冷たく空虚な感じがするでしょうか？　赤ちゃんの目には、人生はどのように映っているでしょう？　嬉しくてワクワクしていますか？　それとも不安でドキドキしているでしょうか？　赤ちゃんが話せるとしたら、どんなことを話すでしょう？　ゆっくりと深呼吸しながら耳を澄ませてください。赤ちゃんが安心して自信を持てるよう、愛と慈しみとサポートのエネルギーを送ってあげましょう。穏やかなピンクの光に包まれている赤ちゃんの姿を想像してください。そして、その子が今のあなたと合体するのを許しましょう。

❖インナーチャイルドに手紙を書く

あなたが一番共感するインナーチャイルドのアーキタイプに意識を向けてください。できればその側面を思い起こさせるような、あなた自身の子どもの頃の写真を探しましょう。写真がなければその頃の自分を視覚化してください。

書くものを用意して、あなたが選んだインナーチャイルドのアーキタイプになぜ強いつながりを感じるのか書いてみましょう。このインナーチャイルドの視点であなた宛の手紙を書いてもかまいません。責任ある大人となった今のあなたの制限や判断はいったん忘れて、その子の視点で気持ちを洗いざらい正直に書きます。

次に、あなたが子どもだった頃、その子が両親や兄弟姉妹、友だち、先生についてどう思っていたか聞いてみましょう。「言いたくても言えなかったことはある？　それはどんなこと？　正直に話していいよ」とその子に伝えてください。

続いて、今のあなたからその子に宛てて、愛を込めて素直な気持ちを手紙に書きます。

元気で幸せになるには何が必要なのかをインナーチャイルドに聞いて、それをその子に与え続けてください。その子からの手紙がネガティブな内容だったときは、それを燃やしてしまいましょう。その子を愛し、大切に育むところを視覚化します。あなたが両親から愛情や関心をもらえなかったのなら、今その子に愛情と関心を与えてください。これからは、たびたびその子に話しかけること、そしてその子の世話をすることを約束しましょう。

4. 主要なアーキタイプに関する理解と取り組み

Q

人にはそれぞれいくつかのアーキタイプが内在していて、そのうちの四つの主要アーキタイプは誰の中にも共通して存在していると聞きました。その主要アーキタイプについて教えてください。そのアーキタイプにはどのように取り組むといいのでしょう？

アーキタイプという側面とその影響力に関する研究は、奥の深いものです。これらのアーキタイプエネルギーの全体像を教えてくれる優れた書籍やワークショップもたくさんあります。前章では、インナーチャイルドとそれが人生に及ぼす影響力について述べました。私たちを成す残り三つのアーキタイプは、娼婦、犠牲者、妨害者です。それぞれが貴重な教えとギフトをもたらし、あなたが自分のパワーを発揮する能力（あるいはその欠如）を人生の重要な局面で明らかにしてくれます。また、それぞれのアーキタイプのパターンを理解することも大切です。そのパターンがわかると、あなたは自分の無意識および潜在意識下の思考、感情、エネルギー、言動をより深く探ることができるのです。

前章でもお話ししましたが、それぞれのアーキタイプは影と光の両面を備えています。影は私たちの奥底に潜んでいる部分を明らかにしてくれます。それは私たちの潜在意識を占めていて、およそ予期せぬタイミングで災いのようにその姿を現します。光の側面は、私たちが最高の潜在能力に到達するチャンス、そして穏やかで揺るぎなくパワーにあふれて生きるチャンスを示してくれます。

チャクラと四つのアーキタイプ

何年にもわたる研究を通じてわかったのですが、四つの主要アーキタイプはそれぞれが特定のチャクラと深く結びついています。たとえば、娼婦のアーキタイプはルートチャクラと結びついています。また、インナーチャイルドのアーキタイプは仙骨のチャクラ、犠牲者のアーキタイプは太陽神経叢のチャクラ、妨害者のアーキタイプはハートチャクラと結びついています。

つまり、一つのアーキタイプに働きかけることは、そのアーキタイプと結びついているチャクラを浄化するのはもちろんのこと、体の器官やそのアーキタイプと関係する人生の特定の領域を癒すことにもつながるのです。同様に、そのアーキタイプとつながるチャクラから特有のパターンを解放することは、そのアーキタイプにパワーを与えて人生にさらなる自信と明晰性をもたらすことにもなります。

娼婦のアーキタイプ

娼婦のアーキタイプは、生存にまつわる恐怖心とつながっています。このアーキタイプは、自らの完全性と内なる力について教訓や戒めを与えてくれるでしょう。そして、次のような問いを発してきます。「お金のため、または生き残るためなら、魂や忠誠心、体、良心を喜んで売るつもり？　それとも、己の信じる道のために毅然とした態度を貫く勇気と気構えがある？」。就くべき職業、結婚すべき相手、生きるべき道を決めつけられたり勧められたりする家庭に育った人なら、このような問いはとりわけ厳しいものに感じられるでしょう。

娼婦のアーキタイプは、あなたの信義と誠意をも見極めようとします。「自分にも相手にも正直でいようとしてる？　それとも生き残るため、成功するためなら人を出し抜き、嘘をついて相手を利用しようと思う？」と執拗に聞いてくるのです。娼婦のアーキタイプを探求していると、あなたは選択に迫られます。恐れに惑わされながら、人をたぶらかし、コントロールし、裏切ってしまおうかと迷うような生き方、あるいは愛、聖なるガイダンス、信頼、自己価値を受け入れる生き方——このどちらかを選ぶことになるでしょう。ここで問われるのは、身の安全のために自分はどれだけの代償を払うつもりか、ということです。

自己を強化する道に踏み出すと、あなたを操り利用しようとする人や、自分のパワーを見せつけるため優位に立とうとする人に出会うことがよくあります。彼らはあなたの内なる強さを試そうとしているのです。そんなとき、娼婦の影の部分はあなたに名誉、創造性、喜び、思想の自由をあきらめさせようとするかもしれません。一方で、光の部分はあなたがパワーと完全性を維持し、自分の立場を固守できるよう助けてくれます。

❖娼婦の影

人は、経済的成功、自己実現、癒し、進化、愛などすべてにおいて、近道を行こうとするものです。即席の満足を求める社会に生きる私たちは、常に娼婦の影にこんな風に問われています。「これにはどんなメリットがある？　この経験からもっと何か手に入らないだろうか？　自分の存在価値、知性、成功、進化、魅力、権力を実際以上に評価してもらうにはどうすればいいだろう？　私はどうやったら人から尊敬され、必要とされるだろう？　尊重されるのは私に魅力、特別な才能、強力なコネ、お金があるからだと思ってもらうにはどうすればいいだろう？」

娼婦のアーキタイプは、自分を拘束する生き方と自由な生き方、不誠実な生き方と自己表現できる生き方、支配的な生き方と自分にパワーを与える生き方の違いをまざまざと示してくれます。自分のパワー、才能、能力をポジティブなことに活かすかネガティブなことに活かすか、選択肢を与えてくれるのです。聖なるガイダンスに導かれているということを信じて高次のパワーに信頼をおけば、娼婦のアーキタイプはあなたを支配や操り、うまい話から遠ざけてくれるでしょう。

❖娼婦のアーキタイプを受け入れる

娼婦のアーキタイプを受け入れると、このアーキタイプはあなたの最大の味方となってくれます。物質的なものを得ようとしてあなたが自分らしくない行動を取りそうになったときには、前もって警告してくれるでしょう。そして、ハートに従うために必要な勇気と忍耐力を与えてくれます。

あなたを利用し、あなたのエネルギーや時間、感情、品位を損なうような人や状況から距離を置くと、人生を完全に癒して変容させることができます。

❖【事例／リンダの場合】娼婦のアーキタイプと親しくなる

多くの人が、虐待的な関係や好きでもない仕事に留まるような形でその身を売ります。一つは習慣から、そして一つは恐れから、自分を滅ぼすような環境に甘んじて主義主張を曲げ、やがて病気になってしまいます。そこには、変化、責任、成長を選ぶよりも経済的な安定と地位を守りたいという思いがあります。

結婚して二十年以上になるリンダは夫との共同事業で成功し、三人の子どもにも恵まれていました。外目には幸せそうな夫婦関係でしたが、リンダの内面はどんどん弱っていっていました。毎年のように何かしら新たな健康問題が生じ、体のどこかが悪化します。リンダは甲状腺を摘出し、乳房囊胞《のうほう》、卵巣の疾患、心悸亢進、背痛、爪白癬、偏頭痛を抱えていました。体が悲鳴をあげているのに、彼女は夫との虚しい関係から抜け出さない言い訳ばかりしていたのです。転機は、リンダが脳腫瘍の検査を受けるために病室で横たわっているときに訪れました。

そのときリンダは、「物理的な安定も大切に違いないけれど、自分に正直になって〝生き続ける〟ことの方が大切だ」と思ったのです。五十二歳にしてリンダは夫のもとを去りました。一週間もしないうちに家を出て、自分探しの旅を始めたのです。

「その歳で夫のもとを去るなんて、リンダはおかしくなったに違いない」と周りは考え、所持金もわずかで就職できる可能性も低いのに無謀だと言いました。しかしリンダは、心の奥で気づいていたのです。夫との関係は不健全なもので、二人で歩む旅はもう終わっていたということに……。彼女はいつも夫の影に隠れているような気がしていました。夫婦関係は不安定で、リンダはよく虐待され、心が悲鳴をあげていました。生活のため、子どもたちのため、そして対決を避けるために現状を維持していましたが、子どもたちも大人になり、ある意味リンダも大人になるときが来ていたのでしょう。

初めの一歩は、自分を癒して体の知恵に耳を傾けることだとわかっていました。そこでリンダはアーキタイプについて学び、娼婦のアーキタイプがもたらす難題はもちろんのこと、そのパワーを理解し、そこに取り組み始めたのです。リンダは特に、彼女自身が「悪い女」と称する部分を認めて受け入れなければならないと感じました。

少しずつ自信がついてきたリンダは、ダンスクラスに通い始めました。すると体が丈夫になり、柔軟性と創造性が増しました。そしてインスピレーションを得たリンダは、スピリチュアルをテーマにしたお店を開くことにしました。人々が自分について学び、内なるパワーを取り戻すきっかけを得られるような、ヒーリングとダンスのワークショップを開催するようになったのです。

時間はかかったものの健康状態も改善し、楽しい出会いが増えて新しい友人もできました。リンダは内面から活気を感じ、自分の存在価値を見いだしました。さらに、積極的にサポートを受け、困難な状況にも豊かな発想で対処するようになりました。

リンダの癒しのためには、娼婦のアーキタイプと近づいてその言葉に耳を傾ける必要があったのです。「夫のもとを去るまで、娼婦のエネルギーに意識的に働きかけるなど想像すらしなかった」とリンダは言っています。激しい対立になると思っていたからです。ところがこのアーキタイプと親しむようになってから、リンダは夢を追って自分らしさを維持し、人生の大きな目的を見つける勇気を与えられたのです。

犠牲者のアーキタイプ

拒絶されたとき、妨害や不当な扱いを受けたとき、不正や偏見の被害にあったとき、濡れ衣を着せられたときなどに、内なる犠牲者の存在に気づくことがあります。

生きていると数多くの困難に見舞われるもので、ふと気づけば犠牲者クラブに居場所を見つけていたということもあるでしょう。犠牲者クラブは、相手を責め、政府や社会を糾弾し、自分の体に文句を言い、欲しいものが買えない経済状況をぼやく人たちでいっぱいです。他人を責めるのは簡単ですが、犠牲者のドラマの中で自分の行動や信念、本来果たすべき役割に責任を負うのは桁違いに大変です。そのためには、成長して視点を変え、勇気を持ち、毅然として自分の立場や信ずるところを貫かなければなりません。人生は不公平だと感じるとき、人はつい犠牲者のアーキタイプに主導権を渡してしまいがちです。このアーキタイプはあなたを安全地帯に置いて、あなたが相手を表面的に判断し、過去の痛みにこだわり続け、人生に対して否定的な見方をするのを助長することがあります。現状に不満を感じていても、馴染みがあるものには安心感をおぼえるものです。犠牲者のアーキタイプはあなたの心に恐怖を引き起こし、現状維持すべき理由を並べ立てるのです。

❖犠牲者の影

人は犠牲者の立場にあるとき、傷つきやすく、弱くて打ち負かされたように感じています。そうなると、毅然とした態度で健全な境界線を引くことはできません。犠牲者のアーキタイプは、できるだけ多くの人から同情を集めようとします。周囲の人たちからエネルギーを奪いとり、何もかもが首尾よくいかない理由、自分が失敗する理由、情けない状況に陥る理由をあれこれと言い立てるのです。

犠牲者の影は、軋轢や対立を避けるわりに、陰口を叩いたり噂を広げたりすることに喜びを感じることがよくあります。そして、「人生はつらい」「努力は無駄に終わる」「挑戦すれば失敗して孤独に陥るかもしれない」という思い込みを引きずっています。あなたに自己憐憫を感じさせたり、癒しと変容の道を歩むなどつまらないと思わせたり、たとえそれが危険な環境であっても馴染み深い環境から離れるのは残念極まるという気にさせたりするのです。

❖犠牲者のアーキタイプを受け入れる

犠牲者のアーキタイプの光の部分は堂々たる性質を備えており、あなたが物事に対する自分の反応に責任を持てるよう助け、困難な状況でも前向きに対応する勇気を与えてくれます。

このアーキタイプを通じて、あなたはパワー、勇気、自己価値、個人の境界線、誠意、忍耐力、自尊心に関して自分がどのように向き合っているかを理解するようになるでしょう。犠牲者のアーキタイプは個人的な人間関係においてよくその姿を現しますが、このアーキタイプの光の部分は、あなたが他者に対して怒りや悪意、邪心を抱くことなくパワーを保つ方法を教えてくれます。

パワーを持つと攻撃的になる、と勘違いする人がいますが、正真正銘のパワーを持つということは、直観とつながって知恵と思いやりから行動するということです。犠牲者のアーキタイプの光の部分はあなたが過去の傷を癒すよう背中を押し、その傷は成長して心身ともに強くなるためのチャンスなのだと考えられるよう促してくれるでしょう。

❖【事例／ステイシーの場合】犠牲者のアーキタイプを認める

ステイシーは有能なスタイリストで、裕福な有名人を顧客に抱え、人の外見磨きの手伝いを仕事にしていました。その業界に二十年以上も務めた頃、ステイシーは人生が思うようにいかないと感じるようになり、少し休暇をとることにしました。仕事で成功を収めている一方で、ステイシーは心の奥深くで自分のことを犠牲者のように感じていました。もう五十代に差しかかろうとしているのに大都会で一人暮らししている自分について、もし仕事がなければ惨めで役立たずな存在だと感じていたのです。

遠方に暮らす両親とは、もう何年も口をきいていませんでした。彼らのせいで自分はたくさん嫌な思いをしたと思っていたからです。一人娘は海外に住んでいたため、あまり連絡が取れません。そこでステイシーはヨガのクラスに通い始め、自信を取り戻すために自己啓発のワークショップにも参加することにしました。ところが内面の犠牲者の存在がはるかに強く、彼女の気分はなかなか晴れませんでした。

即決法が見つからず苛立ったステイシーは、批判的で恨みがましい態度を取るようになりました。友人たちが手を差し伸べようとすると、ステイシーは辛辣なコメントを返して彼らを遠ざけ、自ら孤立しました。自分ではパワーを取り戻しているつもりでいましたが、実際のところパワーを失いかけていました。彼女は怒りの力を頼りにして傷つくことから自分を守り、助けを求めまいとしていたのです。

ステイシーは、「私は誰よりも優れている」と自分に言い聞かせていました。それにもかかわらず、気分は落ち込み、自分の存在価値を見いだせません。ステイシーの体はアレルギーや食物不耐性の症状を示し始め、とうとう自己免疫疾患まで発症しました。

長らく孤独な時間を過ごしたステイシーは、認めたくはないものの、自分が犠牲者のように振舞っていることに気づきました。犠牲者の影の部分を知って認め始めると、彼女はどんどん生気を取り戻していきました。そして、自分の行動パターンは家系的なもので、特に母親と祖母のパターンを引き継いでいたことを理解しました。彼女は女性が何世紀にもわたって耐えてきた不遇に怒りをおぼえ、その怒りのエネルギーを身近な男性に向けていたのです。

自分に優しくなろうと決意したステイシーは、心と体に溜め込んでいたものを解消して完全に生まれ変わるためには時間が必要だと覚悟しました。ステイシーは数年かけて自分の光と影の部分に取り組み、家族を許して、少しずつその関係を修復していきました。やがて娘と半年の旅に出かけることにもなり、親子の絆を取り戻して楽しい時間を過ごし、人生に対する新たな視点を共有しました。そしてその旅の途中で、チベット医学に携わるクリストファーという魅力的な男性に出会い、彼は彼女の体を癒し、ハートを開く手伝いをしてくれました。

もうステイシーが犠牲者のような気分になることはなくなりましたが、犠牲者のアーキタイプはステイシーが責任から逃れたくなるような場面や傷つきやすく感じる領域を今後も示し続けるでしょう。彼女はその可能性を肝に銘じておくべきだと承知しています。そして、クリストファーやほかの人々との関係において自分が成長するのをこのアーキタイプが助けてくれるであろうことも、理解しています。

妨害者のアーキタイプ

妨害者のアーキタイプは、あなたがチャンスを台無しにし、健全で豊かな人間関係を拒み、ハートを閉ざし、お金を失うよう仕向けることがあります。このアーキタイプは、物理的な世界での生存に対する恐れの感情と関係しています。自分の支払い能力や社会への適応能力について疑念を抱かせたり、適職に就けないかもしれない、理想の関係を築けないかもしれないといった不安の思いをかき立てて、あなたを悩ませることもあるでしょう。

妨害者のアーキタイプが最も恐れるのは変化です。とりわけ、あなたの現状を一新するような変化に恐怖心を抱きます。一方で、あなたが妨害的な策略ではなく魂を強化することに心を傾けると、立ち直りが早くて精神的に強い人になれるよう助けてくれます。

妨害者のアーキタイプはハートチャクラとつながっているため、あなたの親密な人間関係や内に秘めた願いや夢において、大きな役割を果たします。

このアーキタイプに親しむと、その妨害的な策略に敏感になり、妨害を最小限に留める方法に意識が向きます。そうすると、チャンスをつかんで、勇気と創造性と冒険心を備えた人になる機会が到来するでしょう。ハートの知恵に耳を傾ける能力と直観力が飛躍的に高まり、恐れや高揚感や欲求と、本能的な直観との違いがわかるようになります。

❖妨害者の影

妨害者の影の部分は、あなたのハートを抑え込んで、あなたに喜びをもたらす人々やチャンスを遠ざけることがあります。この影の部分は、非現実的でありながらあなたの勘をにぶらせるストーリーを大げさに仕立て上げる名人です。また、自分は力不足だから失敗するに違いないという不安を抱かせて、夢をあきらめさせようとしたり先延ばしさせようとします。

あなたが誰かと近づきになろうとすると、妨害者の影は争いや痛みを生み出す状況を無意識に作るよう仕向け、あなたを失望と無力感と孤独感に陥れます。その上あなたを批判、判断してこき下ろし、恵みを受けるに値しない人間だと言い出すのです。あなたは妨害者の影の部分が暗躍していることに気づかず、ハートの知恵に従うことをやめてしまうかもしれません。このアーキタイプの役割はあなたを保護することなのですが、妨害者の影は、あなたを痛みから守ろうとすることによってかえってその苦痛を長引かせているということに気づいていないのです。

❖妨害者のアーキタイプを受け入れる

妨害者のアーキタイプと向き合い、それがあなたを守ろうとしているのだということを理解すると、互いに健全な関係を築けるようになります。そうなると、このアーキタイプは苦痛を生み出すのをやめて、あなたに絶好のチャンスを知らせてくれたり、あなたを受容、許し、自分への愛情、喜びに続く道へと案内してくれます。あなたが利用できる選択肢をすべて見せてもくれるでしょう。そして、恐れを克服するのを助け、愛の視点から生きるために必要な勇気を取り戻せるよう背中を押してくれます。

❖【事例／ケヴィンの場合】ハートを開く

四十代前半のケヴィンは金融業界に勤めていて、五年ほど恋人がいませんでした。彼は高血圧症の相談にやってきたため、まずはその大きなストレスを解消してライフスタイルを改善する手助けをしてから、人間関係の問題に取り組むことにしました。

母親との関係に深刻な問題を抱えていたケヴィンは、女性と知り合っても必ずその相手に母の性格の一面を見つけてしまいます。そして、私が愛することにハートを開くとどんな良いことがあるかその利点を十個挙げてみるよう求めると、ケヴィンはハートを閉ざしておいた方が良い理由を二十個並べるのでした。

ハートを開くためのワークを集中的に行うワークショップに参加するよう提案すると、ケヴィンは同意したものの、鼻水をすすりながら遅刻してやってきました。欠席しようか迷っていたと言います。彼の身体は、ハートとつながることに激しく抵抗していました。

ケヴィンは変わることを恐れ、妨害者のアーキタイプに主導権を握らせているようでした。ところがハートを開くプロセスを行っているうちに、何年もハートに抱えていたケヴィンの心の盾が解放されていきました。そして、ワークショップが終了する頃にはケヴィンは見違えるような様子をしていました。もう何年もハートを開いたことなどなかった、愛情あふれる関係を築けそうな相手を受け入れる気になったと彼は語りました。

数ヶ月後、ヒーリング・セッションにやってきたケヴィンの変貌ぶりを見たときには、我が目を疑いそうになりました。目は輝き、ヘアスタイルや服装も変わり、何よりも生き生きとしています。肩の力が抜けたケヴィンを見るのは初めてでした。私は彼は誰か大切な人を見つけたのだと直観的に感じました。聞けば、なんとケヴィンは私の数年来の知り合いと付き合い始めていたのです。彼女も私のワークショップに何度か参加したことがありました。その後何年も経ちますが、二人は愛情あふれる素敵な関係を続けています。

＊＊＊

【アーキタイプのエネルギーに取り組むプロセス】

アーキタイプに働きかけて、アーキタイプとの関係を変容させるためのプロセスを、二つご紹介しましょう。

❖娼婦のエネルギーと一緒に体を動かす

娼婦のエネルギーに取り組むときは、まず一つ目のエネルギー・センターであるルートチャクラとつながります。ルートチャクラを司る色は赤です。このチャクラは背骨の基底部、生殖器のあたりに位置します。

立って腰に手をあて、三度ゆっくりと深呼吸しましょう。そして、民族音楽のようなビートが効いた曲をかけて腰を振ります。腰を振りながら、体とのつながりを感じてください。

動き続けながら、娼婦のエネルギーをあなたの領域に招き入れるところを想像します。そのエネルギーを友人の一人として視覚化しましょう。その人があなたの人生にどのような影響を与えているのか、ダンスを通して教えてもらいます。その人はあなたをリードしていますか、それともあなたのリードに従っていますか？　あなたを支えてくれているでしょうか、それとも混乱させているでしょうか？　あなたは内なる声に耳を澄まし、自分の信条に従って行動するという生き方をしていますか？　それともお金が必要だから、そうしないと不安だからという理由で行動していますか？　人生の様々な側面に疑問を抱かず、現状維持する方が楽だからという理由で行動を決める生き方をしていますか？

続いて、このエネルギーと話し合うことができると想像してください。動きを止め、座るか横たわるかして体をリラックスさせましょう。娼婦のアーキタイプをもう少しよく知るために、いくつか質問してみます。「あなたはどのようにして私を助けてくれますか？」「どのようにして私を傷つけますか？」「あなたの情熱、パワー、強さをどのような形で活用すれば人生を変容させられますか？」

娼婦のアーキタイプを探求し始めたばかりのときは答えをうまく引き出せないかもしれませんが、どうぞ心配しないでください。内なる知恵とつながって質問すれば、やがて答えが届き始めます。そして、あなたをサポートしてくれる人々へと導かれるでしょう。

❖変化を招く瞑想

背筋を伸ばして座り、何度か深呼吸しましょう。両手でそれぞれ握りこぶしを作ります。手のひら側同士が向かい合うようにして二つのこぶしを密着させ、への上方に置きます。

目の前で燃える赤い炎を想像してください。赤い炎に意識を集中し、自分が人生のどのような局面で不正直になっているか、自分の身を売るようなことをしているか、考えてみましょう。息を吸いながら、赤い炎が体に入って変化への恐れを燃やし尽くすところを想像します。続いて、勇気と信頼をもたらす青い光線を吸い込むところを視覚化しましょう。娼婦のエネルギーの光の部分に耳を傾けることを、自分に許可します。この光の部分は、あなたが好きなことをして成功するのを助けてくれます。このプロセスは、時間をかけてゆっくり行いましょう。

次に、犠牲者のアーキタイプが現れて炎のそばに腰かけるところを想像してください。このアーキタイプは言葉を使わずに、あなたがこれまでに被害者意識を持った場面や犠牲者のように振舞った場面を思い起こさせてくれます。そして、あなたが犠牲者の視点で行った選択、さらにその選択が招いた結果について洞察を与えてくれるでしょう。

今度は、目の前に大きなテレビ画面を想像してください。また別の姿が現れました。少し犠牲者のアーキタイプに似ていますが、もっと自信と明晰性にあふれ、勇敢な様子です。これが、恐れを知らぬあなたの姿です。この勇者がテレビをつけ、あなたが真のパワーあふれる視点で生きることを選んだ場合に起こりうる未来をいくつか映し出してくれます。

両手をハートの上に置いてください。自分がいかに壁を作ってハートを守ろうとしてきたか自覚しましょう。

では、妨害者のアーキタイプがあなたの横に立っているのを想像してください。このアーキタイプは、あなたのハートを保護する守護者です。あなたのハートを人や無限のチャンスに対して閉ざすこともできれば、あなたが成長と愛と幸福へのさらなるチャンスを台無しにしないよう、経験という知恵を授けながらハートを開くこともできます。妨害者のアーキタイプは、あなたがこれまで否定してきた心の様々な側面を握っています。たとえば愛する力、笑って楽しむ心、ハートの知恵に耳を傾ける能力などを保持しているのです。こうした能力を取り戻すことを、自分に許可しましょう。

続いて、愛をもたらす輝かしいピンクのエネルギーが大量にハートに流れ込み、ハートを浄化しながら活性化するところを想像します。次に、楽しげで愉快な黄色の光があなたの胸の周りでダンスしながら気分を盛り上げてくれるところを視覚化しましょう。ほかに浮かんでくるイメージや感情があったら、それにも意識を向けてください。

次のように唱えましょう。「神聖なる叡知よ、どうか癒しと変容が優しく穏やかに、恩寵とともに私に訪れますように。アーキタイプから知恵を受けとり、彼らと友人になれるよう力を貸してください。自分にも他者にも辛抱強く思いやりが持てますように。しかるべき時にしかるべき場所で進化できるよう導いてください。ありがとうございます」

心が軽くなるまで、「クリア」という言葉を繰り返しましょう。

5．チャクラを活用して、癒しと霊的進化に達する方法

Q
チャクラについて教えてください。チャクラはどのようにして癒しと霊的進化を助けてくれるのでしょう？　これまでに聞いたことがあるチャクラは七つだけですが、八つ目と九つ目のチャクラについても教えてください。

「チャクラ」という言葉は「輪」「円」を意味するサンスクリット語に由来します。一般的に回転するエネルギーの車輪を表し、それぞれのチャクラは異なる周波数で体内外を振動しています。また、七つの主要チャクラは「エーテル体」と呼ばれる微細身《サトルボディ》に存在しています。

チャクラに内在するのは、感情的、精神的、エネルギー的、霊的な情報、先祖からの情報、細胞の情報です。チャクラは私たちのエネルギー的な構造の一部を成していて、身体的に起こりうる症状についての重要な情報を、それが実際に発症する前に知らせることができます。また、チャクラ内外を流れるエネルギーは、私たちの身体を取り囲む様々なエネルギー体と相互に影響を与え合っています。そして、チャクラは私たちの環境、他者、宇宙の叡知との関わり合いからも影響を受けています。

本章では、それぞれのチャクラへの働きかけを通して、健康状態、人間関係、豊かさ、自尊心を高

め改善することから、恐れや罪悪感、恥の意識を手放すことまで学んでいただけます。チャクラに取り組むことで、直観力を磨いたり、ハートを開いたり、コミュニケーション能力を高めたり、神性とのつながりを深めたり、心の平穏を実感したり、人生に奇跡を呼び込むこともできるのです。

チューニング

具合が悪かったり気分が落ち着かないとき、チャクラは不活性化してよどんだエネルギーを溜め込みます。微細なエネルギーを感じとれる人は、相手のチャクラにチューニングして、その人が抱えている精神的、感情的、身体的な問題を瞬時に見抜くことができます。東洋では何千年も前から、体の不調、さらには感情やエネルギーの乱れを癒すためにチャクラ・ヒーリングが行われてきました。

私は微細なエネルギー・システムにチューニングする能力のおかげで、実際にチャクラを見ること、感じることができ、そこに内在する情報を読みとることができます。子どもは体のスキャニング能力に長けているため、彼らに自分や他人のチャクラにチューニングしてもらい、何が見えたか尋ねてみたこともあります。チャクラ・システムについてはほとんど知識のない子どもたちでしたが、彼らが教えてくれた情報の多くは私が受けとった感情、色彩、洞察と一致していました。このことからも、私は自信を持ってこれまでの発見を以下にお伝えすることができます。

誰でもできるチャクラへの取り組み

これだけは覚えておいてください。学ぼうという意欲がある方なら誰でも、チャクラに取り組むことによって心身の健康を改善できます。これは、特別な能力がある方だけに限られたことではありません。自分のチャクラ、あるいは人のチャクラにチューニングする能力が果たして自分にあるのだろうかと疑う方が多いのですが、これまで指導してきた中で、適切なガイダンスを受けたのにチャクラから何の情報も得られなかったという人はごく稀です。

人よりも自然にチューニングできる方たちもいましたが、努力を続けた全員が自分や人のチャクラにチューニングし、メッセージを受けとり、癒しを得ることができるようになりました。

チャクラの浄化プロセス

ここからは、各チャクラについて説明し、簡単にできるチャクラ浄化プロセスをお伝えします。それぞれのチャクラの浄化プロセスは、個別に行っても、順番に行ってもかまいません。また、各チャクラには同調する鉱石がありますので、その石を握って、浮かんでくる洞察や知恵に心を開いて、数分間瞑想を行ってもいいでしょう。そのチャクラが位置する体の部位に石を置いてもかまいません。チャクラの浄化プロセスは座った状態でも立った状態でもできます。横たわってもかまいません。大切なのはリラックスしてセルフ・ヒーリングのための時間を設けることです。

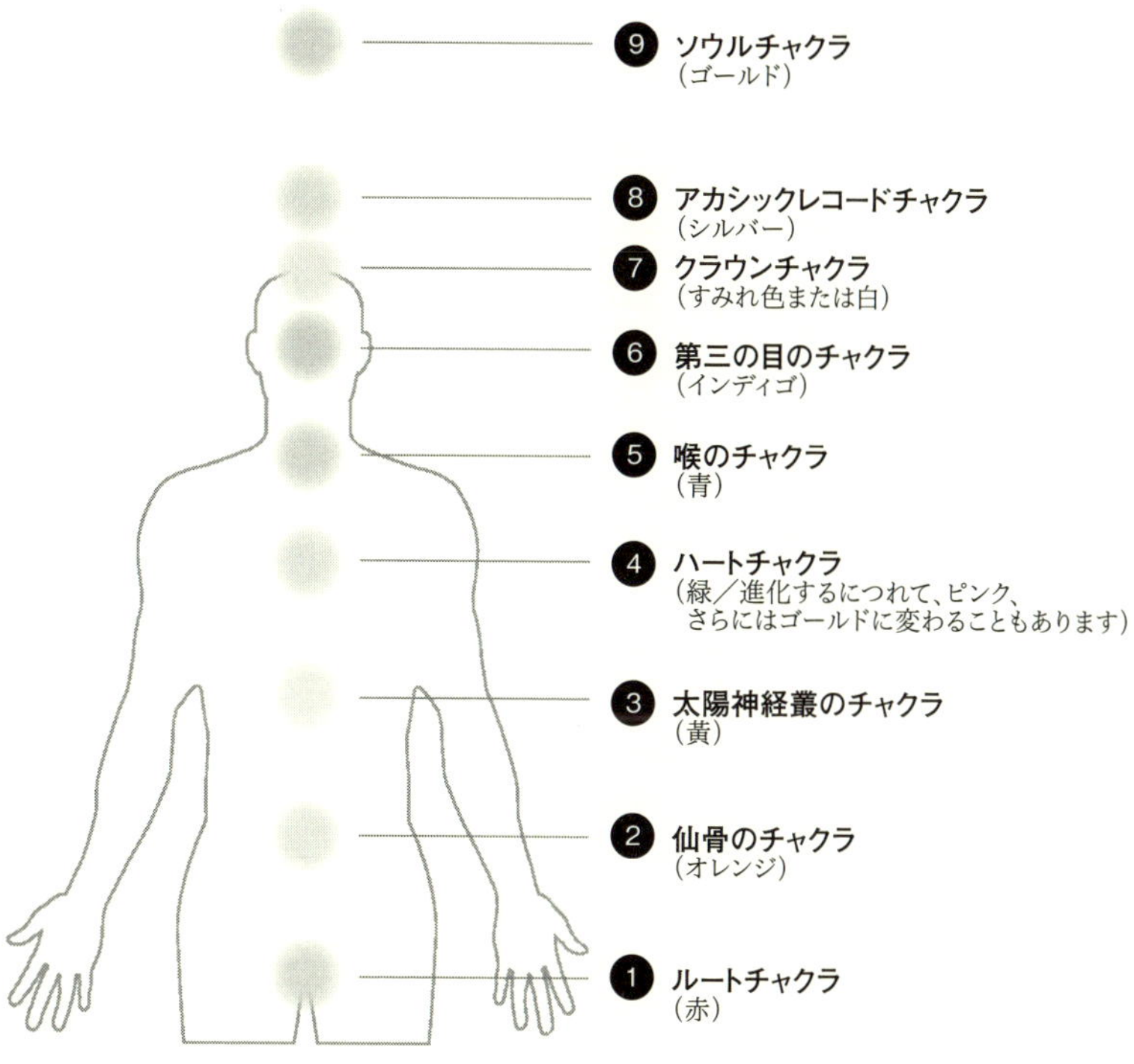

❖第一チャクラ（ルートチャクラ）

ルートチャクラあるいはベースチャクラとも呼ばれる第一チャクラは、背骨の基底部、生殖器のあたりに位置します。このチャクラが司る色は赤です。

闘争・逃走反応を決定するこのチャクラには、私たちの思考、感情、プログラム、および家族や関わりのあるグループからの刷り込みの多くが内在しています。非常に根深い初期のパターンのいくつかはこのチャクラに保存され、生存、セクシュアリティ、安全、保護にまつわる問題も同じくここに存在します。優越感、劣等感、忠誠心、家族の信念、迷信、伝統や儀式をはじめ、コミュニティ内における自分のパワーもしくはその欠如も、このチャクラが保持しています。

身体的なトラウマや、不安、激しい怒り、恐怖心といった感情的なトラウマも、このルートチャクラが内包しています。生命力のエネルギーの大半はこのチャクラで保持され、そのエネルギーは恐れやストレスに向かうこともあれば情熱や愛へと向かうこともあります。ルートチャクラは私たちに勇気、確信、癒しに必要なエネルギーを与えてくれるため、セルフ・ヒーリングを行う上でとても重要なチャクラです。

身体的、物理的な面でこのチャクラが関係しているのは、生殖器系および性に関する機能不全や病気、過食症、腰の問題、偏頭痛、体重の問題、神経系の疾患、痔、中毒症、がん、抑うつ症、虐待、経済的困難などです。脚部・足の問題、循環系の疾患、静脈瘤、高血圧症、炎症、慢性的な腰痛、坐骨神経痛なども、このチャクラに関係しています。

ルートチャクラは喜び、高揚感、快楽、享楽、愛の感情を司ります。愛に関する社会の理想、表現、判断はたいていこのチャクラが保持しています。関連する一例を挙げましょう。かつては結婚していないパートナーとの同棲は恥ずべきことでしたが、現在では多くの社会で一般的なことと見なされているだけでなく、結婚生活に飛び込む前に二人で一緒に暮らすことを奨励する風潮さえありますが、こういったこともこのチャクラと関係しています。また、このチャクラは娼婦のアーキタイプとつながっていて、あなたがハートに従おうとしているか、誘惑されても誠実に対応できるかを試します。

ルートチャクラがクリアでバランスがとれているかどうか、あなたがどのような信念を持っているか、そして物理的な願望を実現させる自信がどれだけあるかによって、人間関係や物質面の充足は左右されます。

ルートチャクラを浄化すると、人間関係が改善され、人生に豊かさを招く能力が芽生え、喜びが増し、他者とのつながりが深まり、自尊心が高まり、中毒症から解放され、エネルギーが強まり、地に足が着き、癒しが訪れるでしょう。

相性のいい鉱石 —— ガーネット

【ルートチャクラの浄化プロセス】

目を閉じて立ちましょう。できるだけゆっくりと大きく息を吸い、七秒止めてからゆっくりと吐き出します。これを四回から六回繰り返してください。

一分間、両手を激しくこすり合わせます。手のひらを少し離してみると、チクチクまたはピリピリするような感覚があるはずです。では、両手の間に大きな赤いエネルギーのボールを視覚化しましょう。このエネルギーのボールに意識を集中して、その力を強めてください。両手の間を広げてどれだけエネルギーが拡大するか試すなどして、三十秒ほどこのボールで遊んでみましょう。

次に、背骨の基底部、生殖器のあたりに位置するルートチャクラの前に両手を置きます。手は体には触れないようにします。ゆっくりと大きく息を吸いながら、この赤い光を取り入れましょう。赤い光がルートチャクラを駆け巡り、あらゆる滞りを浄化しながらチャクラを再活性化するところを視覚化します。

次のように唱えましょう。「神聖なる癒しの叡知よ、ルートチャクラに保存されている恐れ、羞恥心、不安、ショックなどの強い感情や苦しいパターンをすべて穏やかに手放せるよう力を貸してください。現在の人間関係を改善し、豊かさを引き寄せ、自尊心を高めて、人生のあらゆる面で大きな喜びと満足感を得られるよう導いてください。ありがとうございます」

ネガティブなものはすべて解き放ち、あらゆるポジティブなものを拡大させるつもりで「クリア」という言葉を繰り返しましょう。

両手をリラックスさせて座ります。大切な人たちから自分の理想通りに接してもらえたらどのような感じがするか視覚化する、もしくは考えてみてください。自信にあふれ、好きなことをしている自分を想像します。あなたが人生で喜びを感じることに、数分間意識を集中しましょう。

両手を恥骨の前に置きます。手のひらを下に向けた状態で中指同士の先をつけ、ほかの指は触れ合わずにそれぞれが向き合っている形を作ります。大きく息を吸いながら、意識的に下腹部をふくらませます。息を吐きながら、腹筋と会陰筋を収縮させます。これを数回行いましょう。深い呼吸をしている間、意識を足に向けてグラウンディングに集中します。このポーズを好きなだけキープしましょう。

❖第二チャクラ（仙骨のチャクラ）

仙骨のチャクラとも呼ばれる第二チャクラは、へその下に位置する創造性と感情のエネルギー・センターです。このチャクラが司る色はオレンジです。

仙骨のチャクラには、罪悪感、恐れ、非難、コントロール、怒りなどの感情が保存されています。そのほか、このチャクラは金銭問題や性に関する問題、無力感や被害者意識なども保持しています。人は、このチャクラで愛情、充実感、情熱にあふれた実りある人間関係を熱望し、魅力的で素敵な人になりたいと願います。また、コントロールを失うこと、屈辱を受けること、恥をかくことに対して最も恐れを感じるエネルギー・センターが、このチャクラです。

身体面で仙骨のチャクラが関係しているのは、腸の疾患、虫垂の疾患、消化不良、痛風、ヘルニア、過敏性大腸、腎障害、高血圧症、炎症、乾癬、慢性的な腰痛、子どもの頃の問題、不妊問題などです。また、ＰＭＳ（月経前症候群）、カンジダ、卵巣異常、子宮疾患、骨盤痛、不感症、卵巣がん、筋硬直、五十肩、ニキビなど主に女性特有の問題、および性的不能、脱毛、男性不妊、前立腺疾患などといった男性特有の問題もこのチャクラと関係しています。

ルートチャクラには先祖が抱えていた恐れや信念が内在していますが、仙骨のチャクラはお金、成功、性的エネルギーを扱う能力や他者への影響力を握っています。ただし、こうした問題のいくつかは、ルートチャクラと仙骨のチャクラが共有しています。

仙骨のチャクラは、相手の気持ちを読みとったり、自分の感情や創造性についての判断を助けたり、生命力のエネルギーの喪失あるいは増大を左右します。インナーチャイルドのアーキタイプ、そして生存にまつわる感情ともつながっています。人は本能的にいつもこのチャクラを活用して、自分や愛する人たちが感情面、身体面、経済面で安全に守られているかどうかをチェックしています。また、このチャクラを介して、自分の望むものを手に入れるために他者を操ったり支配したりすることがあります。

このチャクラには、渇望や依存心も保存されています。人は、自分以外――たとえば恋人、麻薬、食べ物、アルコール、家族、同僚など――に主導権を引き渡すと、自らのパワーを失ってしまいます。そして、愛情、お金、健康、美、パワー、人生の喪失を恐れることになります。

仙骨のチャクラは、侵害、嫉妬心、権力争い、心理的虐待、精神的虐待、身体的虐待の倉庫にもなっています。私たちの最も繊細な部分、たとえば自分には何かが欠けているといった不安などもこのチャクラに潜んでいます。人は孤独を恐れ、疎外されたり拒絶されたりすることを心配するあまり、他人を責めたり自分の罪悪感を他人に投影したりします。そして、自分の影の部分を隠して立派な人間を装うために仮面をかぶり、愛情や承認を得て自己満足しようとするのです。人はまた、いつまでも若々しく魅力的で、有能な人間でありたいと願います。何十億ドル規模の美容・アンチエイジング業界、ダイエット業界、結婚相談所などの多くは、私たちがこのチャクラに抱えている欲求や不安の上に成り立っています。

仙骨のチャクラに働きかけ、それを浄化することで、恐れや後悔、心配、罪悪感、怒り、恥、自己処罰を手放し、犠牲者もしくはご機嫌取りの自分を解き放つことができます。そして、内なるパワー、忍耐力、回復力を養い、エネルギーの高まりを実感し、恋人との親密さを深め、自信を高め、幸福感に心を開き、全力で生きることができるようになります。また、健全な人間関係を築き、自己価値を高め、より創造的に自分を表現できるようにもなるでしょう。

☞相性のいい鉱石 ―― カーネリアン

【仙骨のチャクラの浄化プロセス】

一分間、両手を激しくこすり合わせます。手のひらを少し離してみると、チクチクまたはピリピリするような感覚があるはずです。では、両手の間に大きなオレンジのエネルギーのボールを視覚化します。このエネルギーのボールに意識を集中して、その力を強めてください。両手の間を広げてどれだけエネルギーが拡大するか試すなどして、三十秒ほどこのボールで遊んでみましょう。

次に、体に触れないようにしてへその少し下あたりに両手を置きます。ゆっくりと大きく息を吸いながら、このオレンジの光を取り入れましょう。オレンジの光が仙骨のチャクラを駆け巡り、あらゆる滞りを浄化、解消しながらチャクラを再活性化するところを視覚化します。

次のように唱えましょう。「神聖なる癒しの叡知よ、仙骨のチャクラに保存されている罪悪感、恐れ、後悔、心配、非難、無力感、怒りの感情や苦しいパターンをすべて穏やかに手放せるよう力を貸してください。どうか内なるパワー、回復力、創造力、自分への信頼を高めてください。自分の感情と仲良くなり、内なるガイダンスを聞くことができますように。ありがとうございます」

ネガティブなものはすべて解き放ち、あらゆるポジティブなものを拡大させるつもりで「クリア」という言葉を繰り返します。

両手をリラックスさせて想像力を働かせましょう。自分の創造性を思い切り表現できるとしたら何をしますか？　今週できることで、人生を楽しく生産的なものにするクリエイティブな活動はありますか？　あなたが今、困難な状況に対する突破口を探しているのなら、独創的なアイデアが浮かんでくるのを待ちましょう。

両手の指を組んでへその下に置きます。できるだけゆっくりと深い呼吸をしながら、あなたの創造力を発揮できる完璧な道を見つけることに意識を向けます。このポーズを維持したまま、好きなだけイメージを続けてください。

❖第三チャクラ（太陽神経叢のチャクラ）

太陽神経叢のチャクラと呼ばれる第三チャクラは胸骨下、横隔膜から胃のあたりに位置し、個人のパワーのセンターとして知られています。このチャクラを司る色は黄色です。

このチャクラには、信念、判断、感情、恐れ、希望、夢が保存されています。そして、私たちが自分や他者を認識したりチャンスを引き寄せたりする力は、経験と感性と私見から総合的に影響を受けます。

人との関わり合いの大部分は太陽神経叢のチャクラを介して経験しますので、自信、自尊心、自己理解を深めなければなりません。人は無意識にこの個人のパワーのセンターにチューニングしてその人の自己価値観を感じとり、それに基づいて相手への対応を決めます。したがって、自分の信念と感情と行動が一致すればするほど、他者からの評価も高くなるでしょう。反対に、恐れや不安を増長させればさせるほど、他者から不当な扱いを受けることになります。

私たちは、太陽神経叢のチャクラを介して相手の動機を見抜きます。そして、あなたが脅威を感じているのか安心しているのかに従って、ほかのチャクラも収縮したり拡大したりします。

私たちの内なる批評家は、太陽神経叢のチャクラを通して意見を伝えてきます。パワーを与えられすぎると、その批評家は何かとケチをつけて重要な決断を先延ばしにし、人生に害を及ぼしたり、創造性の追求を邪魔することがあります。

身体面でこのチャクラが関係しているのは、胃の疾患、糖尿病、関節炎、副腎疲労、代謝異常、体重の問題、拒食症、過食症、肥満、消化不良、肝臓障害、肝炎、脾臓疾患、胆嚢障害などです。

太陽神経叢のチャクラは、自分との関係を健全なものにし、ゴールに向かってポジティブに行動するのを助けてくれます。また、このチャクラは犠牲者のアーキタイプとつながっています。犠牲者のアーキタイプは、個人のパワーを喪失させることもあれば、あなたを勝利や成功へと導くこともあります。

あなたの真摯さ（もしくはその欠如）は、このチャクラと関係しています。真摯さというのは、それぞれの考え方、育った環境、価値観などによって左右される厄介な課題とも言えます。人生は、かつてあなたが批判した状況に似た境遇にあなたを置くことで、あなたの正義を試すことがあります。世の中には白黒つけられないことが多いため、自分や他者を許して穏やかでいられるかどうかが鍵となります。このチャクラはあなたがどのようにエネルギーを増減させるかを探求する機会を与え、それに従って取捨選択できるよう助けてくれます。

太陽神経叢のチャクラに働きかけると、自尊心と内なるパワーを高めることができ、直観に従うことが学べます。また、人はこのチャクラを介して信頼を培い、自分の行動に責任を持てるようになります。このチャクラがクリアな状態にあると、自立心を持って最高の決断をくだすことができるでしょう。どこに、どのようにして、いかなる境界線を引くべきかがわかり、自分はこのように扱われるべきだという姿がはっきりと浮かんできます。

相性のいい鉱石 —— シトリン

【太陽神経叢のチャクラの浄化プロセス】

一分間、両手を激しくこすり合わせます。手のひらを少し離してみると、チクチクまたはピリピリするような感覚があるはずです。では、両手の間に大きな黄色いエネルギーのボールを視覚化します。このエネルギーのボールに意識を集中して、その力を強めてください。両手の間を広げてどれだけエネルギーが拡大するか試すなどして、三十秒ほどこのボールで遊んでみましょう。

次に、体に触れないようにして太陽神経叢の前に両手を置きます。ゆっくりと大きく息を吸いながら、この黄色い光を取り入れましょう。黄色い光が太陽神経叢のチャクラを駆け巡り、あらゆる滞りを浄化、解消しながらチャクラを再活性化するところを視覚化します。

次のように唱えましょう。「神聖なる癒しの叡知よ、私の太陽神経叢のチャクラに保存されている判断、低い自尊心、憤り、被害者意識、混乱、パワーにまつわる問題、コントロールに関する問題、苦しいパターンをすべて穏やかに手放せるよう力を貸してください。どうか直観力を高め、人生を導いてくれる神聖な叡知を信頼できるよう助けてください。自立心、パワー、明晰性を強化して、成功へと導いてください。ありがとうございます」

ネガティブなものはすべて解き放ち、あらゆるポジティブなものを拡大させるつもりで「クリア」という言葉を繰り返しましょう。

両手をリラックスさせてください。パワーあふれる決断をくだし、万物の最高の目的のために力強く行動する自分の姿を思い描きましょう。その自分がどのように見え、どのように感じているか想像し、イメージに意識を集中してください。そして、直観に耳を傾けてそれを信頼するにはどうすればいいか、気づいてください。「直観の声がはっきりと聞こえるよう、直観力を高めてください」とハイヤーセルフにお願いしてみましょう。毎日、直観に従って行動することを自分に許可してください。

では、指を広げて両手のひらを合わせ、太陽神経叢の高さに保ちます。これはパワーと決意のポーズです。ゆっくりと息を吸いながら、指を強く合わせて自分の強さに集中し、成功を固く決意します。続いて息を吐きながら指をリラックスさせ、緊張感や成功への抵抗を解き放つことに集中しましょう。これを二分から三分間繰り返します。

❖ 第四チャクラ（ハートチャクラ）

ハートチャクラと呼ばれる第四チャクラは胸のあたりに位置し、愛と人間関係のエネルギー・センターとされています。このチャクラを司る色は緑です。

ハートチャクラは愛、寛容、思いやりのセンターです。魂はハートと人生への情熱を通じて私たちに語りかけますので、このチャクラとのつながりが強くなるほど、より充実した楽しく豊かな人生、繁栄と喜びと和みに満ちた人生を送ることができるようになるでしょう。

許す力、癒しの力、進化し変容する能力が、ハートチャクラを開く鍵となります。ハートチャクラはルートチャクラと強く結びついており、情熱と愛と信頼を通じて物事を現実化させる潜在能力とつながっています。人は進化すればするほど、判断を手放す能力や、出来事や体験をハートと魂で受けとめる感性を高められるようになります。そして、嫉妬心や所有欲を基盤にしていた人間関係も、魂に根差した時空を超える無条件のつながりへと姿を変え始めるでしょう。そうして、上位のチャクラの聖なる知恵を受け入れ始めるのです。

身体面でこのチャクラが関係しているのは、心臓障害、循環器疾患、血栓、心臓発作、血圧異常、ぜんそく、気管支炎、肺炎、肺がん、乳がん、アレルギー、肩や腕の痛み、不眠、免疫系の疾患、リンパ腫などです。

ハートチャクラは、愛や憎しみ、孤独、憤り、恨み、悲嘆、怒りの感情を抱えています。思いやり、許し、希望、信頼を感じるのもこのチャクラです。また、ハートチャクラは妨害者のアーキタイプとつながっています。このアーキタイプは、あなたのハートを抑え込んで実りある人間関係を妨げることもできれば、虐待的な人間からあなたを守りつつ、ハートを開いて愛情を感じられる人間関係へと導くこともできます。

ハートチャクラを浄化すると人間関係が改善し、人生に愛を呼び込み、自分の目的を見つける助けが得られます。ハートのセンターとつながっていると、あなたはすばらしく感動的な体験へと導かれるでしょう。パートナーがいる方なら、その関係は目覚ましく発展し、コミュニケーションの扉が大きく開くはずです。ハートチャクラは、楽しみ、喜び、笑い、愛を人生に招き入れます。このチャクラは天からの恵みのような創造性と大いなる存在との交流のセンターで、人類の生活を向上、変容させることができるのです。親愛を込めて触れ合ったり、優しくハグしたり、心から分かち合うことで、ハートは癒されます。ハートチャクラを開くと、無条件の愛の意識状態で生きる力が芽生えます。そうなると、他者に大きなパワーを与えることになるでしょう。

☞相性のいい鉱石 ―― エメラルド

【ハートチャクラの浄化プロセス】

一分間、両手を激しくこすり合わせます。手のひらを少し離してみると、チクチクまたはピリピリするような感覚があるはずです。では、両手の間に大きな緑色のエネルギーのボールを視覚化します。このエネルギーのボールに意識を集中して、その力を強めてください。両手の間を広げてどれだけエネルギーが拡大するか試すなどして、三十秒ほどこのボールで遊んでみましょう。

次に、体に触れないようにして胸の前に両手を置きます。ゆっくりと大きく息を吸いながら、この緑の光を取り入れましょう。緑の光がハートチャクラを駆け巡り、あらゆる滞りを浄化、解消しながらチャクラを再活性化するところを視覚化します。

次のように唱えましょう。「神聖なる癒しの叡知よ、ハートチャクラに保存されている孤独感、怒り、憤り、悲嘆、喪失感、心の痛み、落ち込み、苦しいパターンをすべて穏やかに手放せるよう力を貸してください。どうか私の情熱、熱意、生きる力を呼び覚ましてください。愛と思いやりにあふれた実りある人間関係を引き寄せ、体験することができますように。ありがとうございます」

ネガティブなものはすべて解き放ち、あらゆるポジティブなものを拡大させるつもりで「クリア」という言葉を繰り返しましょう。

両手をリラックスさせます。隔たりのない、愛情あふれる深いつながりを人と持てたらどれだけ楽しいか想像してみましょう。すでにそのように感じている方は、愛する人たちに意識を集中して、ハートを開き、自分を解き放ちましょう。愛のエネルギーがあなたを癒し、活気づけてくれるのを感じてください。もしハートとのつながりが感じられなかったり、愛情あふれる人間関係を築けていないのなら、ハートを開いて理想の人間関係を引き寄せることに意識を集中します。

胸に両手を置いて、円を描くようにマッサージします。あなたを生かしてくれている心臓に感謝しましょう。そして、あなたが深く感謝しているものすべてに意識を向けます。ハートが成長して拡大し、知恵で満たされるところを思い描いてみましょう。この知恵はあなたのハートからマインドへと伝わり、一条の金色の光でハートとマインドをつなぎます。ハートの知恵とマインドの知性を受け入れて人生の重大な決断をくだすことができたら、どんな感じがするでしょうか？

❖第五チャクラ（喉のチャクラ）

喉のチャクラとも呼ばれる第五チャクラは喉の前方に位置し、コミュニケーションのセンターとされています。このチャクラが司る色は青です。

喉のチャクラは、重要な決断をくだすとき、自らの行動を説明するとき、ガイダンスを受けとるとき、知恵を伝えるときに力を貸してくれます。人はこのチャクラを介して物事を物理的に現実化させます。つまり、明確な意図を持って自己を表現し行動することによって、具現化させるのです。また、このチャクラには、責任や判断、自分自身や他者への批判が内在します。

自己表現を担当するこの喉のチャクラは、創造性を発揮し、強力な決断をくだし、望むものを求めることを可能にしてくれます。そして、はっきりとイエス・ノーを伝える機会を与えてくれるでしょう。また、自信を高めて発言力を身につけることも助けてくれます。人はこのチャクラを通じて自らの影響力や有言実行する力、他者をサポートする力を探求します。約束や決意をひるがえすと自分や他者の内面に感情的、エネルギー的な傷跡を残してしまい、その傷が何年もそこに留まって病気へとつながることもあります。

喉のチャクラのレベルで立てた誓い——たとえば、変化、禁煙、奉仕、自分を労ることへの決意など——は、人生に対して多大な支配力を持ちます。困難な状況を切り抜けるため、あるいは奇跡を起こすために高次の助けを求めるとき、そうした誓いを立てることもあるでしょう。一方で、恐れの心で生きていると、生活苦に耐え、歯を食いしばって我慢し、虐げられても歯向かわず、こき使われても辛抱する……といった誓いを引きずってしまうこともあります。また、修道会などでは他者への奉仕の誓い、あるいは意識を高める誓いなどが立てられることもあります。

他者を誤解し続けてクリアなコミュニケーションが取れずにいると、魂の一部を見失い、焦りや制約、パワーを失ったような感覚をおぼえるでしょう。スピリチュアルや宗教の教え、特にシャーマニズムの多くは、魂の知恵が持つパワーを完全に取り戻し、体を浄化して再活性化し、生命力のエネルギーを高めて過去に与えられたギフトや能力を蘇らせることを目的に、見失っていた魂の断片を発見することを指南しています。それを取り戻すと、時と場所、関わる人々を踏まえた上で、相手に伝わりやすい形ではっきりと対話することができるようになるでしょう。

身体面でこのチャクラが関係しているのは、慢性的な咽頭炎、潰瘍、歯茎の炎症、虫歯、リンパ腺の腫れ、喉頭炎などといった喉や口の疾患、高血圧症、炎症、発熱、感染、頭痛、首の痛み、甲状腺腫、甲状腺機能亢進症、甲状腺疾患、抑うつ症、ヨード欠乏症、視床下部の機能不全、不眠症などです。

多くの人はこのチャクラに無力感や被害者意識を保存しています。一切合切をこのチャクラに溜め込み、コミュニケーションを拒む人もいます。このチャクラを介して、自分や大切な人、経済状況、あるいは周囲の出来事をコントロールしたいという衝動的な欲求をおぼえることもあります。

大多数の人は恐れの感情をこのチャクラに抱え込んでいるため、すぐに感情面で操られたり、古い迷信を信じたり、時代遅れの慣習に従ってしまいがちです。その一方で、喉のチャクラは解放や表現の自由へのきっかけを与えてくれます。

喉のチャクラを浄化すると、コミュニケーション能力や現実化する力を伸ばし、自信、創造性、パワー、明晰性をさらに高めて物事を選択できるようになるでしょう。このチャクラが与える課題は、心からの愛を持ってマインドの知恵とつながり、それを他者に伝えることです。他者の洞察があなたの内面と共鳴するとき、あなたもその洞察を受け入れて活用する機会が得られます。喉のチャクラに働きかけると、魂の知恵とつながる能力、そして魂の目的を表現するのに必要な機会を引き寄せる力も強化することができるのです。

☞相性のいい鉱石――ターコイズ

【喉のチャクラの浄化プロセス】

一分間、両手を激しくこすり合わせます。手のひらを少し離してみると、チクチクまたはピリピリするような感覚があるはずです。では、両手の間に大きな青いエネルギーのボールを視覚化します。このエネルギーのボールに意識を集中して、その力を強めてください。両手の間を広げてどれだけエネルギーが拡大するか試すなどして、三十秒ほどこのボールで遊んでみましょう。

次に、体に触れないようにして喉の前に両手を置きます。ゆっくりと大きく息を吸いながら、この青い光を取り入れましょう。青い光が喉のチャクラを駆け巡り、あらゆる滞りを浄化、解消しながらチャクラを再活性化するところを視覚化します。

次のように唱えましょう。「神聖なる癒しの叡知よ、喉のチャクラに保存されている自己批判、恐れ、自己表現力の欠如、低い自己価値、罪悪感、抑圧、苦しいパターンをすべて穏やかに手放せるよう力を貸してください。自分の望みや思いに関して、自分にも他者にも素直になれますように。どうかはっきりと自分を表現し、他者とうまく対話できるよう自信を与えてください。最大の望みが完璧なタイミング、完璧な形で人生に流れてきますように。ありがとうございます」

ネガティブなものはすべて解き放ち、あらゆるポジティブなものを拡大させるつもりで「クリア」

という言葉を繰り返しましょう。

両手をリラックスさせます。身近な人に対して、伝えなければと思いつつなかなか伝えられないことはあるでしょうか。それをその人に話しているところを想像しましょう。その人が真剣に耳を傾け、あなたの言わんとすることを理解してくれているところを想像します。心の準備ができたら、そして可能なら、実際にその人に伝えてみましょう。思いやりを込めて自分の気持ちをはっきりと伝えることが大切です。あなたが明瞭なコミュニケーションを心がけて正直に生きていると、よりいっそう健やかで幸せな気分になり、充実感を得られるでしょう。

腕を喉の高さに上げます。右手のひらが外側を向き、左手のひらがあなたの方を向くようにして指をつかみます。そして、両手を引き離すように互いを引っぱります。肩の力は抜いてください。大きく息を吸って、「ハー（ｈａａａａａ）」もしくは「オムー（ｏｍｍｍｍｍ）」という音を吐く息に乗せるようにして発します（息を吸い込むときから音を発している間まで、手はずっと引き合ったままです）。このポーズは、あなたの発言に強さとパワーを与えてくれます。

❖ 第六チャクラ（第三の目のチャクラ）

第三の目のチャクラとして知られる第六チャクラは眉間に位置し、直観とインスピレーションと知恵のセンターとされています。このチャクラを司る色はインディゴです。

このチャクラは、内なる世界に意識を合わせて聖なるガイダンスとつながり、メッセージを受けとって解釈したり、そのメッセージに従ってどう行動するかを決断できるよう導いてくれます。また、精神体《メンタル》とつながり、クリアで迷いのない統制されたマインドを育んで、夢や願望を実現することを助けてくれるでしょう。人は常にこのチャクラを活用して、自分の目的が現実的なものか、実現可能か、経済的に無理がないかを査定しています。

ホルモン機能や内分泌腺機能の大部分はこのチャクラから影響を受けています。第三の目のチャクラは、感情や行動に多大な影響力を持っているのです。

身体面でこのチャクラが関係しているのは、脳腫瘍、脳卒中、神経性の疾患、腺疾患・内分泌腺疾患、ホルモンの失調、失明など視力に関する問題、難聴、副鼻腔炎、脊髄の疾患、学習障害、発作、頭痛などです。

人はこのチャクラを介して自己イメージを作り出し、高次の知恵とつながります。

自己の本質――どういったことが心に響き、どういったことが響かないか――を発見し、精神性やスピリチュアルな知性を育み、新しいアイデアに心を開くのを可能にしてくれるのもこのチャクラです。あなたのイマジネーションや、可能だと信じていることもこのチャクラに内在しています。視覚化する能力、ポジティブな意図、確信を持った行動を合わせると、第三の目のチャクラのパワーを活用することができるでしょう。このチャクラはまた、調子が悪いときの癒しの力にもなってくれます。あなたが聖なるエネルギーとつながり、体にチューニングし、手放せずにいる痛ましい体験を解き放ち、過去の経験に対する認識を調整して細胞記憶を変えるのを助け、癒しへと導いてくれるのです。

このチャクラを浄化すると透視能力が開花し、過去、現在、未来から重要な情報を受けとることができます。ヴィジョンや聴力も研ぎ澄まされ、気持ちがより安定し、学ぶ意欲が増し、知恵と直観が磨かれるでしょう。このチャクラとつながると、他者に貴重な気づきをもたらし、彼らが信頼と自信を取り戻す手助けをすることができるようになります。また、様々な状況の中で全体像を見通し、否定的な物事や脅威、恐れから距離を置き、信頼と内面の探求と高次のパワーに意識を向けられるようになるでしょう。

第三の目のチャクラの意図は、あなたがスピリチュアル面、精神面、感情面、身体面で調和を保つのを助けることです。つまり、今この瞬間に生き、人生に感謝できるよう導いてくれるのです。意識を進化させるためには、精神的、感情的なこだわりをすべて手放して、神意と調和して生きることをゴールにしましょう。このチャクラが成功と見なすのは、究極の真実を発見し、生じる困難に向き合い、どのような状況でも常に恵みを見いだすことです。

☞相性のいい鉱石 —— アメジスト

【第三の目のチャクラの浄化プロセス】

一分間、両手を激しくこすり合わせます。手のひらを少し離してみると、チクチクまたはピリピリするような感覚があるはずです。では、両手の間に大きなインディゴのエネルギーのボールを視覚化します。このエネルギーのボールに意識を集中して、その力を強めてください。両手の間を広げてどれだけエネルギーが拡大するか試すなどして、三十秒ほどこのボールで遊んでみましょう。

次に、体に触れないようにして第三の目の前に両手を置きます。ゆっくりと大きく息を吸いながら、このインディゴの光を取り入れましょう。このインディゴの光が第三の目のチャクラを駆け巡り、あらゆる滞りを浄化、解消しながらチャクラを再活性化するところを視覚化します。

次のように唱えましょう。「神聖なる癒しの叡知よ、第三の目のチャクラに保存されている内面の混乱、不均衡、方向性の欠如、欲求不満、制約、恐れ、ストレス、抵抗、苦しいパターンをすべて穏やかに手放せるよう力を貸してください。第三の目を開いて直観力を磨けるよう助けてください。直観に耳を傾け、聖なるガイダンスとインスピレーションに従えるよう導いてください。どうか真実、調和、喜び、霊性に満ちた視点で生きることができますように。ありがとうございます」

ネガティブなものはすべて解き放ち、あらゆるポジティブなものを拡大させるつもりで「クリア」という言葉を繰り返しましょう。

一分間ほど、中指で円を描くようにして第三の目を撫でます。直観を呼び起こし、人生で混乱を感じている分野すべてに明晰性をもたらすことに意識を向けましょう。直観的なガイダンスに心を開いて受け入れることができると感じるようになるまで、このプロセスを続けてください。

❖第七チャクラ（クラウンチャクラ）

クラウンチャクラとも呼ばれる第七チャクラは頭頂部に位置し、高次の叡知のセンターとされています。クラウンチャクラを司る色はすみれ色《バイオレット》もしくは白です。

クラウンチャクラは、頭頂部、脳、松果腺、神経系全体と関係しています。このチャクラは、神性、霊性、シンクロニシティとの架け橋です。人はこのチャクラを介して超自然的な境地を開拓し、高潔な目的とつながり、森羅万象との一体感を見いだすことができます。

瞑想、祈り、制約や恐れの解放を通して人は利己的な幻のマインドを超越し、意識の無限のフィールドへと入ることができます。そこで私たちは、奇跡のような癒し、意識の覚醒、天からの啓示を経験できるのです。

クラウンチャクラは聖なるエネルギーを取り入れ、そのエネルギーが体組織、器官、すべてのチャクラにくまなく活力を吹き込みます。このチャクラがクリアであればあるほど、生命力のエネルギーを存分に味わうことができます。

このチャクラが関係しているのは、エネルギーの乱れ、慢性疲労、免疫系の疾患、大うつ病、がん、性的不能、高血圧症、筋肉組織の疾患、骨・骨格の問題、血液疾患、線維筋痛、目まい、パーキンソン病、麻痺、てんかん、多重人格障害、多発性硬化症、統合失調症、認知症などです。

クラウンチャクラは、人生に対する視野を広げることを可能にしてくれます。人はこのチャクラを介して、献身、霊的な癒し、進化する能力を育みます。魂の闇夜を経験するのもこのチャクラで、人はその闇の中で孤独感や見放されたような感覚をおぼえたり、魂、愛、神性から切り離されたように感じることがあります。魂の闇夜が訪れるのはたいていの場合、感情的な危機や身体的なトラウマに見舞われたり、自然災害や戦争を目撃または経験したり、不治の病が発覚したり、死別、別離、争いなどが原因で愛する者を失ったときです。

神性に完全に身を委ねるべき局面を迎えたときに、この闇夜が訪れることもあるでしょう。魂の闇夜は深い孤立感、落ち込み、恐れ、孤独感、虚無感を引き起こすこともあれば、至福、ワンネス、平穏、万物への理解、ひらめきをもたらすこともあります。どれだけつらい状況でも信頼を失わず勇敢に立ち向かえる力は、クラウンチャクラで培われます。

クラウンチャクラは高次の次元とつながっているため、このチャクラは常に、私たちの選択が最高の目的にかなっているかどうか、そしてその選択が神聖な可能性につながっているかどうかを評価しています。大いなるヴィジョンや発明の多くは、このクラウンチャクラを介してもたらされてきました。人が日常的に抱える限界を超えて非凡な可能性へとたどり着くための最良の手段は、瞑想やセルフ・ヒーリングです。このチャクラとつながって得られる情報は神秘的で、直線時間に縛られない超常的なものです。

このチャクラを浄化すると、神性と深くつながり、人生の目的に従い、他者への理解を深め、思いやりを育み、ワンネスを経験することが可能になります。クラウンチャクラがクリアな状態にあると、高次の意識状態を経験したり、ヒーリング能力にアクセスしたり、天からのメッセージを受けとることがあるでしょう。さらなる安定、強さ、健やかさ、活力を感じるようになるはずです。


【クラウンチャクラの浄化プロセス】　☞相性のいい鉱石――水晶

一分間、両手を激しくこすり合わせます。手のひらを少し離してみると、チクチクまたはピリピリするような感覚があるはずです。では、両手の間に大きな白いエネルギーのボールを視覚化します。このエネルギーのボールに意識を集中して、その力を強めてください。両手の間を広げてどれだけエネルギーが拡大するか試すなどして、三十秒ほどこのボールで遊んでみましょう。

次に、体には触れないようにして頭上に両手をかざします。ゆっくりと大きく息を吸いながら、この白い光を取り入れましょう。白い光がクラウンチャクラを駆け巡り、あらゆる滞りを浄化、解消しながらチャクラを再活性化するところを視覚化します。次のように唱えましょう。「神聖なる癒しの叡知よ、クラウンチャクラに保存されているストレス、疲労、神性と切り離された感覚、恐れ、心配、混乱、落ち込み、方向性の欠如、苦しいパターンをすべて穏やかに手放せるよう力を貸してください。免疫系に活力を与え、神経系を浄化できるよう助けてください。高次の知性へのアクセスを許可し、全体像を見極める力を与えてください。神性とのつながりを深め、高次の意識状態を経験できるよう導いてください。そして、自分や他者への愛、思いやり、優しさを呼び起こしてください。ありがとうございます」

ネガティブなものはすべて解き放ち、あらゆるポジティブなものを拡大させるつもりで「クリア」という言葉を繰り返しましょう。

手のひらはつけずに指だけを組み、頭上にかざします。親指を人さし指から離すようにして伸ばし、親指の先が髪に触れるくらいの位置で頭頂のクラウンチャクラを指す形を作ります。親指に伝わる脈動を感じましょう。クラウンチャクラにエネルギーを注ぐことに集中しながら、そのポーズを一分から二分ほど維持します。ゆっくりとした深い呼吸とともに、純粋さ、明晰性、安らぎを意識してください。では、少し時間をとって、生命の神性とのつながりについて瞑想しましょう。それから両手を胸の前まで下げて、指は組んだまま親指をハートに向けて伸ばします。続いて、人生において感謝しているものすべてに思いを馳せながら、一分から二分ほど瞑想してください。

❖第八チャクラ（アカシックレコードチャクラ）

アカシックレコードチャクラとも呼ばれる第八チャクラは、頭の約四センチ上方に位置します。ここには人類の活動（過去、現在、未来に私たちが見て、感じて、話して、考えたこと）がすべて記録されている「宇宙の書」、すなわちアカシックレコードが存在しています。

多くの人が、アカシックレコードは集合的無意識の概念に相当すると考えています。人は、アカシックレコードチャクラを介して過去や今生以外の生涯にもアクセスできます。このチャクラに内在するのは、カルマに関する情報、今生で対処しようと決めていた問題や学ぼうと決めていたレッスンに関する情報です。また、人はこのチャクラを介して自分のパターンの大部分を理解し、そこから得たものを貴重な資料として、慢性的な体の痛みや過去のトラウマ、人間関係のカルマなどを癒すことが可能になります。

アカシックレコードチャクラがバランスを崩していると、目まいや乖離感をおぼえたり、免疫システムに影響が出ることがあります。さらに、代謝異常、体重の問題、疲労感、震え、喉・甲状腺の疾患、目の疾患、耳の疾患、抑うつ症などを引き起こすこともあります。病気や未解決の感情的な問題、特に、見捨てられた経験や拒絶された経験、自己価値の欠如に関係する病気や問題は、過去生から今生に引き継がれて生じる場合もあります。

アカシックレコードチャクラは運命を司るセンターで、新たな選択をするパワー、もう役目を終えた誓いや魂の取り決めを手放すパワーを保持する一方で、まだ有効な誓いや魂の取り決めを守ります。また、自分の能力、過去の才能、魂の目的に向かって歩む自信にもここからアクセスできます。

このチャクラを介して、ソウルメイトとつながるチャンスが訪れたり、無条件の愛、神聖な献身の心、ワンネスを発見する機会が得られます。ソウルメイトは、あなたが成長と進化を遂げ、制約や判断を手放し、高次の意識状態に到達できるよう協力してくれます。過去生やカルマのパターンを思い出して理解し、それらを癒すことも助けてくれるでしょう。関係がこじれた相手や虐待関係にあった相手とのエネルギーコードをこのエリアから浄化し、さらに可能であれば解消することが大切です。

アカシックレコードチャクラを浄化すると、先祖から引き継がれたネガティブで制約的なエネルギーを解き放ち、人間関係を改善し、慢性的な問題を解消して、過去と未来の重要な情報にアクセスできるようになるでしょう。過去の傷心や苦痛を解き放つと、現在によりいっそうの平穏と明晰性がもたらされます。最高の結びつき、高次の意識、そして愛にハートを開くことも可能になります。

このチャクラに取り組んだあとは、グラウンディングすることを絶対に忘れないでください。すでに起こっていること、あるいは起こって欲しいことにまつわる幻想の中で自分を見失わないためです。

【アカシックレコードチャクラの浄化プロセス】

☞ 相性のいい鉱石 —— 雪片黒曜石

一分間、両手を激しくこすり合わせます。手のひらを少し離してみると、チクチクまたはピリピリするような感覚があるはずです。では、両手の間に大きなシルバーのエネルギーのボールを視覚化します。このエネルギーのボールに意識を集中して、その力を強めてください。両手の間を広げてどれだけエネルギーが拡大するか試すなどして、三十秒ほどこのボールで遊んでみましょう。

次に、体に触れないようにして頭の約四センチ上方に両手をかざします（手のひらは下向きです）。ゆっくりと大きく息を吸いながら、このシルバーの光を取り入れましょう。シルバーの光がアカシックレコードチャクラを駆け巡り、あらゆる滞りを浄化、解消しながらチャクラを再活性化するところを視覚化します。そして、シルバーの光がまるで小雨のようにあなたのすべてのチャクラを通り抜けるところを想像してください。

次のように唱えましょう。「神聖なる癒しの叡知よ、もう不要となったネガティブで慢性的なパターン、重圧感、身体的な困難をすべて手放せるよう力を貸してください。喜びと熱意を持って楽に成長、進化する方法を示してください。魂の目的を理解できるよう導き、その目的を果たすツールを与えてください。パワフルで信頼のできる人生の共創者となれるよう導いてください。私がハートを開き、自分の魂を理解し、進化できるよう協力してくれるソウルメイトや仲間を呼び寄せてください。ありがとうございます」

ネガティブなものはすべて解き放ち、あらゆるポジティブなものを拡大させるつもりで「クリア」という言葉を繰り返しましょう。

では、アカシックレコードチャクラに集中しながら瞑想します。今この瞬間、あるいは近い将来により大きな意義を感じさせてくれるような、過去、現在、未来についてのイメージもしくはメッセージを受けとれるようお願いしてみましょう。あなたが伸ばしたいと考えている才能や能力を受けとって活用することを、自分に許可してください。何の才能も浮かばない場合は、自分をより深く理解できるようお願いしてみましょう。

続いて、目の前に一枚の紙を視覚化してください。その紙に、自分が体験したいことを書き出すところを想像しましょう(絵に描くイメージでもかまいません)。それが、誰にとっても最高の形で、たやすく、恩寵とともに実現すると意図しながら書きます。望むもの、あるいはそれ以上のものを受けとりたいと願いましょう。書き終わったら、あなたのアカシックレコードをイメージさせるような古書にその紙をはさむところを想像してください。心を開いて、あなたが意図するところを実現させましょう。

❖第九チャクラ(ソウルチャクラ)

ソウルチャクラとも呼ばれる第九チャクラは、頭からおよそ腕の長さほど上方に位置します。このチャクラは、イメージ、象徴、数字、アーキタイプ、隠喩、色彩、形、感情、符号、音、振動、神聖幾何学模様、夢などを通じて、あなたの健康状態やライフスタイルに関する重要な真実を明らかにします。

ソウルチャクラには、魂や人生の目的に関するひらめき、魂の取り決め、目標を成し遂げるために必要なステップが内在しています。

ヒーラー、直観医療者、心理療法士などがこのチャクラにつながると、相手の人生に起こっている出来事の比喩的なイメージが浮かぶことがよくあります。これらのイメージは、今のその人の身体的な状態や心の状態の全貌を伝えています。一つあるいは複数のはっきりしたイメージが、その相手が正しい方向を進んでいるのか、あるいは魂の旅路から逸れて軌道修正が必要になっているのかを教えてくれるのです。ソウルチャクラは何よりも貴重な情報をもたらしてくれますが、医療プラクティショナーがそのことを認識しないまま、このチャクラにチューニングしているということもしばしばあります。

ソウルチャクラがバランスを崩していると、疲労感が生じることがあります。それは、魂の断片をところどころ失っているか、生まれてくる際にこの物質界で生きるために必要なエネルギーを霊界から十分に携えてこなかったことに起因しているかもしれません。

ソウルチャクラを探求してみると、自分のアーキタイプが人生で果たす役割が理解できます。言い換えると、あなたが乗っている象徴的な意味でのバスの運転手は誰なのかがわかります――娼婦、インナーチャイルド、犠牲者、妨害者、神秘主義者、ヒーラー、奴隷、裁判官、あるいはほかのアーキタイプが運転しているのかもしれません。運転手がわかると、自分の影と光の両面についての奥深い洞察がもたらされます。

このチャクラを介して、人は自分の魂とその目的、物質界での生と生の間に霊界で自分が果たしている役割を学び始めます。そして、自分の進化レベルにも気づいていきます。魂の選択――たとえば生まれてきた時代、出生地、肉体、両親、人生経験とその試練、経済状態などについて、魂がそれを選んだ理由――を理解する機会も、このチャクラを介して得られるでしょう。身体的、感情的、精神的、霊的な経験に関する魂のプログラムが内在しているのもこのチャクラです。

ソウルチャクラは次元間の情報伝達を行うため、このチャクラを浄化して再活性化すると、今生で習得しようと決めていたレッスンや経験を確実に学んで吸収できるようになります。そして、自分自身や人類全体を高揚させるような斬新でパワーあふれる選択をすることが可能になるでしょう。このチャクラを介して、私たちは本来一つの存在であるということを認識します。つまり、あなたに影響を与えるものはすべて他者にも影響を与えていて、その逆もまた然り、ということです。このチャクラとのつながりが深まれば深まるほど人の役に立ちたいという思いが募り、ハートと魂で変化を起こしたいと考えるようになるでしょう。

ソウルチャクラへの働きかけを続けていると、魂の宿命に関する知識へのアクセスが可能になり、人生の目的を成し遂げるために必要なステップを知らせるインスピレーションを受けとれるようになります。

あなたのガイドや天からのヘルパーは多くの場合、あなたがソウルチャクラにつながって瞑想しているとき、もしくはヴィジョンを通してその存在を知らせてきます。

ソウルチャクラや高次の意識状態を探求していると、直線時間の現実から抜け出し、シンクロニシティや奇跡、超常的な経験を人生に呼び込むようになります。

☞ 相性のいい鉱石 —— ゴールドの混ざった水晶

【ソウルチャクラの浄化プロセス】

一分間、両手を激しくこすり合わせます。手のひらを少し離してみると、チクチクまたはピリピリするような感覚があるはずです。次に、両手の間に大きなゴールドのエネルギーのボールを視覚化します。このエネルギーのボールに意識を集中して、その力を強めてください。両手の間を広げてどれだけエネルギーが拡大するか試すなどして、三十秒ほどこのボールで遊んでみましょう。

では、両腕を真上に伸ばしましょう。ゆっくりと大きく息を吸いながら、このゴールドの光を取り入れます。ゴールドの光がソウルチャクラを駆け巡り、あらゆる滞りを浄化、解消しながらチャクラを再活性化するところを視覚化しましょう。そして、ゴールドの光がまるで小雨のようにあなたのすべてのチャクラを通り抜けるところを想像します。

次のように唱えてください。「神聖なる癒しの叡知よ、私が本来の自分と自己価値についてネガティブで制約的でパワーを奪うような信念を抱いているのなら、それを手放せるよう力を貸してください。自分の神性と魂そのものに再びつながることができますように。私のスピリットガイドとヘルパーの声が聞こえるよう、そして今生で受けるべきレッスンを学べるよう導いてください。試練が実は姿を変えた恵みであるということを示し、平穏を見つけ出せるよう助けてください。ありがとうございます」

ネガティブなものはすべて解き放ち、あらゆるポジティブなものを拡大させるつもりで「クリア」という言葉を繰り返しましょう。

両腕をリラックスさせて目を閉じます。ゆっくりと深呼吸しながら落ち着いて瞑想しましょう。あなたは一人ではありません。このことを自分に言い聞かせて、あなたが直面している困難を解決する糸口が欲しいと霊界のヘルパーにお願いしてみましょう。すぐにこのヘルパーの姿を見たり感じたりする人もいれば、心を開いて信頼するのに時間がかかる人もいます。覚えておいて欲しいのは、あなたのヘルパーは無条件にあなたのことを愛していて、限りなく寛容な心を持っているということです。ヘルパーの目的はただあなたを助けてサポートすることです。彼らとのつながりを強化し、求めている答えに心を開き、その答えが予想外のものであったとしても受けとりましょう。

癒しを助け合う

チャクラを理解して浄化することは、体の癒しを促すエネルギーに働きかけるだけでなく、同時に生き方を変容させることにもなります。

ディーパック・チョプラはその著書『Reinventing the Body, Resurrecting the Soul』にて次のように述べています。

「新たに遺伝子を発見して特定の病気と関連づけ、体に症状が出る前にその遺伝子を操作したり組み換えたりすることに、人々は大きな興奮をおぼえます。しかし、実際に病気を引き起こすのはエネルギーです。なぜなら、ほかのあらゆる物質と同じく、病原菌や遺伝子も結局のところエネルギーに還元されるからです。つまり、体に起こりうる損傷はすべて、エネルギーという根本的な力に起因するのです」[注4]

私が指導しているワークショップ「ヴィジョナリー直観ヒーリング」を終えると、いつも感動で胸がいっぱいになります。なぜなら、参加者の方々が互いのチャクラにチューニングして、相手の身体的、精神的、感情的な健康状態に関して驚くほど正確で重要な情報にアクセスするのを目の当たりにするからです。

さらに驚くのは、彼らが互いのチャクラ・システムに穏やかに働きかけて、相手が長年抱えていた身体的、精神的、感情的なパターンや苦痛を癒す場面です。次にご紹介するのは、「ヴィジョナリー直観ヒーリング」に何度か参加してくれたアダムが体験した癒しです。このワークショップに参加するまで、アダムはいかなるヒーリング・ワークも経験したことがありませんでした。彼がモニカに関して受けとったイメージを読みとり、それを彼女と共有できたことに私は感銘を受けました。アダムはモニカの身体的な痛みを癒して感情的な滞りを解き放つのを助けただけでなく、すでに他界していた彼女の母親を解放することにも協力できたのです。

❖【事例／アダムからの報告】チューニングしてモニカの癒しを助ける

私はファッションデザイナーで、自分の健康とバランスを維持するために毎日「ヴィジョナリー直観ヒーリング」を活用しています。依頼があれば、家族や友人のヒーリングも行っています。先日、親友が従姉妹のモニカに会ってくれないかと言ってきました。モニカはとてもつらい時期を過ごしているそうです。

モニカに会うと、彼女は見るからに苦しんでいました。首と肩がとてつもなく痛むとのことで、もう何ヶ月も痛み止めを服用しているのに効き目がないと言います。整骨医は痛みを和らげてくれましたが、それも一時のことで、数日後には痛みが再発します。モニカはさらに胃痙攣と消化不良にも悩まされ、それが食欲や睡眠に支障をきたすことも珍しくありませんでした。

モニカの喉のチャクラにチューニングすると、首に真っ黒なベルト状の頑丈な首輪が巻かれ、大きな鎖にぎゅっと引かれているのが見えました。モニカのすべてのエネルギーが奪われるかのように後方へ引っぱられていて、彼女は今にも卒倒しそうでした。

私が鎖を緩めようとすると、その先を握る老婦人の姿が見え、「母」という言葉がはっきりと聞こえました。もう少し細めの鎖が三本、喉のチャクラから仙骨のチャクラにつながっています。胃のあたりには重苦しい灰色のもやがかかっていました。それから、部屋の片隅でうずくまる、口のないモニカの子どもの頃の姿が見えました。口がないのは、彼女の自己表現できないという感情を象徴しているようです。

私に見えるイメージを伝えると、モニカは二年前に母親が長患いの末に亡くなったことを話しました。最期まで看病したのはモニカでした。母親はモニカの人生において抗えないほど支配的な存在で、モニカが何かしようとすると、いつもそれを邪魔していたそうです。

私は「母親に感謝を伝えて別れを告げ、彼女が去っていく様子を視覚化してください」とモニカに言いました。私が母親のエネルギーとつながって「鎖を放してモニカを自由にしてあげてください」と頼むと、彼女はさほど躊躇せずに聞き入れてくれました。

母親は後ろを向き、ゆっくりと姿を消しました。

そこで私はモニカの首に巻かれた首輪が外れるところを視覚化し、残った黒いエネルギーも手でほどいていきました。澄んだエネルギーが彼女の喉のチャクラから胃に向けて流れ始めます。私は喉のチャクラと仙骨のチャクラにつながっていた鎖も取り外しました。

次に見えたのは、腸のあたりに滞っている大きな黒い塊でした。私はオレンジの光がその塊を溶かし、エネルギーが腸を流れるところを視覚化しました。そして、モニカに次のようなイメージをしてもらいました。まずはオレンジのエネルギーが頭から足先へと流れ、地中へ伸びる根のように広がる様子、次に赤いエネルギーが大地から彼女の体へ伝わってくる様子……。

言われた通りにすると、モニカはすぐに首を左右に動かせるようになり、痛みも少し和らぎました。二週間後に連絡をくれたモニカは、ヒーリングを行ってから三日間泣き通しだったと言っていました。その後、首と肩と胃の痛みは徐々に和らぎ、消えてしまったそうです。

そして、今では気持ちが軽くなり、かつてないほどに自由な気分を味わっていると話してくれました。

6．思考と感情を活用して、健康状態を改善する方法

Q

思考と感情はどのように健康に影響を及ぼすのでしょうか？　私はとても感情的で、重苦しい考えや向き合いがたい感情に圧倒されることがよくあります。こうしたつらい感情を解放する簡単なプロセスはありますか？

最も穏やかな癒しの方法は、体に溜まっている感情的なパターンやエネルギー的なパターンを把握して、それを潔く手放すことだと私は思っています。簡単にできないときもあるかもしれませんが、感情を認めて、過去のトラウマに対する見方を変え、内なる知恵とつながって聖なるエネルギーに働きかけ、神経系を再プログラミングすると、無意識に抱えていたネガティブな信念やあなたを消耗させる感情の毒々しい影響から自由になり、全体性へと続く道を歩み出すことができます。

病気になってしまう前に、体とつながってその声に耳を傾けてください。瞑想、エクササイズ、健康的な食生活、休息、楽しみ、笑いを取り入れた、日々のウェルネス・プランを立てることをお勧めします。人生のウェルネスを継続して実践するためのガイドラインを本書追記にて紹介していますので、ぜひご活用ください。

感情と病気

整理がついていないネガティブな感情と病気の間に関連性があることは否定しようがありません。科学研究が示すところによると、ネガティブな思考、信念、態度、感情が神経系や免疫系を弱らせる一方で、ポジティブな感情はエンドルフィンを放出して健康を増進します。落ち込み、恐れ、怒り、失望、無価値感、心配、ストレス、悲しみ、憎しみ、嫉妬、苛立ちといった感情は、頭痛、風邪、中毒、アレルギー、（腹部などの）膨張感、背痛、ぜんそく、がんなどを引き起こすことがあります。

感情は文字通り細胞を変化させて、健康状態に大きな影響を及ぼします。ドロドロした感情や思考は体に毒を与えますが、ポジティブで健全な思考や態度は体をリラックスさせ、エネルギーと生きる意欲を与えてくれるのです。

とはいえ、感情的な問題だけが病気や不調の原因になるわけではありません。そして、感情に対処すればそれで絶対に癒しが起こるというわけでもありません。不調の要因は広範囲にわたり、その中には環境、遺伝的要因、カルマ、信念、幼少時代の経験、先祖や過去生の記憶、無理なダイエットといった不健全なライフスタイルなども含まれます。

多くの人が考えもしない他の要因として、エネルギーが挙げられます。人間には物理的な肉体しかないと考えがちですが、直観ヒーリングの技術を習得した人なら誰でも、人間がいくつかのエネルギー体からなる多次元的な存在だと知っています。エネルギー体は複数ありますが、簡単に認識できるのは精神体《メンタル》、感情体、エーテル体、アストラル体です。多くの人は精神体《メンタル》を過剰に発達させているため（精神体《メンタル》には感情も含まれます）、「感情に取り組んで深いレベルで感情が浄化できた」と思っていても実は表面的に対処しただけだった、ということが生じます。つまり、そこでは感情そのものを解き放つというよりも、感情に対する考え方を変えているだけなのです。その人が取り組んでいるのが精神体《メンタル》に含まれる感情なのかどうかを簡単に見分ける方法があります。その人が「〜と感じた気がする」と言っているとき、それは精神体《メンタル》の感情を指しています。一方、感情体とつながっているときは、自分の感情を疑う余地なく確信します。なぜなら、そのとき体と人生に起こっていることを深いレベルで知覚するからです。悲しみの波が押し寄せてきたり、涙が出てきたり、怒りが込み上げてきたり、胸がうずいたりすることもあれば、幸せな気分や喜びが湧き起こることもあります。困ったことに、たいていの人は込み上げてくる感情に居心地の悪さをおぼえるため、その感情を必死で抑え込み、生々しい感情から得られる知恵を切り離そうとしてしまうのです。

感情体は、免疫系、消化器系、循環器系、神経系と強く結びついています。感情を押し除けると感情体が凍りついたり引き裂かれたりすることがありますが、そうすると免疫系の機能が大きく損なわれ、自己免疫疾患、炎症、ぜんそく、紅斑性狼瘡、関節炎などを発症することがあります。さらにはがんが発症することさえあります。圧迫感や極度の疲労をおぼえたり、あらゆる種類のストレスに敏感になることもあるでしょう。感情体は、多くの病気を予防する防衛システムなのです。

最後の一滴まで感情に触れ、呼吸や意図、あるいは触れ合いなどを通して感情を解放して初めて、本当の意味でそれを手放すことができます。優れた解放テクニックは数多くあり、タッピング、マッサージ、アファメーション、視覚化、動作、ハミングなどを取り入れたものから、音を聴いたり、体からネガティブな感情を引っぱり出すものまで多岐にわたります。私は体の中を見ることができるというギフトのおかげで気づいたのですが、感情を丸ごと味わい尽くすことなく手放そうとして、感情との結びつきを切ってしまったり、感情を体に押し込めてしまうということがよく起こるのです。すると、感情体にひび割れや傷跡が生じ、そこが極端に傷つきやすくなってしまいます。

大切なのは、感情を表出させることです。深呼吸したり、特別な記憶とつながったり、感情が伝わってくる体の部位に手をあてたりすることで、感情は浮かび上がってきます。音楽を聴いたり、解放の言葉を声に出して言うことで表出してくる場合もあります。感情を完全に認めることができたら、それはその感情に限界まで深く触れたということで、あなたは溜まったエネルギーを解き放つことができるでしょう。涙が出てきたり震えたり、あるいは笑いが込み上げてくることがあるかもしれません。いずれにしても、自由の感覚をおぼえるはずです。そのときが絶好のチャンスです。違和感のある体の部位や取り組んでいる症状に関係する部位に、タッピングやマッサージを施してみましょう。体を動かしたり、揺らしたり、踊ったりしてもいいでしょう。座るか横たわるかして、体がプロセスを完了するのに身を任せてもかまいません。重要なのは、体の声に耳を傾けてその言葉に従うことです。

同じ人間はいないということを、どうぞ覚えておいてください。問題を癒す最良の方法は、あなたが心から共感するプロセスを見つけることです。

ヒーリングは、あなたが自分の人生全体を見渡し、機能していない領域に気づき、それを修正することを必要とします。場合によっては、考え方を変えることが必要になるかもしれません。あるいは瞑想を始めたり、未解決の感情的な問題に向き合ったり、サプリメントを服用したり、食生活を変えたり、破滅的な人間関係を終わらせたり、転職したりすることになるかもしれません。

体に出ている症状によっては薬の投与や手術が必要になることもあるでしょう。やるべきことはすべてやった上で手術を勧められたのなら、じっくり検討してみましょう。薬の服用や手術を受けることは負けることだと考えてしまう方もいますが、そうではありません。私はバランスのとれた視野を持って調べることが大切だと考えています。自分のヒーリングを続けながら、柔軟な考え方で、生き残るための最善のチャンスと最高の生活を自分に与えてください。体の声に耳を傾け、何ごともやりすぎないよう気をつけている限り、薬を投与しながら自分のヒーリング・プロセスを続けることは問題にはなりません。

薬による治療や手術、そして奇跡的なヒーリングが存在する大きな理由は、あなたが本当の意味で癒しに至るまでの時間を与えることです。その与えられた時間を活用して、身体的な症状の真の原因を探ってそれに取り組み、ライフスタイルを変えることができるのです。しかし、もし真の原因を探らずそのままのライフスタイルを続けていたら、また病気へと舞い戻ってしまう可能性が高いでしょう。医師は、悪性腫瘍は摘出できてもエネルギーを断ち切ることはできません。そのエネルギーはあなたの体を駆け巡り、次に弱っている部位に衝撃を与えようとするはずです。

ヒーリングや医療に対する人類の最大の誤解は、これらの治療の多くはつらくて痛みを伴う強烈な経験になるはずだ、というものです。一般的に病気や体の不均衡は敵と見なされ、それらを破滅させるべく攻撃しなければならないと考えられています。しかし、ヒーリングの重要な鍵は、体を味方として考えることにあります。つまり、体の声に耳を傾け、体を理解し、穏やかに愛と敬意を持って接する相手として考えるということです。攻撃や非難や処罰ではなく、穏やかさと気づきと思いやりを通してもたらされるものが新しいヒーリングの手法だと私は信じています。自分をより優しく扱うことを学ぶにつれて、他者への接し方、そして社会や世界に向き合う姿勢にも大きな変化が現れるでしょう。

セルフ・ヒーリングに関する科学的な裏付け

思考、感情、行動が病気あるいは健康の要因になっているということについて、科学的な証拠がなければ信じられないという方は、インターネットや医学雑誌でそれを実証する研究に数多く触れることができますので、ぜひ調べてみてください。一例を挙げると、怒りを衝動的に爆発させる人、および怒りを抑え込む傾向がある人は、心疾患を発症するリスクが著しく高まるとする研究結果があります［注5］。

健康を害する危険性が高いとされる対象者千二百名に行った、画期的な調査もあります。被験者は自己規制トレーニングを行い、精神面と感情面での好ましくない態度を改めることを学んだところ、同規模の対照群と比べて、十三年後の生存率が四倍以上になったという結果が出ています［注6］。

また、『Journal of Advancement in Medicine』に掲載された記事によると、自分の心を尊重したポジティブで偽りのない感情は、免疫系の機能を高めるとのことです。一方、感情を揺さぶられるような出来事によって生じたネガティブな感情は、その後最大で六時間も免疫反応を抑えることがあるそうです[注7]。

アメリカの国立精神衛生研究所の臨床神経科学部脳生化学科の元チーフで、ベストセラー『Molecules of Emotion』の著者でもあるキャンディス・パート博士は、次のように述べています。

「私はこう考えるようになりました。およそすべての病気には、それが心因性のものでなくても、確実に心因的な要素が絡んでいるということです。私の講演会では感情の分子が体内のあらゆる組織を動かす仕組みを示し、このコミュニケーション・システムが実質的に体とマインドの知性を立証していることを説明しています。この体とマインドの知性は賢明にもウェルネスを求める知能を持ち、私たちが頼っている近代的な高技術の医学的介入なしでも、健康で病気とは無縁の人生を可能にしてくれるのです」[注8]

❖【事例／トリッシュの場合】体は最良の薬

前著『体が伝える秘密の言葉』のヒーリング・プロセスによって自分を癒した女性、トリッシュから届いたメールをご紹介します。

「私は何年も腰痛に悩んであれこれと試してきましたが、どれも効き目は長続きしませんでした。そして、背部の痛みが悪化し始め、四時間おきに痛み止めを服用する生活が二、三週間続きました。

一週間ほど痛みが消えたかと思うと、やがて再発するといった具合だったのです。スキャンして調べたところ背骨にわずかな関節炎が生じているとのことで、それを聞いた私は絶望的な気分になりました。薬が消化器官にダメージを与えていたため、できればこれ以上の服用を控えたかったのですが、そういうわけにもいかなそうで意気消沈してしまったのです。明けても暮れても痛みばかりで、なんだか自分がすごく年老いたような気がし、起床するのもひと苦労という有り様に鬱々としていました。

私は四十五歳で、二児の母親です。どうしても痛みから自由になりたい、柔軟な体を取り戻したいと心から思いました。そこで『体が伝える秘密の言葉』にあるプロセスを試してみることにし、滞った感情を解き放ったのです。

すると翌日、なんと痛みが消えていました！　それほど即効性があったのです。私はすでに、スクワットや腹筋運動まで始めています。腰痛と背痛のせいで試そうとも思わなかった運動をしているのです。しかも、いつも恐れていた毎月生理の時期に襲ってくる背痛まで消えてしまいました。もう何ヶ月もこの状態を維持しています。起きるときも体は楽です。治療費に消えていた分を貯金までできています」

具体的にどのヒーリング・プロセスを行ったのか尋ねたところ、身体面では腰と臀部のプロセスを、感情面では憤りと許しのプロセスを行ったとのことでした。トリッシュの癒しはこのように急速に起こりましたが、最良の結果を出すためには、本章の最後でご紹介している「感情解放のプロセス」を習慣にすることをお勧めします。

体が本来備えている知性

ディーパック・チョプラは、その著書『クォンタム・ヒーリング――心身医学の最前線を探る』で次のように述べています。

「医学研究者にとっては心穏やかならぬ現実かもしれませんが、生きている人間の体はどのような薬にも勝ります。人体は利尿薬から鎮痛剤、精神安定剤、睡眠薬、抗生剤まで、製薬会社が製造するものはすべて作り出します。しかも、人体が作るものの方が製薬会社のものよりもはるかに上質で、投与の量もタイミングも狂いありません。副作用もわずか、あるいは皆無。服用方法は薬自体に組み込まれています。つまり、体が備える知性が把握しているのです」[注9]

この見解が大半の人々にとって疑わしく思える理由は、彼らが体にチューニングする方法、そして体と対話する効果的な方法を教わったことがないからです。体と対話する方法を学べば、体が潜在的に持つ癒しの力にアクセスすることが可能になります。

体が備えている知性にアクセスする方法を見つけて自身を癒すことは誰にでもできます。正しい方法を守れば、薬を服用しながらでも可能です。私は統合医療を実践する医師と共に仕事をしたり、ワークショップを指導したりもしてきました。私はまた、クライアントにチューニングして何か深刻な問題がありそうだと感じたときは、必ず医師に相談して検査を受けるように伝えています。医療とセルフ・ヒーリングには、それぞれにふさわしい時と場合があるからです。医療は命を救うことができ、短期的には相当な助けとなってくれます。長期的に見ても、特に本人がどのようにして癒しを起こすのかわからない場合、あるいは自身を癒す余力が残っていない場合などには、医療は頼りになります。ただ、多くの薬が不快な副作用を起こすことを考えると、自身を癒す方法を学ぶことは誰にとっても有益であるはずです。

医学士のパトリック・クォントンは次にように述べています。

「病気は外からの残忍な攻撃によって起こるのではなく、内側の不均衡によって生じます。実験室で実証されているように、病原菌は細胞組織そのものから生じて病変組織に現れます。謎のウイルスが、はるか彼方から侵入してきたり、病原体が罪のない人間を〝攻撃〟する数十年も前から潜伏したりしているわけではありません。病気は〝外に存在〟するというよりも、〝内に存在〟しています。病気は内側で起こるものであり、全体として扱われるべきなのです。必要なのは、考え方を転換させることです。内側で生じる問題なのに、外側の要因を責めていてはいけません。部分ではなく全体を、生命の本質として考えるべきなのです」[注10]

感情面を癒すためには、チューニングし、体内に滞っている未清算の感情に気づいて認め、しっかりとそれに触れてから手放さなければなりません。人生に変化や制約を引き起こした感情や経験が変容すると、気分が軽くなり、雰囲気も穏やかになり、パワーが湧いてくるような新しいチャンスが巡ってくるはずです。体も新しく活力をもたらす癒しのエネルギーにアクセスできるようになり、そのエネルギーはより健康な状態へと体を再生するために働いてくれるでしょう。

感情面の癒しを実感するためには、自分の行動と反応に責任を持ち、必ずその癒しを起こすと自らに誓う必要があります。責任を持つということは、不調を自分のせいにするということではありません。そうではなく、うまくいかなかった決断や選択を見極めて、視点を変え、前進するということを意味します。少し立ち止まって困難だった時期のことを思い返し、自分に聞いてみましょう。「私はあのことから何を学んだのだろう？　次は違った方法で、どのように対応できるだろう？」

体、感情、スピリットにチューニングすることを学んで自分を癒すと、自分や他者を許し、過去の苦痛を手放し、ブロックを取り払って、これまで知らなかった自分の一面を呼び起こす機会が訪れます。自分を癒すということは、自分で運転席に座って自己発見の道を進むということです。ヒーリングに取り組むときは、体を再生パワーを備えた知的な存在として見なすことを私はお勧めしています。正しく導かれれば、体はそのように働いてくれるのです。

ヒーリングは、身体的な健康状態だけに影響するのではありません。人間関係を改善し、人生の目的を見つける力となり、収入を増やし、スピリチュアルな意識を拡大し、人生に平穏と充実感と自信をもたらすことも可能なのです。

❖思考と感情を変える

私は何年もかけて、思考と感情がどのように体に影響を及ぼすのか、またどのように思考と感情に対処すべきかということについて調査してきました。私は経験から、体はあなた自身の指示に従うということがわかっています。たとえば、「もうお手上げだ。どうしようもない」といったことを口癖のように言い続けていると、実際に手がこわばって握りしめているような状態になることがあり、そうなると新しいことに対応できなくなります。また、「上司が悩みの種だ」（悩みの種となる人のことを英語で「a pain in the neck」と表現します。直訳すると「首の痛み」）などと繰り返していると、本当に首に問題が出てくるかもしれません。「頭痛の種になりそうだ」と考えていると、体はしっかりそれを聞いていて、指示に従うのが得意な体はすぐさま頭に緊張と痛みを引き起こすでしょう。

ニュージーランドにある「Centre for Compassion in Healthcare（思いやりのヘルスケア・センター）」の創設者、ロビン・ヤングソン博士は次のように述べています。

「顔面蒼白、怒り心頭、胸が張り裂けそう、心痛、骨の髄までクタクタ、顔色が悪い、断腸の思い、はらわたが煮えくり返る、頭痛の種、背信行為、息をのむ――このように、私たちの言語には、多くの病気の起源に関する先人の知恵が生きています」［注11］

神経系は体の中でも特に重要なシステムで、まるであなたの忠実な使用人のように働いています。そして、あなたの信念、言葉、行動、外部からの刺激に対する反応から物事を学んでいます。もちろん、周囲の環境や身近な人々からも学びます。そうして学んだことを、あなたの体、器官、全体のウェルネスに活かそうとします。要するに、神経系は真似をする対象を常に探そうとしているのです。あなたが付き合っている人たちが、いつもあなたを励まし向上させてくれるような健全で力強い人たちなら、それを真似するのもいいでしょう。しかし反対に、批判的で心配性の人に囲まれているのなら、神経系もそれを真似してあなたに試練をもたらします。

本当の意味で健康状態を改善するには、マインドに注意を向け直して不健全な感情を手放すだけでなく、神経系を再プログラミングしなければなりません。私は深刻な病状を抱えている方には、前著『体が伝える秘密の言葉』にあるヒーリング・プロセスを行うようにお勧めしています。もちろん本書にあるプロセスも同様にお勧めです。私は神経系のプロセスを欠かさず行うことによって体の調子を良好に保つよう提案していますが、これは不調を抱える方だけでなく調子が良い方にも有効です。第十八章「人生に富と成功を引き寄せる方法」では、神経系を拡大する短いプロセスをご紹介しています。ただし、もしあなたが経済状況ではなく健康状態に取り組みたいのなら、『体が伝える秘密の言葉』にある神経系のプロセスの方が望ましいでしょう。

❖【事例／ヴァレリーの場合】行き詰まった感情を解き放つ

ヴァレリーは肺感染症にかかり、咳が止まらない日々が数ヶ月ほど続いていました。できることはすべて試してみましたが、効き目がありません。ある日のこと、カフェでナチュラル・ヘルスの雑誌をパラパラめくっていると、私の記事に目がとまりました。体にチューニングして滞った感情を解放することについて書いたものです。ヴァレリーはプロセスについて読み進めながら、自分が十代の頃から拒絶、批判、判断に関する根深い感情を抱え込んでいたことに気づきました。

翌日ヴァレリーは私の本を買って、「感情解放のプロセス」に取り組みました。するとその次の日には、咳が止まったのです。

オーストラリアにある「Quest for Life Centre（人生探求センター）」の創設者、ペトリー・キングは次のように述べています。

「私たちの問題は、実は私たち自身の細胞組織内に潜んでいます。人生で出会う人や起こる出来事に何らかの反応をするとき、人は過去に体験した生理的な反応を再び体内で体験しているのです」［注12］

体に滞っているものを深いレベルで認識できたとき、苦痛を呼び起こすようなお馴染みの考え方を手放して、大きな変容を起こすことが可能になります。ヴァレリーは学生時代から抱えていた拒絶された感覚や人からの批判を意識していなかったかもしれませんが、彼女の体はいじめられていた頃の細胞記憶を抱え込んでいました。しつこい咳は、昔のつらい経験がどれほど彼女の人生に影響を与えているのか注意を向けて欲しいという、体からの訴えだったのです。ヴァレリーにどのような調子か尋ねると、彼女は「いまだに人前で話すのは緊張するし、意見を言うと批判されるのではないかと不安になる」と打ち明けました。これは在宅ビジネスに携わっていたヴァレリーにとって非常に厄介な問題でした。なぜなら、クライアントを集めるのにコミュニケーション能力が不可欠だったからです。

そこで私は、これから毎日内なる十代の自分とつながって、過去の自分を愛とサポートと思いやりで包み込むエクササイズを一週間続けるように言いました。そして、自尊心と神経系にも働きかけることを勧めました。すると、一ヶ月もしないうちにビジネスは二倍に伸び、ヴァレリーも自信を深めて躊躇せず自己表現できるようになっていました。次に会ったとき、ヴァレリーは以前よりも若々しくなり、落ち着いているように見えました。彼女は何年も不眠に悩んでいたそうですが、今ではぐっすり眠れるとのことです。

熟睡できるようになったのは、身構えて無意識に応戦体勢でいることがなくなったからに違いありません。安心感を得てから、彼女はリラックスして前向きに成長できるようになりました。ヴァレリーのそうした変化を受けて、ポジティブな人たちがどんどん集まるようになったそうです。

＊＊＊

【感情解放のプロセス】

体に滞った感情に気づいたときは、ここでご紹介する感情解放のためのヒーリング・プロセスを活用してください。体のどこかに痛みや不快感、身体的な異変などがある場合は、つらい経験や感情が体細胞に潜んでいることがよくあります。健康を維持するのに最適な方法は、ネガティブな感情やつらい経験が起こった直後、もしくは二十四時間以内にそれを意識して手放すことです。過去の行いを変えることはできませんが、現在と未来の健康状態に変化を起こすことは可能なのです！

❖感情とつながって探求してみる

よどんだ重苦しい感情を最も強く感じる体の部位に両手をあてます。感情は幾重にも折り重なっていることが珍しくありません。一つの感情を自覚すると、また別の感情が浮かび上がってくることもあります。ここでは最も強い感情に集中しましょう。

両手をあてた部位に向けて深くゆっくりと呼吸しながら、感情が抵抗なく表出してくるのを待ちます。

感情にアクセスするのが難しい場合は、状況に合った音楽をかけると極めて効果的です。悲しいときは、情動的なスローテンポの曲をかけると悲しみや悲嘆の感情につながりやすくなります。腹が立っているときは、大音量でテンポのいい曲をかけましょう。体にチューニングして、動きたい気分かどうか意識してみてください。動きは感情を解放するのに役立ちます。穏やかな動き、流れるような動き、躍動的なすばやい動きなど、自分に合った動きを取り入れましょう。

その感情がどこからやってくるのか探りながら、自分に聞いてみてください。「この感情は今起こっていることに関係しているのだろうか？　それとも過去に関係しているのだろうか？　初めてこの感情をおぼえたのはいつだろう？　そのとき何が起こった？　自分のこと、生き方、自分が創造できることについて、今までどんな決断をしてきただろう？　この感情は自分のものだろうか？それとも、身近な誰かの感情を自分のものだと思い込んでいるのだろうか？　この感情を手放して、自由になりたい？」

❖浄化の宣言

癒しをもたらすという強い意志と感情を込めて、次のように唱えましょう。「神聖なる癒しの叡知よ、オレンジと赤の浄化の炎で、破滅的な感情、制約的な感情、行き詰まった感情をすべて細胞記憶から解消してください。〇〇〇〇〇（手放したい感情を入れてください。一つの感情、もしくは互いに関係する複数の感情に取り組むのがいいでしょう）の感情も、細胞記憶から解消できますように」

何度か深呼吸して、破滅的、制約的でよどんだ感情がすべて解消されるのを許しましょう。煙のような重苦しいエネルギーが体から出て行くところが見えたり、ストレスや緊張が体から去っていくのを感じたりするかもしれません。どのようなイメージや感覚が浮かんできても、ただそれを手放し、気分が軽くなるまで深呼吸を続けてください。気持ちが落ち着いたら、取り組んでいる体の部位の上か近くに両手を置いて、ネガティブな感情を両手で体から引っぱり出すところを想像します（灰色もしくは黒い雲のように見えるかもしれません）。では、両手を振ってこの滞っていた古いエネルギーをすべて紫の炎の中に放ち、それが燃え尽きるところを想像しましょう。

次のように唱えてください。「神聖なる癒しの叡知よ、狭量な考え方を手放し、私のマインド、体、感情の中にある頑固さをすべて解き放てるよう力を貸してください」

深呼吸を繰り返しながら体をリラックスさせます。感情が潜んでいる体の部位を意識して、そこをタッピングもしくはマッサージしてください。

次のように唱えましょう。「神聖なる叡知よ、どうか緊張、苦しみ、抵抗を繰り返すパターンをすべて手放せるよう協力してください」

神聖なる叡知があらゆる緊張、苦しみ、抵抗を洗い流すのを許しましょう。

次のように唱えてください。「どうかエネルギーの流れと循環を妨げるブロックをマインドと体と感情から取り払ってください。ありがとうございます」

あらゆるブロックを取り払って洗い流すことができる、あなたの魂の部分とつながることを自分に許可しましょう。

「クリア」という言葉を繰り返してください。手と指をリラックスさせ、二十秒から三十秒間ゆっくりと深呼吸しながら両手を振ります。体からストレスや重苦しいものを手放すことに集中しましょう。

❖ムドラ

ムドラとは手を使ったヒーリング・ジェスチャーのことで、体を再活性化しながら呼吸とつながり、滞ったエネルギーを解放するのに役立ちます。とてもシンプルなジェスチャーなので造作なくできるでしょう。ムドラの大きな役割の一つは、ストレスを解消することです。ここでは滞っているつらい感情の解放に役立つ強力なムドラをご紹介します。

まず、背筋を伸ばして座るか立つかします。鼻から大きく息を吸い込み、口から吐き出す深呼吸を繰り返しましょう。次に、人さし指と親指をつけ、残り三本の指を伸ばします。両手ともにこの形を作ってください。そのまま右腕を心臓の高さまで上げ、親指と人さし指を下に向けます。左腕は太陽神経叢の高さに持っていき、親指と人さし指は上に向け、右手の親指と人さし指に触れるようにします。

四十秒から数分間、「オーム」という音を発します（「オー」は英語の「home」を発音するときの「オー」です）。このムドラは陰と陽のエネルギーを整えるためのもので、「オーム」という音はあらゆる滞りを浄化し、あなたの波動を神性の高みへと昇華させてくれます。

オレンジと赤（オレンジ色と赤色が混ざり合って渦巻いているようなイメージ）の炎が体、マインド、感情、エネルギー・フィールドを駆け巡るところを視覚化します。視覚化が難しければ、私の『カラー・カード』の赤とオレンジのカードを見ながら行ってもいいでしょう。神聖なる叡知が、あなたを縛りつけている特定の人や場所、経験にまつわるネガティブな思考、言葉、感情、記憶、イメージをすべて解き放ってくれるのを観察する、あるいは感じてみてください。

2

魂の旅を極める

内面を探り、自分の光と影の様々な側面をすべて受け入れて愛する方法を発見し、チャクラ、感情、ストレスレベルへの取り組みを学ぶにつれて、魂の旅路をより深く知りたいという気持ちが芽生え、自分の最高の可能性にたどり着く方法を探りたいと思うようになります。第二部では、魂とつながってその言葉を再発見していきましょう。

第二部ではカルマについて何度か触れていますが、ここで言うカルマとは、過去（今生以外の生涯や他の次元も含む）から引き継がれた未解消のエネルギーを指しているということをご理解ください。カルマは通常、自らの行動と反応に責任を持つことを求める「因果の法則」として解釈されています。カルマには満たされていない願望と関係しているものもあり、そうしたカルマがあると自分の限界に固執してしまうことがあります。カルマの多くは解消できます。そのためには、進化して、癒しにつながるポジティブな決断をくだし、学ぶべきレッスンを完全に理解して自分のものにし、思いやりを深め、他者に光と愛をもたらすことです。他者のために行うことは、自分のために行っていることなのです。

7．魂とつながり、対話するには

Q

魂の定義を教えてください。また、魂とつながって対話するにはどうすればいいですか？

魂にガイダンスを求めることはできますか？

魂はあなたの中で滅びることのない部分、あなたの神性を表す永劫不変の存在です。魂は妊娠中の母親の胎内で肉体に宿り、あなたがこの世を去るときに魂もその肉体を去ります。魂とは知性を備えた神聖なる実体で、ほかの魂とともに霊界に存在しています。魂は霊界と物質界の両方で学び、成長し、進化します。魂のエネルギーの一部はいつも霊界にあり、神性とつながっています。魂の地上にやってきた部分がたとえよどみやネガティブなもの、重いカルマ、困難な状況にさらされていたとしても、神性とつながっている部分はどこまでも純粋で、全体性を失いません。この部分は、通常ハイヤーセルフと呼ばれています。

魂は人としてこの世に転生するとき、事前に様々な経験を選んでやってきます。その目的は、拡大し、大切なレッスンを学び、カルマのエネルギーを解消し、他者の役に立ち、進化することです。

地上でのあなたの役割は、ほかの魂を愛し、彼らと分かち合い、触れ合い、つながることでもあります。あなたにとって大切な人々とこの世で再びつながると、過去の痛みを癒し、本来備えている才能や与えられたギフトを取り戻し、他者を支えて励まし、互いにインスピレーションを与え合って最高の自分を見いだすことができます。

魂の旅路——最も高い目的を探す旅

私は長年にわたって数多くの人たちと携わってきたことから、人の生き方には二つの視点があるということに気づきました。一つ目は、肉体の安全と生存を重視して生きること。二つ目は、スピリチュアルな旅路と魂の目的を意識して生きることです。

私が出会った人たちの多くは、生活を維持することに重きを置いて生きています。彼らは温かい家庭、素敵な家、高収入の安定した仕事を持つことが重要だと教わっています。そして、一族の自慢になるよう、世間のルールと評価に背かぬよう求められています。多くの人が自分のハート、魂が本当に求めているものを見失っていて、確実なものに人生を委ね、身の安全を守りたいという思いに生活を左右されています。ハートに耳を傾けること、リスクを恐れぬこと、内なる宝物を発見することを忘れてしまっているのです。

魂は人生に安全とサポートを求めていない、と言っているわけではありません。ただ、あなたに秘められた可能性、才能、チャンスを知っているのは魂です。子どもの頃から、魂は創造的なアイデアやときめき、直観的なガイダンスを与えてあなたの注意を引こうとしていたはずです。魂は最高に楽しく、喜びと拡大をもたらす経験へとあなたを導こうとしています。魂はあなたが広大無辺の光の存在で、類い稀な勇気、大きな愛、癒し、創造性を秘めていることを知っています。あなたには魅力を開花させ進化する力があること、そして、人生の輪の中であなたが重要な役割を担い、あなたの選択が世界を変えるということを知っているのです。

私たちは人生という名の大海に漂う波のような存在で、思考、言葉、感情、行動、波動、他者との関わり合いを通して互いに影響を与え合っています。技術が進歩するにつれて互いの人生に触れ合う機会が増え、私たちはその恩恵を受けるようになりました。私たちの最大の目的は、神性のパワーと再びつながって波動を上げ、内面の奥深いところからもたらされるガイダンスに意識を合わせ、世界中で癒しの連鎖反応を起こすことです。本来誰もが、その環境に惑わされることなく、喜びと豊かさに満ちた意識的な生き方を選ぶ大きな力を持っています。

魂は肉体に宿る前から、あなたが選んだその時代、関わる人々、宿った体を通して何を成し遂げられるかを認識しています。無作為にそれらを選んだように思えるかもしれませんが、魂はその人生のすべてが計画されていることを深いレベルで理解した上で、積むべき経験を選んでいます。それは、あなたに成長して学ぶチャンス、人生の目的を生きるチャンスを与えるためなのです。

魂の目的を生きることを理性に邪魔させない

魂の目的に沿って生きることを妨げる最大のブロックは、恐れと直線的思考です。魂はマインドのレベルで機能してはいません。高次の知恵、感覚、知覚、直観の振動レベルに基づいて、その役目を果たしているのです。理性ではわからないこと、つまり魂の旅路に計画されていることや、万物をより良い方向へ向かわせることならどんなことでも起こりうるということを、魂は理解しています。そう、奇跡でさえも！　『奇跡のコース』では、次のように述べています。「奇跡には難易度というものが存在しません。ある一つの奇跡がほかの奇跡よりも〝起こりにくい〟とか〝より大きい奇跡だ〟ということはなく、すべてが等しいのです」［注13］。あなたのマインドが不可能だと考えていることでも、魂はそれが可能で起こりうることだと知っているのです。

難しいのは、ハートと魂の領域でマインドを使い過ぎないようにすることです。だからと言って、マインドが役に立たないというわけではありません。それどころか、様々な考えを理解したり、特別な技能を発揮したり、日常の雑事をこなすとき、マインドは大いに活躍してくれます。問題は、マインドが支配権を握ったときに生じます。そうなると、あなたは幸福感や喜び、生きている実感を失っていきます。そして、意気揚々とした進化するスピリットではなくなり、支配的で批判ばかりするロボットになってしまうのです。

魂との対話──魂の声を聴くには

健康になりたければ、体と対話する方法を学ばなければなりません。実りある人間関係を築きたければ、相手にわかりやすく伝える方法、相手が愛やサポートを差し出せるようインスピレーションを与える自己表現の方法を学ばなければなりません。人生における大きな充実感は、魂の目的を認めてそれを達成することで得られます。自己を知り、神性と心を通わせる能力を高め、内側と外側両方からのガイダンスに気づき始めたら、次に進む段階が魂の目的の認識と達成なのです。

私はこれまでに何度も驚くべき奇跡のような経験をしてきましたが、それらは間違いなく導かれたものだと思っています。私はいつも、夢を実現させるために力を貸して欲しいと魂に願い、成長、変容、進化するための協力を仰いでいます。

ほとんどの人は、自分が本当に望むものをハートに求めるということをしません。なぜなら、ハートが何か非現実的なことを思いついたらどうしようと恐れているからです。あなたは自分が創造的な冒険をするには歳を取り過ぎている──たとえばダンスや演技、歌を習ったりしたいけれどもう若くはないなどと考えているかもしれません。けれどもあなたの魂は、歌やダンスの教室、またはスピリチュアルなリトリートであなたを誰かと引き合わせようとしているかもしれないのです。そこでその「誰か」は、あなたが魂の目的を見つけるために必要なガイダンス、能力、アイデアを伝えてくれることでしょう。しかし、ほとんどの人はこうした魂の計画に気づきません。

大切なのは、あなたのガイダンスに耳を傾けて従うことです。

あなたがついに魂と対話しようと決意したとき、魂は強力な感覚、思考、ヴィジョン、本、願望、夢、他者、サイン、歌、指導者など、あなたに届くものを介して方向性を示してくれます。ほとんどの場合、魂は感覚や知覚を介してあなたに訴えかけてきます。たとえば胸が急にドキドキしたり、ピリピリするような感覚があったり、イメージが浮かんだり、大切なことを思い出したり、次にすべきことが理屈抜きでわかったり、といったことがあります。

ハートが望むもの、直観、夢、ヴィジョン、シンクロニシティに注意を向けることで魂からのメッセージを受けとることもできます。もう何年も音沙汰のなかった人に会って、その人があなたの疑問に答えてくれるかもしれません。あなたが聞きたかったことをラジオから流れる歌の歌詞が伝えてくれることもあります。あなたが求めていた情報がメールで届くかもしれません。あなたが必要としている解決法を教えてくれる本が、書店の本棚から落ちてくるかもしれません。

あなたが一番にすべきことは、知りたいことを尋ねてリラックスし、瞑想することです。そうすることで魂のガイダンスに敏感になり、それに耳を傾けて従えるようになります。心を開いて注意を払い、サインに気づいてください。気づくことで得られる最大の喜びは、自分が愛され、導かれ、支えられているという実感です。

❖【事例／著者の場合】熱い想い

子どもの頃から私は役者になりたいと夢見ていました。演技について考えるだけでいつも鼓動が速くなり、エネルギーと情熱が高まって爆発しそうになるのです。周囲の人は皆、私がパフォーマーになると心に決めていることを知っていました。

自分とは違う視点で人生を生きられると考えるだけで、胸がワクワクしました。私は演劇を通して、他者、自分自身、世間をより深く理解できるようになると考えていたのです。

ところが、十四歳になった頃のことです。学校で全員参加のキャリア・デイという異業種の人たちから話を聞く機会が設けられたのですが、そこで私が役者になりたいと話すたびにため息をつかされ、役者の仕事など不安定でお金にもならないと言われました。反対され、否定的な反応ばかり返された私は、もっと就職率の高い職業に目を向けようと考えました。そこで思いついたのがコピーライターです。独創性を活かすことができ、世間体も良く、給料も悪くありません。しかしそれを聞いた母は、私に薬剤師になってはどうかと言ってきました。安定した職業には違いありませんが、私はその考えを笑い飛ばし、薬剤師は母の夢かもしれないが私の夢ではない、と答えました。

演劇の仕事をあきらめようと決めて間もない頃、不思議なことが起こり始めます。「演技をしたい」という抑えられない想いにせき立てられるように、毎朝五時から六時頃に目が覚めるのです。募る想いを抑圧しようとすればするほど、その想いが強まります。数ヶ月我慢したのち、私はこの想いを落ち着かせるために何かクリエイティブなことをする必要があるとわかりました。

そこでダンス教室に通うことにした私は、クラスで二十六歳の医学生ジェーンに出会います。彼女は私に『Born to Succeed（成功するために生まれてきた）』という本をくれました。スピリチュアリティに関する本を読むのも初めてなら、夢は全員で共創していくものだという考えを聞くのも初めてでした。そして、この本を読み始めてすぐに驚くべきことが起こります。勉強部屋で窓の外を眺めていたとき、ヴィジョンが現れたのです。それは山の頂上で腰かける自分の姿で、私は何千人もの人々に語りかけていました。とてつもなく大きな愛と感謝を聴衆に向け、彼らも同じように愛と感謝を私に向けてくれています。このヴィジョンの意味はわかりませんでしたが、高次の源からのメッセージだということはわかりました。

翌日、さらに強い演技への想いにかき立てられて、いつもより早く目が覚めました。その日は何をしようとしても演技への情熱が抑え切れません。まるで自分の内面で闘いが起こっているようでした。その夜、家に帰った私は『Born to Succeed』を手に取り、魂が何を伝えようとしているのか教えて欲しいと願いました。それから目を閉じて適当に本を開け、ページの真ん中を指で押さえました。そこには「神は、あなたがしたいと思っていることを、あなたにして欲しいと願っている」と書いてありました。この言葉は私の心の琴線に触れました。

私はハートと魂が演技の勉強をしたがっているという事実に思いを馳せました。多くの友人に「舞台や映画で演技をするなんて考えるだけで身がすくむわ、まさに悪夢よ」などと言われましたが、私の想いは変わらなかったのです。もう一つ気づいたのは、私の演技に対する想いは知的レベルで起こっているのではないということでした。理性で抑えようとすればするほど、演じたいという憧れが内からふつふつと湧き起こってくるのです。たいていの人がそう思うように、私もそれまでは両親や教師を喜ばせたい、私にとって一番良いと彼らが考えることをするべきだと思っていました。ところがそのとき、「私自身の魂と神聖なる叡知が私に演技への憧れを抱かせるということはつまり、私の魂の目的には演技が含まれているのだ」ということに気づいたのです。私はすぐさま演劇クラスに申し込もうと決めました。

翌朝目覚めた私は、意欲と情熱を燃やしながらも穏やかな心とともにありました。演劇を学びたいと母に伝え、その日は演劇クラスについて調べてみることにしました。魂が私の天職に導いてくれていると心の奥底で感じていたのです。そして見つかった演劇クラスは私の人生を一変させ、のちに人々を指導して彼らの人生に癒しと変容をもたらすための足がかりとなりました。

クラスの初日から魂が天にも昇るような気分で、まるで翼を与えられたような気がしました。指導を受けているうちに私は精神的にも成長し、同情心と思いやりを養いました。また、人の先頭に立つこと、決断をくだすこと、何よりも信頼することを学びました。そして直観的に、私はそのクラスで人生を分かち合うべき人と出会うことに気づいていました。すぐには出会いませんでしたが、コースを受け始めて一年もしないうちに、私はその後何年もの時を共に過ごすことになるポールと出会ったのです。

若い頃に夢見ていたような普通の役者になることはありませんでしたが、内なるガイダンスは私を最もやり甲斐のある不思議な仕事へと導いてくれました。それは、人が自らの体を癒して人生を変容させるお手伝いをすることです。面白いことに、私の旅路にはテレビやラジオで司会をしたり様々なテレビ番組でコーナーを担当したりする役割が用意され、世界中でインタビューを受ける機会も設けられていました。私は趣向の変わったテレビ番組や映像関係の仕事に縁があるようなので、演劇クラスでテレビや演劇に関する指導を受けたことはちゃんと役に立ったのです。

演劇の授業では、探求すること、遊ぶこと、楽しむことも教わりました。こういった体験を活かし、私はこれからも「変容は試練になりうるけれども、楽しみと喜びに満ちたかけがえのない経験になる」ということをお伝えしていくつもりです。

魂の契約

多くの場合、魂は体に宿る前に契約を結んでいます。魂の契約はあなたをソウルメイトのもとへと導き、癒すべき状況を教え、人生の目的へと案内してくれます。また、今生のカルマパターンはもちろんのこと、過去生のカルマパターンを解き放つ、あるいは調和させることを助け、あなたが進化できるよう導いてくれます。人生で起こる大きな出来事や、あなたを立ち止まらせて人生の針路を転換させるような経験は、予め定められていたのかもしれません。たとえば事故、病気、大きな損失や喪失、夢のような仕事の依頼、人生の方向性が変わるほどに大きな意味を持つある特定の場所への旅などは、起こるべくして起こっている場合があるのです。ソウルメイト、人生の伴侶、指導者、悟りを開いたマスターなどに出会う契約が定められていることもあります。

魂の契約は、思いやりを学ぶこと、模範となって指導すること、絵画を創作すること、本を執筆すること、映画を制作することなどを定めている場合もありますが、場合によってはただ変化を起こすことを定めていたりもします。いずれにしても、繰り返し起こるサインはもちろんのこと、直観や内なる声はあなたに前進することを促す魂の呼びかけである可能性があります。

キャロライン・メイス博士はエネルギー療法と人間の意識の研究分野における第一人者で、世界的にも有名な講演家、直観医療者、ベストセラー作家でもあります。私がインタビューを行ったとき、彼女は次のように話していました。

「聖なる契約に定められている私の役割は、誰もが生まれる前に一連の契約を結んでいるという概念、そしてその契約内容によって人生がどのように展開するか、誰と出会うか、どのようなチャンスや試練が待ち受けているかということが決められている、という概念を探求することです。ただし、結果は定められていません。結果の前に選択があるからです。聖なる契約はあなたが出会う人々や巡ってくるチャンスを予め決めていますが、その人々やチャンスにどう対応するかは完全にあなた次第です。ここで、自尊心と選択の出番となるのです」［注14］

誓いや魂の契約は日常でも交わすことができるということを認識しておいてください。日常で交わした取り決めは、長期にわたって予期せぬ大きな影響力を持つことがよくあるのです。

クライアントの中には、大望の実現へと導いてくれる魂の契約を結んだ人もいれば、契約のパワーを軽視して大きな苦痛を招く取り決めをしてしまった人もいます。誓いや魂の契約を交わすときは、真剣に交わしてください。そして、その取り決めがあなたに最良のものをもたらすものならば、その実現に向けて努力してください。また、あなたがその取り決めを超越するほど成長した場合は、こだわりを捨てて解約しましょう。まずは契約をしっかり認識して、神聖なる叡知にその実現に向けてのサポートを依頼しましょう。もしその取り決めがもう不要となったなら、神聖なる叡知に契約を解約できるよう頼んでください。

＊＊＊

【魂とつながるためのプロセス】

魂との結びつきを深めるためには、リラックスして瞑想するための時間が必要です。まず、椅子に腰かけるか、胡座を組んで座ってください。体に意識を向けて、内からの感情に気づきましょう。あなたの神性、そして魂との対話に心を開くことを意図しながら、ゆっくりと深呼吸します。

では、ムドラを作りましょう。両手の人さし指同士を合わせ、親指同士も合わせて、残りの指を手のひら側で互いに組みます。人さし指は真上に向け、親指は真下に向けます。ムドラは胸の前に、両肘は横を向いた状態にします。魂のエネルギーとつながり、ガイダンスを受けとることに集中しましょう。もし魂のエネルギーを感じられるとしたら、どのようなエネルギーだと思いますか？　想像でもかまいません。魂のエネルギーについて瞑想しましょう。魂に色があるとすれば、何色でしょうか？　色を感じとることができたら、全身がその色に浸かるところをイメージしてください。

次のように唱えましょう。「神聖なる癒しの叡知よ、どうか魂と再び強くつながり、心からの願いと結びつくことができるよう力を貸してください。魂からのメッセージとガイダンスにもっと心を開くことができますように。魂の声を聴く能力を与えてください。その能力で人生のあらゆる痛み、苦しみ、妨げとなっているものを癒すことができますように。私の最も崇高な目的に到達し、人生の聖なる計画に従えるよう導いてください。魂の旅路で私を待っている恵み、チャンス、喜び、幸福、豊かさを明らかにしてください。ありがとうございます」

心が軽くなるまで、「クリア」という言葉を繰り返してください。

両手をリラックスさせて、さらに体の力を緩めます。ゆっくりと息を吸い込みながら、頭上に意識を向けましょう。金色の光があなたの頭に降り注ぎ、喉の方に向かうところを想像します。息を吐きながら、エネルギーがハートから放たれて外へと拡大するのを感じましょう。これを五回繰り返します。

ハートに両手をあてましょう。あなたのハートと魂が本当に求めるものは何か尋ねて、意識を集中します。答えが返ってきたら、それを書き留めましょう。「願いを叶えるため、思いを実現させるために必要なステップを示してください」と魂に求めてください。何も答えが浮かんでこなくても焦る必要はありません。魂は、あなたが魂とつながってその声に耳を傾けようとしていることを知っています。あなたが心を開くにつれて、どんどん答えを示してくれるようになるでしょう。

何か質問があるときは、いつでも魂にガイダンスを求めてください。時が来れば、答えが浮かんでくるか、外から示されるはずです。

8. 聖なるエネルギーとつながり、自分を守る方法

Q

人がひしめく部屋に入ると、彼らのエネルギーを受けて具合が悪くなります。これを防ぐには、聖なるエネルギーとつながって自分を守るといいと聞きました。それはどのようにすればいいのでしょう？　詳しく教えてください。

ある部屋や家、建物に入った途端どんよりとした雰囲気やよどんだ空気を感じたけれど、別の空間に移動したらそこはすがすがしくて明るい平穏な雰囲気だった——そうした経験に思い当たる人は多いでしょう。人が言い争っていたり誰かが怒りや動揺を感じていた家の中に入ったとき、不穏な空気を感じるというのはよくあることです。繊細な人や気持ちが弱っている人は、そうしたネガティブな波動に影響されて具合が悪くなることも珍しくありません。

あなたの領域にネガティブなエネルギーが入り込んであなたのエネルギー・フィールドにまとわりつく、ということがあります。たとえそれに気づかない人でも、急に気疲れしたり、エネルギーを吸いとられたような感覚をおぼえることはあるでしょう。人によっては、エネルギーが汚れた空間にいると心が寒々としたり、感覚が麻痺してきたり、重苦しさ、緊張、憂鬱感をおぼえることがあります。

息苦しさ、身動きが取れないような感覚、腹部の膨張感、痛みや頭痛をおぼえる場合もあるでしょう。

私がヒーリングについて学び始めた頃に気づいたことですが、人は簡単に相手から重苦しくよどんだエネルギーを受けてしまうのです。指導するクラスでもよくお話ししているのですが、私の病気や不調には、人が抱えている問題や症状にいつも耳を傾け、彼らの感情的な苦しみや身体的な痛みを自分の体に吸収してしまったことが原因で生じたものがあります。また、試練の真っ只中にある人と話をすると、うずくような感覚をおぼえることもよくあります。

自分のエネルギーを守る

自分を守ること、保護することは恐れに基づいた信念によるものであり、本当は何も恐れる必要はない、というセオリーを何度か聞いたことがあったので、恐れに振り回されたくなかった私は、半年間自分を守るのをやめてみようと決意したことがあります。

結果、その半年間私は立て続けに風邪を引き、不調を感じることになりました。それどころか、ある日あまりの気分の悪さに吐いてしまいます。食中毒かと思った私は、スピリチュアルヒーラーでもある自然療法医に診てもらうことにしました。彼のオフィスに入ると、マッサージ台に横たわるように言われました。エネルギーの状態を診てもらうと、人のネガティブなエネルギーをもらいすぎて体が対応できなくなっているとのことです。私は文字通り、そのネガティブなエネルギーを吐き出していたのです。医師には、「元気でいたいのなら自分を守らなければいけませんよ」と言われました。

そこで私は気づきました。自分のエネルギーを保護することは恐れとは何の関係もなく、浄化、純化して波動を清めることなのです。その後神聖なる癒しの叡知とつながって自分のスペースを守ることを知ってから、私は身体的な悪影響を受けずに人の話を聞くことができるようになりました。不思議なことに、クライアントと会う前にエネルギーの保護を忘れてしまうと決まって力が弱まり、緊張と疲労を感じるのです。相手のネガティブなエネルギーを受けて体に溜め込んでも、私のためにも相手のためにもなりません。私がクリアな状態で神性とつながっていればいるほど、人を助けられると同時に自分も健康でいられるということに気づきました。

服装で身を守ることを例に考えてみましょう。晴れわたっている日に外出する際は、日焼け止めを塗ったり帽子を被ったりして自分を紫外線から守ります。寒くて雨が降っている日などは、コートを着たり傘をさして濡れないようにします。エネルギーから身を守るのも、これと同じことなのです。

❖【事例／ローレンスの場合】自分のエネルギーを保持する

自分で事業を営んでいたローレンスは、毎日仕事を終えると疲れ果て、会話するのもひと苦労という状態でした。私は彼に、「自営業のストレスは理解できるけれど、三十歳という若さでそこまで疲労を感じるのは尋常ではない」と言いました。

ローレンスは、彼にたかろうとする人たちにいつも囲まれていたのです。彼の疲労は人に気に入られたいという思いと関係していることに私は気づきました。一日の仕事を終えると、彼は背中を丸めて青ざめた顔で目をむくませています。そこで私は、身を守る手段として朝と昼食時に神性とつながって保護のプロセスを行うよう指導しました。

一週間後、ディナーパーティーで会ったローレンスは、夜の十時だというのに明るくエネルギーと活力に満ちていました。私のアドバイスに従ったところ、気分は絶好調だと言います。彼のクライアントも以前ほどあれこれ要求してこなくなり、彼からエネルギーを奪うことも減りました。ローレンスは仕事に苛立ちやストレスを感じなくなり、働くのを楽しめるようになっていました。

一日のパワフルな始め方

私がお勧めする一日の始め方は、まず聖なるエネルギーとつながって自分の身を守り、その日の目的を決めることです。そうすることで、エネルギー・フィールドを強化し人の痛みや緊張感を受けとらないよう防御できるだけでなく、明晰性と気力と意欲を高めることができます。常にこのプロセスを行っていると、直観とつながって、それに耳を傾けて従うことがたやすくなってくるでしょう。

このプロセスをお勧めするのは、毎日を可能な限りすばらしい一日にすること、そしてリラックスした状態で愛と思いやりを持って行動することに意識を集中して欲しいからです。このプロセスを行った何千人もの方々から「このプロセスを行うと心がより澄んで浄化され、神性とのつながりを深めることができる」といった報告を受けています。また、「重苦しい雰囲気やよどんだ波動に満ちた人や場所に出くわしても、影響されないということがわかっているので安心できる」という報告も寄せられました。

医師、ヒーラー、看護師、カイロプラクター、心身の健康に携わるプラクティショナーなど、専門が何であれ、ヒーリングに携わる人々はクライアントと会う前にこのプロセスを行うことが重要です。時間がない方は、最後の部分だけでも行うようにしてください。

このプロセスは、他者の攻撃性やネガティブなものからあなたを守るためにも役立ちます。クリアなエネルギーを保つ力が増すにつれて、より健康になっていくでしょう。

＊＊＊

【エネルギーを保護し、浄化するプロセス】

私はこのプロセスを毎日数回行うことを提案しています。特に、ネガティブな人や要求の多い人、あなたを疲れさせる人が身近にいる場合にお勧めです。

光沢のある白と金色は強力なパワーを持つ色で、神性とつながるために活用できます。清浄を表す白は体から毒素やよどんだエネルギーを浄化するのに打ってつけの色で、特に光沢のある白は普通の白が持つ浄化エネルギーをさらに強化し、よどみをより迅速に解消してくれます。また、金色はストレスやトラウマ、欲求不満、攻撃性、落ち込み、病気を癒す助けになります。金色と光沢のある白を組み合わせると、プロセスの効果がより強力なものとなるでしょう。

❖保護と浄化

まず、手のひらを開いて上に向け、受けとる心の準備ができているというメッセージを宇宙の叡知に送ります。何度かゆっくりと深呼吸してください。体の力を緩めてリラックスしましょう。光るような白と金色の光線があなたに降り注いでくるところを想像します。

次のように唱えましょう。「大いなる源よ、その光り輝く白と金色の光線で私を包み込み、私の全身、エネルギー・フィールド、マインド、感情にその光を巡らせてください。どうかマインド、感情、体、エネルギー・フィールドを浄化してください。今日すべきことについてマインドに迷いがあるのなら、その迷いや混乱を解き放ち、万物にとって最高のものを得るためにベストを尽くせるよう、明晰性、気力、意欲をもたらしてください」

「クリア」という言葉を繰り返しながら、深い呼吸とともにその日に取るべき行動に関するあらゆる迷いを解き放ちましょう。

次のように唱えてください。「神聖なる叡知よ、私のハート、魂、直観からやってくる感情を認め、そのメッセージに気づくことができるよう力を貸してください。ハイヤーセルフの声に耳を澄まし、勇気とパワーを持って誠実に今日という日を過ごせますように。あらゆる抵抗心、自己破壊的な言動、ネガティブなものに気づき、愛にあふれた最適な方法でそれらに対処できるよう導いてください。マインド、体、感情に存在する精神的な圧迫、内面の葛藤、よどみ、憂鬱感をすべて手放せますように」

「クリア」という言葉を繰り返しながら、深い呼吸とともにその日に取るべき行動に関するすべての迷いを解き放ちましょう。

次のように唱えてください。「大いなる源よ、どうか体に軽快さをもたらしてください。今日という日の輝かしい新たな可能性とチャンスに心を開き、羽ばたくことができますように。人や場所から放たれる、私とは関係ないよどみやネガティブなものから私の身を守ってください。人の重荷を背負うべきだという責任感に駆られることなく、思いやりを持てますように。ありがとうございます」

心が軽くなるまで、「クリア」という言葉を繰り返してください。

あまり時間がない場合、または一日に数回このプロセスを行っている場合は、最後の「大いなる源」へのアファメーションだけを行ってもかまいません。

光り輝く白と金色の光線があなたを包み込んで癒し、あなたの体とエネルギー・フィールドからあらゆるよどみ、ネガティブなもの、不信、制限、痛みを浄化してくれるところを想像しましょう。

9．無条件の愛を実感するには

Q

どうすれば人に対する無条件の愛を実感できますか？

一緒にいる人たちに対してありのままでいられたら、どんな気分でしょう？　互いの意見や考えが違うときでも、あなたは彼らの愛を失うことを恐れずに自分の考えや感情を分かち合えるのです。最高の関係だと思いませんか？　内に秘めていた感情や考えを伝えても大丈夫だと思えるような、ハートと魂からの対話ができたら、どれだけ素敵でしょう。

無条件の愛に不可欠なのは、穏やかさ、許す心、そして相手がどのような態度であれ愛せる器です。相手の等身大の姿を認めつつ、自分自身も自然体で相手に媚びない関係を築くためには、知恵と忍耐と成熟した精神性が必要です。あなたが承認を求めたり与えたりすることをやめれば、成長し拡大する大きなチャンスが相手に与えられます。また、相手に対する考えや思い込み、期待を手放すと、彼らが自己を発見するきっかけが生まれるでしょう。

愛情と思いやりを持って、結果にこだわることなく相手の助けになることがポイントです。無条件の愛を実感したければ、愛に見返りを求めるのをやめなければなりません。無条件の愛とは、自分が相手に期待している姿ではなく、そのありのままの姿を愛することなのです。

無条件の愛がもたらす試練

条件付きの愛に大きく欠けているのは、コミュニケーションと、相手の話に耳を傾けて理解し受け入れようとする姿勢です。そこにはしばしば自己中心的な意識があり、一方あるいは双方が「自分は正しい」「相手を粗末に扱ってもかまわない」と感じています。人は相手の行動にあれこれ口を出し、相手が自分の思い通りにならないと、もう愛情やサポート、好意を与えるまいと考えます。それこそが条件付きの愛であり、そこにはある種の敵意すら潜んでいます。自分自身に意識を向けるよりも、相手の行動のせいで自分がどれだけ不愉快な思いをしたか、困難な目にあったかということに意識を向けて、相手を責める方が気が楽です。さらに、ふくれっ面をしたり、相手の罪悪感を刺激したり、冷たい態度を取ったり、関係を断ったり、心を閉ざしたりして相手を罰するのは造作もないことです。

❖【事例／ローラの場合】条件付きの愛

ローラは十五歳のときに、自分が同性愛者であることに気づきました。ギリシア出身の両親はとても信心深く、娘の性的嗜好を恥じていました。ローラは極めて利発で勤勉、気さくな性格でしたが、両親はそんな娘を受け入れられずにいたのです。そして彼女が二十代初めの頃、「女性と親しく付き合うのをやめると約束してくれたら家を買ってやろう」と両親が言い出しました。ローラがその申し出を断ると、「もう親からの経済的な援助も精神的な支えも当てにするな、勝手にしろ」と言われました。

心をかき乱されたローラは摂食障害を発症し、ついには病院に担ぎ込まれます。両親に受け入れてもらいたいと感じていた彼女は、食べ物を消化することも人生に耐えることもできなくなってしまったのです。その後、ヒーリングと自己啓発への取り組みを重ねてローラはやっと両親の考え方や態度にけりをつけ、二人を許して愛さなければならないということに気づきました。

ローラが別人のようになって、両親に自分の生き方を認めてもらおうとするのをやめると、二人もその考えと態度を和らげ始めました。しかも、娘とそのパートナーを家に招くようにまでなったのです。両親との関係は劇的に改善しましたが、それでも無条件の愛を実践するには日々努力が必要だとローラは言っています。

完全でなくても思いやりを持つ

理解しておいて欲しいのですが、何でも話し合える仲だからといって、相手の愛を試すような言動が許されるというわけではありません。心を通じ合わせるということは、相手を思いやって、愛と心を込めた話し方で自分の気持ちを伝えることです。自分も相手も完璧ではないということに気づかなければなりません。サルバドール・ダリの名言に「完璧を恐れるな。どうせなれないのだから」というものがあります。完璧主義はある種の精神疾患であり、勇気と信頼、そして他者に仕えたいという心からの思いを持って治療すべきものだと考える人もいます。人は誰も皆、学びの道の途上にありま す。ですから、自分自身を許すのはもちろんのこと、人を傷つけたかもしれない自分の言動を認めることも大切なのです。

人生で何よりも素敵な経験の一つは、自分の愚かな点や不完全なところも含めたありのままの姿が受け入れられ、愛されることです。私はこれまで影の部分について話したり教えたり書いたりしてきましたが、それは誰もが自分の影に思い当たるところがあるからです。数年前、親しい友人と影の様々な側面について話し合っていたときのことですが、彼がきまり悪そうに目を逸らして「自分はどうしようもなく自分勝手で自己中心的になってしまうことがある」と言いました。私は微笑んで「ええ、それでも変わらず、あなたのことが好きよ」と答えました。その言葉を聞くなり彼の様子が一変し、自分を表現して愛しても大丈夫なのだと感じているのがわかりました。

無条件の愛とは生き方そのものです。誰もが自分の経験から自由に学んで成長できるのだということを心に留めておいてください。他者は、あなたの意見に耳を傾けることもあれば、彼ら自身のガイダンスに従うこともあるでしょう。誰しも失敗することもあれば、成功することもあります。無条件で愛するということはその瞬間その瞬間の経験を積み重ねていくことであり、人はその経験を通して、人生のどこに自由を感じるかだけでなくどの領域に取り組む必要があるかを探求する手がかりを得るのです。

❖【事例／著者の場合】無条件の愛

ポールに出会ったのは私が十八歳のときです。彼は、無条件の愛についていろいろと話してくれました。彼はバスに乗っているときや歩いているときにすれ違う人たち全員を、美しい光の存在として見る練習をしていたと言います。二人で出かけると、どこに行ってもポールは人に好かれ、受け入れられるようだということに私は気づきました。おかしな発言をしたり型破りな行動を取っても、嫌われないのです。

ポールと出会った頃、私は父とそりが合わず、彼を厳しく批判しては自分のつらい人生を彼のせいにしていました。その上、父の選んだ道や行動に猛烈に腹を立てた私は、彼と口をきくことさえやめていたのです。ある日のこと、私は実家の裏庭で父に対する不満をポールにぶちまけていました。それをしばらく黙って聞いていたポールは、「君は自分のことを被害者だと思っているんだね？」と言いました。私は、「こんな状況だもの、どうすることもできないでしょう。悪いのは私じゃないわ」と答えました。

「君はこの状況を気に入ってるの？」と彼は続けました。「気に入るも何も、仕方がないじゃない」と答えると、彼は「お父さんとの関係を修復したいと思う？」と聞いてきました。「修復できるなら何でもするわ。無駄だと思うけど」。そう答えた私に、彼は目の前に父がいるところを想像するように言い、こう誘導してくれました。「お父さんの嫌いなところ、気に食わない言動の奥には何がある？　お父さんの本当の姿に目を向けてごらん」

ポールに導かれながら、意識が変わり始めるのがわかりました。そして父の魂が見え、私はまったく言葉を失ってしまいました。それまで魂を見たことなどなかったのです。私の前で輝いている父の魂は純粋で、神性と愛に満ちていました。このことに気づいた私は癒しのエネルギーを感じて深く心を動かされ、父の態度や信念、行動に父の本質が現れているのではないということを瞬時に理解しました。彼の魂は明るく穏やかで、愛に輝いていたのです。自分の判断や意見、独善的な態度が消えていくのがわかりました。私は意識のレベルで父と綱引きをしていたのかもしれません――私が一方に引っぱれば、父も反対側へと引っぱるという風に。でも父の真実の姿を見たとき、私は綱を手放しました。奥底にある深遠な何かが、私の中で動きました。

その日、帰宅した父は私をぎゅっと抱きしめて「愛してるよ。許してくれるかい？」と言いました。私は胸を打たれて泣きました。昼間に起こったことをまだひと言も話していないのに、父から歩み寄ってくれたのです。私が彼の魂を見た瞬間に二人の関係は癒され、条件付きの愛が無条件の愛に姿を変えていました。

その後、父の選択や言動に反対することはあっても、父の本当の姿の方がその行動よりも大事だと感じる体験が何度かありました。私は父を判断したり、罰したり、疎んじる必要などないと感じるようになったのです。今では、父が間違っていると思わせるような言い方をしたりせず落ち着いて自分の考えを伝えるようになり、反対に私が困難に直面しているときは、父も同じように自分の考えを丁寧に伝えてくれます。
相手の選択や行動に関係なく愛するということは、信じられないほどの解放感をもたらしてくれるのです。

高次の意識レベルで無条件に愛する

無条件の愛は、高次の意識状態とされることもあります。これは、利己的な願望や考え方、欲求に意識が向いていない状態です。愛することが本来のあなたそのものだから、愛する。分かち合い、思いやり、助力を惜しまないのがあなたの自然な在り方だから、与える。それが無条件の愛というものです。このような愛は、ロマンティックなものでもなければ、欲望、欲求、性欲に翻弄されるものでもありません。それは純粋で、直観的で、すべてを包み込むもの、思いやりと献身にあふれ、自由を感じさせるものなのです。

こうした無条件の愛は神性と同調しており、崇高で神聖です。そして、直線的ではありません。無条件の愛に嫉妬や所有欲は存在せず、無条件の愛を注ぐ人は多くの人を同時に深く愛することができます。彼らは高次のスピリチュアルな視点から人生を見つめており、彼らの愛は相手の外見や条件とは関係なく一貫しているのです。そこでは愛することがその人の生き方となり、森羅万象との関わり方になります。そして、世界も美とシンクロニシティと恩寵で輝き始めます。

生まれながらにして無条件の愛の波動を放ち、悟りの境地から世界を見る人もいます。反対に、自分の影と向き合い、痛みを乗り越え、内なる神性とつながり、やっとの思いで無条件の愛へとたどり着く人もいます。

あるとき私は、ニルヴァーナ牧師と呼ばれる実に不思議な方と出会いました。彼は、銃を突きつけられているときに愛の神性を体験したことがあるそうです。その愛は目がくらむような輝きを放つほどで、襲撃者は牧師の頭から銃を離すと、何もせず逃げて行きました。

彼は、深遠なるもの、本質、愛のパワーについて瞑想する日々を一年間続けたことがありました。外界の状況に関係なく、内面の愛と喜びの実感が揺るぎないものとなるまで瞑想し続けたのです。彼が放つエネルギーは強烈強大で、私は良き友人となってくれた彼と過ごす時間をいつも幸せに感じています。ほかの多くの人と同じく彼もまた私を励まし、痛みや挫折、様々な障害を乗り越えて高次の意識状態にたどり着くための学びの旅路をサポートしてくれています。

＊＊＊

【無条件に愛するためのプロセス】

ここでご紹介する五段階のプロセスは、ハートを開くこと、許すこと、感情的な行き詰まりを解放すること、愛することの助けになります。各段階を別々に行ってもかまいませんが、時間があるなら

連続で行った方が効果は強力です。

❖新たな視点で見るための記録

あなたが人を愛するときの条件を書き出してください。たとえば誰かのある態度や言動が嫌で愛せないとき、「その態度（言動）がなければ愛せるのに」と思うのはどんなことか考えてみましょう。あなたはその相手を批判的な目で見たり、与える愛情を制限するようなレッテルを相手に貼っていませんか？　新たな視点で人を見ることができたら、どう思うでしょう？　もし、相手を純粋で美しい魂として見ることができたら？　その人がただ自分の本質を忘れているだけで、この極端で矛盾に満ちた世の中で歩むべき道を懸命に探っているのだとしたら？

新たな視点で相手を見つめ直したときに感じる体の変化に気づいてください。思いやりを深めるためには、相手の立場になって相手の視点で物事を見ることが必要なのかもしれません。

❖許しのプロセス

自分と他者を無条件に愛するには、許しのテクニックを習得しなければなりません。至らない自分、完璧でない他者を許してください。最も簡単にできる許しのプロセスは、相手が目の前にいると想像して、静かに、あるいは声に出して次のように唱えてみることです。

「神聖なる癒しの叡知よ、○○さんに対する△△の感情をすべて手放せるよう力を貸してください（「△△」には、○○さんに対するあなたの被害者意識、怒り、苛立ち、憤り、不信、誤解、心の傷、拒絶などの感情を入れてください）。

○○さん、あなたの×××を許します（「×××」には、あなたが許そうとしている相手の態度や言動などを入れてください）。

私の□□□を許してください（自分の態度や言動などを「□□□」に入れてください）。（もしあなた自身にも許して欲しいことがあるのなら、次のように唱えます）

神聖なる愛にお願いです。どうか私たちを洗い清めて、あらゆる辛辣な感情、ネガティブな感情、批判的な思いを浄化し、それらを理解、明快なコミュニケーション、深い思いやり、無条件の愛へと変容させてください。ありがとうございます」

心が軽くなるまで、「クリア」という言葉を繰り返します。

❖感情を解放する

背筋を伸ばして座りましょう。腕を心臓の高さまで上げて、手のひらを胸の方に向けてください。中指同士の先をつけ、親指は真上に向け、残りの指は互いに向き合っている状態にします。ゆっくりと深く息を吸い込み、少しの間息を止めます。息を吐きながら、あらゆる感情的な痛みやよどみを手放すことに集中してください。これを数回繰り返しましょう。

❖カラー・ヒーリング

左右の手の対応する指同士がそれぞれしっかり合わさるようにして、手のひらを一分間こすり合わせます。手を五センチから十センチほど離すと、ピリピリするような感覚があるはずです。では、手の中にピンクの大きなエネルギーのボールを視覚化してください。このボールに意識を集中して、エネルギーを強めます。最も深くて神聖な無条件の愛をボールに込めるように瞑想しましょう。拡大する感覚があったら、続いてそのエネルギーのボールをハートに入れるところを想像してください。その愛でハートが大きく広がっていきます。

❖愛の瞑想

毎日、愛について瞑想しましょう。繰り返し自問してください。「私はこの状況を恐れの視点で見ているだろうか、それとも愛の視点で見ているだろうか？　もし、この相手や出来事を愛の視点で見るならば、どのように感じるだろう？　彼（彼女）にどんな対応をし、どんな行動を取るだろう？」

愛のエネルギーを放つ人たちとつながって、共に過ごしましょう。無条件の愛の視点で生きる人と過ごす時間が増えれば増えるほどあなた自身も進化して、その無条件の愛という状態にアクセスするのが容易になります。

今後三ヶ月は毎日少なくとも五分間無条件の愛について瞑想し、より深い愛情と受容の視点から人々を見てみましょう。

10・ソウルメイトとツインソウルを見つけ、引き寄せる方法

Q

ソウルメイトやツインソウルについての話を何度も聞いたことがありますが、ツインソウルとはどういった存在なのでしょう？　ソウルメイトと何が違うのですか？　相手がツインソウルだとわかる方法はありますか？　ツインソウルを引き寄せる方法、もしくはツインソウルと出会うためにすべきことはありますか？　また、ソウルメイトにはほかにどのような種類があるのでしょう？

霊界と物質界におけるソウルメイトやソウルファミリーというテーマはとても複雑で、これまでにも多くの文献が出ています。この興味深いテーマに関しては、私も自らの経験やワークショップ、執筆、瞑想、高次のガイダンスとつながることを通じていつも探求しています。本章があなたの好奇心を刺激し、さらなる発見の旅へと誘うことを願っています。

出会った途端に夢に描いた通りの人生を完結させてくれる相手——そんな風に、ソウルメイトを理想の恋人として考える傾向が一般的にありますが、そうしたロマンティックな発想が多くの人を大きな落胆に陥れてきました。それは、私たちの多くが「完璧な」相手を待ち望んでいて、実際にソウル

メイトと巡り会ったときに、想像していた通りの理想的な相手ではないということに気づいて失望するからです。たとえソウルメイトに出会えたとしても、相手が理想にかなうということは滅多にありません。私たちはソウルメイトと様々な転生で生涯を共にできるので、彼らは恋人という立場以外にも多種多様な役割を演じられるのです。

ソウルメイトとはどういう存在なのか、また、幸運にも出会うことができた場合にはその強力で人生を一変させるような結びつきの真の目的は何か、より大きな視点で理解を深めていかなければなりません。

ソウルメイトを見つける

残念なことに、あなたをツインソウルあるいはソウルメイトへと導く絶対確実な方法はありません。けれども、あなたがハートとのつながりを深めて自己の全体性を実感できれば、スピリチュアルで進化した愛情深い人たちを人生に引き寄せる可能性は高くなります。また、ハイヤーセルフと高次のガイダンスに心を開いてそれらを受け入れると、物質界に限らずツインソウルと再びつながることができます。実際にツインソウルに出会う何年も前から、強い結びつきを感じるということもあるでしょう。

ソウルメイトというテーマはとても興味深く、それについては幅広い考え方があり、様々な解釈がなされてきました。ソウルメイトは自分をやけに試してくる存在だと考える人もいます。完璧な恋人に違いないと思っている人もいれば、ソウルメイトは自分の一部であり、様々な外見、体格、性別、年齢を携えて自分の前に現れることがあると考える人もいます。

ソウルメイトがもたらすもの――それは、自分をより深く探求し、ハートを開き、これまで以上に全力で生きるための絶妙なサポート、成長、チャンスです。人生には、出会っては別れゆくソウルメイトが複数います。会ってすぐにソウルメイトだと気づくこともありますが、ただ通り過ぎていくだけのこともあります。

恋人がソウルメイトの場合、二人はその思いや愛情を深く分かち合えるため、すばらしい関係を築けるでしょう。ソウルメイト同士には、互いに強く引き寄せられるような感覚があるものです。お互いに関する直観が鋭くなったり、深い洞察を得ることもあるでしょう。相手が自分のことを考えているときや、相手に何かすばらしいこと、あるいは問題が起こったときにそれを察知するといったこともあります。

ソウルメイトはときに、相当な試練をもたらすパートナーとなることもあります。いちいち腹が立つことを言ってきたり、あなたが奥底にしまい込んでいた未解決の痛みを見抜いてしまうこともあるでしょう。ソウルメイトが身勝手で進化のごく初段階にある場合は、一緒にいるのも耐えられないと思うことすらあります。魂のレベルでは深い絆を感じて対話できても、身体レベルでのダイナミクスが一触即発状態となって、苦痛を感じることもあるでしょう。

ソウルメイトはまた、本質的なサポートをもたらし、あなたの人生の方向性や流れを変えてくれるような忠実な友やありがたい教師となることもあります。あなたの人生に登場して、あっと驚くような印象を残して去っていくソウルメイトもいます。それによって魂を探求してみたいと刺激を受けたり、精神的なスタミナを強化しようと鼓舞されることもあるでしょう。

人生のある段階において、成長して進化するためにソウルメイトとの別れが明確に定められていることもあります。物質界でのソウルメイトとの関係を手放すのはなかなか苦しいことですが、魂の結びつきは永遠だということを覚えておいてください。

あなたがソウルメイトと出会ってその結びつきの本質を知ることになるのかどうか、また、そうだとすればそれはいつ起こるのかということに関しては、カルマ的な要因と魂の契約が大きな役割を担っています。

ソウルグループ

これまでの調査研究と個人的な経験により、私はソウルメイトとは霊界において同じソウルグループに属する人たちだと考えるようになりました。ソウルメイトは、多様な旅路と試練をあなたと共に歩む魂です。様々な時代と経験を共有し、たいていは同じペースで進化します。ソウルメイトとの関係は豊かで奥深く、そこには相手を深く知っているという感覚と、時空を超えた互いへの愛があります。

すでにご存知かもしれませんが、霊界にはまずソウルファミリーというものが存在していて、これは互いを愛し、サポートし、面倒を見る魂のグループのことを指しています。たいていの場合ソウルファミリーは同じペースで成長し、学び、霊界と物質界を探求します。このソウルファミリーは十人前後の魂で構成され、次に大きなソウルグループは数百人、場合によっては数千人の魂で構成されます。通常、両親や兄弟姉妹は近しい関係にあるソウルグループに属しています。

あなたが属するソウルグループには、一つまたはそれ以上の生涯においてカルマ的な関係を探求するために選んだ特別な魂が存在しています。そのような魂とは、互いの人生で短期的に出会ったり、大きな印象を与えたり、ちょっとした役どころを演じたり、複雑な役割を担ったりすることを定めておくことができます。過去生退行を行うと、多くの人が、様々な転生で異なる肉体を持ちながら共に歩んだ魂に気づきます。

ソウルメイトの種類

ここからは、ある特定の人との魂の結びつきがどういった種類のものなのかを見分けるために、魂の結びつきの種類についてお話しします。その種類は無数にあるのかもしれませんが、ここでは私個人や身近な人の経験をご紹介します。

❖ツインソウル

別称「ツインフレーム（双子のような魂）」としても知られるツインソウルは、人が築きうる関係の中でもことのほか親密で深くかけがえのないものだと説明されることがよくあります。ツインソウルを魂の片割れと呼ぶ人もいます。また、ツインソウルはあなたが独立した一つの魂となる前に最後まで一緒にいた魂で、あなたはその別れた一部をいつも探しているのだと言う人もいます。ソウルメイトは複数存在するため複数の人たちと似たような経験を分かち合うこともありますが、ツインソウルとの結びつきは特別なもので、他の結びつきとはかなり趣を異にします。本章の後半で、私自身が経験したツインソウルとの不思議なつながりをご紹介します。

❖コンプリメンタリーソウル

あなたとコンプリメンタリーソウルはときに、互いを補い合って完全なバランスをとろうとします。一緒にいると、陰と陽と見なされることもあるでしょう。陰は女性的で穏やか、情緒的な存在で、陽は勇猛果敢な男性的存在です。正反対の性質を持っているように見えますが、互いを補い、常に相手の拡大、成長、進化を手助けします。あなたとコンプリメンタリーソウルはより大きな全体性の中で影響を与え合い、相手の光と影の部分を明らかにします。あなたの中には相手の本質があり、相手の中にもあなたの本質があります。出会った途端に二人で一人のような感覚をおぼえ、相手なしには生きていけないような気になることも珍しくありません——実際は、相手なしでも生きていけるのですが。

完全な形で補い合うコンプリメンタリーソウルと同時代に生まれて出会うことは滅多にありません。あなたとコンプリメンタリーソウルが一緒に転生することを選んだとしたら、それにはおそらく進化という目的があり、この地球に癒しと変容をもたらすためでしょう。

コンプリメンタリーソウル同士は互いを向上させ励まし合うこともありますが、相手が未解決のまま抱えている大きな痛みやカルマへと追い込み合うこともあります。そうなると、言い知れぬほどつらい困難や、魂の闇夜の深い探求へと導かれるかもしれません。

コンプリメンタリーソウルと出会うと、深い絆を感じて、互いの世界を揺るがすことになりそうだと察知します。相手への愛情がとてつもなく激しいため、嘘のない対話や頻繁なコミュニケーション、試練のときに互いを励まし助け合うことを怠ると、その関係自体を台無しにしてしまうことになりかねません。

コンプリメンタリーソウルとの別離が引き起こす感情はつらく苦しく衝撃的で、見捨てられたような感覚、拒絶感、取り残された気持ちが根深く残ることもあります。けれどもこの別離は、大いなる源とのつながりを強化して自分の中に全体性を見いだすチャンスでもあります。そして機が熟したら、再び絆を結ぶ機会が訪れるでしょう。今生で時を経て互いが精神的な成長を遂げたのちに再会することもあれば、霊界で再会することもあります。

❖スプリットソウル

　スプリットソウルは希少な存在です。今生に転生する前、あるいは過去生などで、一つの魂が二つ以上に分かれて同時に複数の人生を歩もうと決めた結果生まれるのがスプリットソウルだと考えられています。一つの魂が分かれる理由は二つあります。一つ目は、ある魂がいくつかの生涯で問題を起こし――それは危害を及ぼすような行動であることが多いのですが――カルマのバランスを図るために分かれる必要があると決意した場合。もう一つは、ある魂がかなりの進化を遂げたために、分かれた方がより大きな影響力をもたらすことができ、さらなる高次の意識状態に早く到達できると考えた場合です。スプリットソウル同士の結びつきはなかなか厄介なものでもあります。なぜなら、彼らは同時に似たような経験をしたり、たとえ地球の反対側にいようとも強い影響を与え合うことが多いからです。

　一方が相手を傷つけると両方が強烈な苦しみを味わい、互いのハートを傷つけ合っているような気がすることもあります。一方が取った行動は、それが向上するためであれ妨害するためであれ、もう一方にも影響が及ぶのです。

　スプリットソウル同士は、離れがたいという強い感情や互いに融け合うような感覚をおぼえることがあります。一緒にいると、相手のエネルギーを感じとって、その人生に何が起こっているかを正確に読みとることができます。過去生で起きた出来事を同じように思い出せることもありますが、それは同じ魂が実際に経験したことだからです。また、今生で相手に起きた試練に関する個人的な情報ですら知ることができます。

スプリットソウル同士は断ち切ることのできない深い結びつきを感じるため、それが原因で苛立ちや大きな葛藤が生じることもあります。同時代に転生を決めた場合は、互いにまったく異なる外見を選び、地球の反対側に生まれることが多いでしょう。スプリットソウルの使命は、地上で学びうる限りのことを学びながら、対極の人生を経験することかもしれません。スプリットソウルと出会ったとしたら、優しさや、自分自身と相手への深い思いやり、許しの心が必要になります。スプリットソウル同士の出会いは非常に劇的で混乱を招きやすいため、特に出会ってしばらくはそうした寛容な心が求められるのです。

❖【事例／著者の場合】スプリットソウル

フレッドと出会うまで、私はスプリットソウルとの経験についてはあまり詳しくなかったのですが、その後スプリットソウルと今生でつながったという人たちに何度か出会いました。他の種類のソウルメイトと同様にスプリットソウルとの結びつきはロマンティックな関係になることがありますが、その目的はたいていの場合、離れていたときの気持ちを癒して男性と女性という両極の統合を体験することです。恋人ではなく、親や兄弟姉妹、子ども、友人、あるいは親しい誰かがスプリットソウルである可能性もあります。

私のスプリットソウルとの出会いはまったく予期せぬ体験でした。フレッドに出会った途端、私には彼の魂が見えたのです。彼のエネルギーは磁石のように私を引き寄せ、私のエネルギーも彼を引き寄せました。フレッドは私を見たとき、二人が共有する過去生が見えたそうです。彼にとって過去生を見るのは初体験でした。

私たちは一緒に、ハートを結びつけるプロセスを行いました。このプロセスでは、それぞれが相手のハートから放たれるエネルギーをつかまなければなりません。フレッドが私のエネルギーを握ったとき、私は見失っていた魂の巨大なかけらが体と魂に戻ってきたように感じ、涙が止まりませんでした。まるで私のハートを覆っていた殻が溶け去ったようです。私は果てしない拡大の感覚をおぼえました。

いったい何をしたのかフレッドに聞くと、二人のハートをたぐり寄せたところそれが一つになったのだと教えてくれました。そうした体験は私のツインソウルであるピオトルと出会ったとき以来のことでしたが、フレッドにはピオトルのことは話していませんでした（ピオトルについては、のちほどお話しします）。

このプロセスを行ったとき以外にも、フレッドと私にはシンクロニシティや二人の結びつきが紛れもないものだということがはっきりわかるヴィジョンが何度ももたらされました。フレッドは私が今生で経験した最もつらい出来事のいくつかを思い出すことができ、彼が知るはずのない詳細な情報を得ることもできました。私たちは同じ経験を同時にすることもありました。たとえば体の同じ部位が痛んだり、二人で話題にしたこともない場所に関する珍しい情報を同時に見つけたり、まったく同一のスピリチュアルな洞察を得たり、エネルギーの形態でお互いの前に現れたり、エネルギーや癒しが必要なときに相手に頼まれる前にそれを送り合ったり、といった具合にです。

スプリットソウルの結びつきはフレッドにとってどのような意味合いを持っているのか聞いたと

き、彼はこう答えました。「こういった滅多にない出会いは強力なパワーを持っていて、二人の進化のレベルを瞬時に上げ、さらに高次の意識状態、つまり魂が進むべき次のレベルへ移行させることができるんだと思う」

私たちはそれぞれ変化に富んだ経験と異なる信念体系を持っていたので、当初の二人の関係は混乱の極みといったものでした。けれども、今ではお互いに愛情と思いやりを持って支え合うことができています。

一つ付け加えておくと、私たちはお互いの結びつきがどれだけ深いものかということを十分に自覚してはいるものの、その結びつきの種類については過剰にこだわることなく、あくまで進化してサポートし合うことに意識を向けています。人によって経験もその受けとめ方も異なりますので、まずは自分を尊重し、寛容な気持ちでいてください。特に、ソウルメイトがあなたとの結びつきの複雑さと美しさをまだ理解できていない場合は、慌てずよりいっそう穏やかでいてください。

ソウルメイトとの結びつきに気づく方法

◆ソウルメイトとの間には、親密な感覚や強力な結びつきが存在します。ずっと昔から互いを知っていたように感じることもあるでしょう。

◆ソウルメイトとは、予期せぬ状況や独特な状況で出会っている可能性が高いでしょう。

◆ソウルメイトと一緒になることを妨げる障害があることも珍しくありません。たとえば離れた場所に住んでいたり、互いに別のパートナーがいたり、性的嗜好が共通していなかったり、異なる文化に生まれていたり、異なる宗教のもとで育ったり、といった障害です。

◆ソウルメイトとつながっているときには、人生のあらゆるものが研ぎ澄まされ、浄化され、クリアになり、拡大し、深さが増したように感じます。

◆ソウルメイトとの関係は愛情にあふれた献身的なものとなります。無理をしてでも相手を助けたいと思い、相手も同じように感じています。ほかの人のためなら決してしないようなことでもソウルメイトのためなら厭わないということもあります。

◆互いに相手の凍りついていた部分、まだ傷が癒えていない部分に触れるなどして、愛することへの抵抗やハートを開くことへの不安をなくす手助けをします。

◆一緒にいると、考えられないような出来事やシンクロニシティが頻繁に起こります。

◆相手の想念を読みとることができ、その人生に何が起こっているのかを感じることもよくあります。

◆ソウルメイトは互いを映し出す鏡のような存在で、似たような状況や出来事、あるいはまったく同じ状況や出来事が両者にほぼ同時に起こります。

◆相手に対する信頼感があり、心の中を打ち明けて奥底にある思いや秘密を分かち合える気がします。

◆一緒に過ごす時間が増えれば増えるほど互いにますます成長して拡大し、知恵を培います。

◆ハートの中でもひときわ優しく愛情あふれる部分から互いに与え合います。いかなる形の見返りも求めず、ただ純粋にそうしたいからという理由で与えます。与えることに喜びを感じるでしょう。

◆相手が欠点や弱点を超越するのを助け合います。相手を助けることで自分も成長し、知恵を授かります。

◆出会うと相手の過去生が浮かぶことがあります。

◆人生のパートナーとなるよう定められている関係なら、一緒になるべきだというメッセージを受けとることがあります。

◆ソウルメイトと実際に出会う前に、その相手の夢やヴィジョンを見ることがあります。

ソウルメイトとの関係における困難な側面

誰よりも身近な魂があなたに大きな試練をもたらす役割を演じることがありますが、その相手は同時に、あなたが癒され、厄介なカルマのパターンを解消する手助けをしてくれます。ここで課題となるのは、全体像を見渡して、相手があなたを困らせるためではなく助けるためにいるのだと気づくことです。ソウルメイトはあなたに勇気、許す心、愛情、健康、強さ、創造性、柔軟性、直観、優雅さといった数多くの美点を増やす手助けをしてくれるということを認識しなければなりません。

自分が本当は何者なのか目覚めていくにつれてあなたは魂の旅路に意識を向け始め、生活の厳しい現実をそれほど気にしなくなるでしょう。とは言っても、地に足を着けて現実的に人生の責任を負うことを忘れてはなりません。たとえば、人生のパートナーになりたいと思うソウルメイトに出会ったのにどちらか一方がそうした関係を築く心構えができていなかった場合、あるいは感情的、精神的、身体的理由があって一緒になれない場合は、「人生を共にしたいけれど、状況が許さないのだから一緒にはなれない」ということを自分に言い聞かせて受け入れましょう。もしソウルメイトと話し合うことが可能であれば、相手にも同じように状況を認めてもらいましょう。たとえパートナーになれなくても、ソウルメイトとは人生を癒し合うような関係を築くことができます。そうした関係を見つけて、破滅的な状況を生むことなく互いを助け合いましょう。

理解しておいて欲しいのですが、あなたとソウルメイトの間には互いの人生でそれぞれの役割を果たす契約が結ばれています。契約を交わしたソウルメイトを見過ごすことはないはずですが、人間には自由意志というものが存在するため、ソウルメイトを避けたり自分の人生から押し出したり、相手に抵抗してしまうということもあります。恐れの心があなたの決断や行動に大きな影響を与えてしまう場合があるのです。

私はこれまでに、最も大切な魂の結びつきを得たにもかかわらず、互いを深く知るチャンスをみすみす逃してしまう人たちをたくさん見てきました。彼らは世俗的な恐れ、判断、怠惰、嫉妬心、誤解、身勝手さ、自暴自棄な性質のせいで、相手を知ることに対して尻込みしてしまっているのです。

ハートをがっちりと防御していたり、悲観的であったり、自分に近づこうとする人を拒んだりしていると、あなたは誰よりも我慢強いソウルメイトですら遠ざけてしまいかねません。

ソウルメイトたちはあなたの内にある奥深い変容や愛情のスイッチを押してくれますが、ときにはとても不快な気分を引き起こすこともあります。真の進化というのはおそらく、混乱と秩序の境界で起こるのです。あなたが困難な状況を一つ乗り越えて安堵のため息をついていると、人生は次のチャンスを運んできます。学んで成長発展し、次のレベルの意識状態と悟りを得るのに必要なスキルを身につけるチャンスをもたらしてくれるのです。

過去生と中間生における魂の結びつき

私が受けた退行催眠のセッションで、とても印象深いものがありました。過去生、そして中間生（転生と転生の間）で魂に何が起こるのかを見ることができたのです。セッション中、私は非常に意味深い過去生へと導かれました。その過去生での重要なソウルメイトは私の兄でした。両親を亡くし、私たち兄妹は自力で生き抜こうとしていました。兄は私の面倒を見ようと心に誓っていたのですが、私が十三歳の頃に他界してしまいます。兄の死を知らされた私は精神的に打ちのめされました。退行催眠中にもかかわらず、私はむせび泣き、ハートが引き裂かれるような気がしました。私はその過去生と深く共鳴し、それが魂と細胞記憶に保存されていたかのように感じました。

兄が亡くなってから、私は自然医学とシャーマニズムに関心を抱き始めます。私は自然が持つ癒しの力を学び、やがてその共同体で一目置かれるリーダーとなりました。

私はその過去生で、自然、スピリット、神性とつながる能力を飛躍的に向上させます。その世を去るとき、私は意識的に死を選びました。そして美しい葬儀が執り行われる中、私は自分の魂が肉体を去るなりソウルメイトの魂と再会するのを目撃します。

それは不思議な光景でした。私は賢明で知恵深いリーダーとして生きていたのに、兄の魂と再会した途端「どうして私を置いて行ったの？」と聞いていたのです。彼は「お前が心身ともに強くなって、もう安心だ、一人でも魂の旅路を歩めるだろうと思えるまでそばにいたんだよ」と答えました。「もし私が長く留まっていたら、お前は共同体の人々のためにスピリチュアルな指導者となる道を歩まなかっただろう」と彼は説明し、二人はその過去生に転生する前にそのような契約を交わしていたのだと教えてくれました。兄が私を置いて行った理由を聞いて納得すると、私は癒され満たされた気持ちになりました。

過去生や中間生を探求することは、魂の契約を理解し、許し、前進して、喪失や死への恐れを癒す助けとなるのです。

❖【事例／著者の場合】ツインソウルとの出会い

ツインソウルについては自分の経験からしか語ることができません。私がツインソウルに出会ったのは、パリで二度目の指導を行うために渡仏したときのことです。フランスは深刻で特殊な時期を迎えていました。私がパリに着いたのは仏大統領選の数日前だったのですが、行き交う人々は皆、暗澹とした表情を浮かべていました。フランスの地を踏んで数時間もしないうちに、私は宿泊先が決まっていないことを知ります。私の通訳も務めるはずだったワークショップの主催者が、動揺する出来事が起こったため仕事を降りると言ってきたのです。英語を話す唯一の知り合いは国外でした。荷物をまとめて帰ろう、と私は思いました。

しかし私は、逃げ帰りたいと思っている一方で、自分がパリに強く惹かれる理由を突き止めなければならないと内心では気づいていました。答えは数日後、タクシーに乗っているときにやってきました。私は窓の外に目をやり、石畳の小道をぼんやり眺めながら「私はパリで何をしているんだろう？」と考えていました。そのとき、「愛になろう」と英語で書かれた大きな看板が目に入ったのです。そこで私は「そうだ。愛の本当の意味を学んで教えるためにパリに来たんだわ」と思いました。自分がパリに来た目的を受け入れた瞬間から、次々と不思議なことが起こり始めます。まず宿泊先が見つかり、新しい主催者の申し出がありました。そしてカンファレンスの予定も埋まり、ワークショップの予約も満席になったのです。

私のツインソウル、ピオトルと巡り会ったのもパリでした（ピオトルとは彼が営む高級婦人服のブティックで出会ったのですが、その最初の出会いについては第十七章の「自分のスペースと家を浄化する方法」にてお話しします）。それは必然とも言うべき驚くような出会いで、天からの啓示に思えてなりませんでした。不思議なことに、私がどれだけ抵抗しても彼との結びつきを避けることはできなかったのです。

ピオトルは最初ヒーリングというものを怪しんでいるようでしたが、私と出会って数時間後には、スペースの浄化とヒーリング・セッションをお願いしたいと言い出しました。翌日彼にヒーリングを施すことになったのですが、そのセッション中に私は摩訶不思議な体験をします。マッサージ台の上でリラックスしているピオトルの体にチューニングすると、なんと彼のハートに吸い込まれていったのです。

そのとき、彼のハートが胸から出てきて私のハートとつながるヴィジョンが見えました。そして彼のハートが私のハートにキスをして「ありがとう」と言うのが聞こえました。それは強烈な体験で、私は目まいがして方向感覚を失い始めました。エネルギーの巨大なうねりが私という存在全体に駆け巡ります。まるで私のハートの奥深くに眠っていた部分が呼び覚まされるようでした。

それまでに何千回もヒーリング・セッションを行ってきましたが、そんな風に感じたのは初めてでした。私はその体験に心を奪われてしまいました。

ピオトルと私のつながりは特別なものでした。実は私は六歳の頃から自分には明るい髪色で青い目をした三歳上の兄がいるような気がしていたのですが、それはピオトルが少年だった頃の様子とぴったり一致しました。そしてピオトルに初めて会ったときは、まるで彼の姿が私の魂に刻まれていたかのようにどこか懐かしい印象を受けました。また、その二年前から私は金髪で青い目をしたヨーロッパの男性が出てくる鮮明な夢を見ていました。一方ピオトルは、私たちが出会う数ヶ月前に自分の人生を一変させる人と出会うという強い感覚があったと言い、実際に出会ったとき「自分が待っていたのはこの人だ」と気づいたとのことでした。私たちは二人とも、出会って数日後にはずっと昔からの知り合いだったような気がしていました。それまでスピリチュアリティについては少しも関心がなかったピオトルですが、私がスピリチュアルな話をすると貪るように耳を傾け、吸収していました。何よりも驚いたのは、私が指導していたヒーリング・ワークをピオトルはあっという間に習得する天性に恵まれていたことです。

出会ってまだ一週間もしない頃、ピオトルは私の内面に入ってマインドを正確に読みとることができると言ってきました。私の感情もわかるし、今私に何が起こっているかも感じとれる、私が眠っていようが起きていようが関係ないと言うのです。実は私も彼のことが手に取るようにわかりました。相手が自分の助けを必要としていたり、「どうしているかな」と思っているときには、テレパシーでメッセージを送ることもできました。

それぞれにパートナーがいた私たちは、この魂から湧き起こってくるような互いへの深い愛情をどのように解釈していいのか、どのように対処していいのか戸惑いました。それは恋愛感情とは違う、スピリチュアルで神聖な愛でした。そして、ある晩のことです。ピオトルと食事をしていると、ある想念が私の頭でこだましました。ツインソウル、ツインソウル、ツインソウル……。当時ツインソウルのことを知らなかった私は、このしつこい想念に不安をおぼえたほどでした。

オーストラリアに戻ってポールにピオトルとの出会いを話すと、彼はツインソウルについて一緒に調べてくれました。

私はあまり物事を分類することにこだわらない性格なので、もし頭の中で「ツインソウル」という言葉があれほど繰り返されなければ、ピオトルとの関係もそれと認識することはなかったでしょう。二人の結びつきに完全に圧倒され混乱していた私は、ツインソウルについて調べることができたおかげで二人の関係を正しく把握し、その結びつきの大変な側面についてもなんとか対処できるようになりました。

ピオトルとの出会いは私の全世界を揺さぶり変容させました。同じくピオトルの全世界も揺さぶられ変容しました。出会った頃に何を感じたかピオトルに聞いてみると、彼はこう答えました。「今まで感じたこともないような幸福感と安心感、それと長い間失っていた自分の一部に出会えたという強い感覚をおぼえたよ。やっと完全になれた、という安堵感もあった。これからはお互いにずっと助け合えるからね。もう大丈夫、無意識に相手を探さないで済む、と思ったんだ」

ピオトルと出会ってから私とポールの間にはいろいろありましたが、ピオトルとの関係はむしろポールとの愛情と絆を深めてくれると直観が知らせてくれました。ピオトルと出会ったおかげで、私は真の献身と無条件の愛を知り、神聖な結びつきがどういうものかを学ぶことができました。私にわかっているのは、ツインソウルと出会って互いを知り合う機会を得ると、真の神性を実感し魂としての自己の本質に触れることができるということだけです。

ツインソウルとの出会いは良いことずくめというわけではありません。それどころか、非常に困難で痛みを伴うつらい人生経験をもたらすこともあります。ツインソウルはあなたを至福状態にしてハートを溶かすこともできれば、かつてないほどの痛みや苦しみ、拒絶感、怒りを引き起こすこともあるのです。どちらにしても、ツインソウルはあなたを成長させてくれるでしょう。

ツインソウルとの関係で試練を迎えている方は、その関係を断って逃げ出したりしないことをお勧めします。穏やかな気持ちでゆっくりと落ち着きを取り戻してください。ツインソウルはあなたが直面すべきことを示してくれます。ですから、それが何か気づいてください。気づいたら、再び相手とつながる前にまずは自分自身の問題に取り組みましょう。

ワークショップの参加者からツインソウルとの出会いの話をたくさん聞きます。外国で出会った人もいれば、もうほかに交際相手がいたという人、ツインソウルがかなり年上あるいは年下だった、親友になれた、兄弟姉妹がそうだと言う人など、その出会いも様々です。ツインソウルが恋人だという人は稀でした。どうしてなのか考えてみて気づいたのですが、ツインソウルが自分と似ているとすれば、その魂はツインソウル以外の人を選んでその相手の成長と拡大をサポートし、親密な人間関係を築く手助けをした方が良いはずです。そう考えると腑に落ちます。何度転生しても一緒になったりいつも共に生きていたら、いろいろな人との関わり合いから学んで成長するチャンスがなくなってしまいます。

手放すこと——ソウルメイトが違う道を選んだら

ソウルメイトと何年もの時を過ごし、「この人と生涯を共にするのだ」と思っていたにもかかわらず、ある時点を境にお互いが違う方向へ進みたくなっていることに気づく、ということがあります。

私が行ったインタビューの中でもひときわ感動的だったものの一つに、『かもめのジョナサン』や『イリュージョン』の著者であるリチャード・バックへのインタビューがあります。そこでリチャードは、ひと頃考えていたことを話してくれました。「ソウルメイトとは、生涯を共にすることを決めた二人がその人生を通してお互いの教師役を担い、その生涯を終えてから互いに学んだことを回顧するもの——多くの人が、こんな風に信じているでしょう。私もそう思っていたし、そのことを書いたりもしました。ところが、僕とレスリー・パリッシュは違う道を歩むことになったのです。その経験があって――つまり二人の関係と結婚生活を終えることになって、僕は初めて学校という概念を理解しました。私たちは一人の教師から多くのことを学びますが、やがてその学校を卒業するときがやってくるのです」［注15］

別れに心は痛みますが、あなたと違う道を選んだソウルメイトを手放す方が健全なときがあるものです。たとえば、あなたが感情的、精神的な進化に取り組んでいる一方で、相手がアルコールやドラッグに溺れたり、自分の体を粗末に扱ったり、人生を棒に振ろうとしているといった場合です。

肉体的に離ればなれになったとしても、霊的なつながりは切れません。ですから、相手の〝魂〟とだけつながり、対話し続けることをお勧めします。相手を視覚化してその魂に語りかけ、あなたが分かち合いたいことを伝えましょう。形がどうであれ、あなたの思いは伝わるということを覚えていてください。あなたの最も崇高な目的のためになるのであれば、この生涯の最適な時期にその相手と再びつながることができます。

魂のつながりのために時間を作る

フレッドとピオトル以外にも、私は魂のつながりを経験したことが何度もあります。そのほとんどが瞬時に気づくほど確かなもので、愛情、懐かしさ、温かさが込み上げてくるような経験でした。魂がつながっている相手と出会うと、この地上で最も盛大なパーティに招かれたような気分になります。自分が独りぼっちではないことを知り、この地上には人生を分かち合えるすばらしい魂がたくさん存在しているのだと思えると、深い感謝の念に打たれます。

魂のつながりを感じる人と出会ったときは、私はどれだけ忙しくても極力相手のために時間を作るようにしています。なぜなら、自分のソウルグループに属する人たちは特大のギフトを携えているからです。そうした数々のギフトは、私たちが波動を上げ、驚くべき意識状態を経験し、夢を追う勇気を持ってハートを開く助けになってくれるのです。

＊＊＊

【ソウルメイトやツインソウルとつながるプロセス】

すでにソウルメイトやツインソウルに出会っているという方は、その相手と一緒にこのプロセスを行ってください。今この瞬間に愛を共有するためのプロセスとして、内容を変更してもかまいません。ツインソウルと書いてある部分をソウルメイトと置き換えるなど、希望や状況に合わせてプロセスをアレンジしてください。また、このプロセスは四つに分かれていますが、最大の効果を得るためにはすべてを順番に行うことをお勧めします。

❖ 明確な意図を定める

まず、ツインソウル（またはソウルメイト）とつながるという明確な意図を定めてください。ハートに両手を置き、ツインソウルにハートを開くことに意識を集中します。ハートの扉が開いてツインソウルを迎え入れるところを想像してもいいでしょう。

ゆっくりと深呼吸しながら、ハートと魂のエネルギーに集中します。

鮮烈な金色の光線がクラウンチャクラを通って第三の目へと向かい、愛する魂とつながる意図を強化するところを想像しましょう。ソウルメイト同士は、相手からのメッセージをテレパシーで受けとったり、強く引き寄せられるように感じることがよくあるのです。

何度か深呼吸してから、この金色の光線が喉に向かうところを視覚化します。

次のように宣言しましょう（何か付け加えたいことがあれば、付け加えてください）。「神聖なる愛が私のハートと魂からツインソウルのハートと魂へと流れていき、愛、優しさ、穏やかさ、思いやり、真心で相手のハートと魂を包み込むのを許可します。今、私のツインソウルが苦労や困難に直面しているのなら、それがいかなる試練であっても恩寵とともにたやすく解決へと向かいますように。そして、もし万物の最高の目的にかなうのなら、この物質界で二人の道が交わり、お互いの存在に気づいてハートと魂から人生の旅路を助け合うことができますように」

「この物質界では出会わないことになっているのなら、深く心が満たされるような霊的なつながりを実感し、互いを助けることができますように。私の成長を助けることができるすべてのソウルメイト——私のハートに愛と情熱と幸福感を呼び起こし、喜びと高揚感をもたらすことができるあらゆる生命体――を私のもとへ導いてください。身近にツインソウルやソウルメイトがいるのなら、間違えようのない明らかなサインをどうか示してください。私は両手を広げ、ハートを開いてツインソウルを迎える準備ができています。神聖なるスピリットよ、ありがとうございます」

心が軽くなるまで、「クリア」という言葉を繰り返してください。

今あなたが呼び起こしたものが放つ波動を感じましょう。

❖ソウルメイトと愛を分かち合う

あなたのソウルメイト（またはツインソウル）が目の前に立っているところを想像してください。その魂は、ただあなたのそばにいるというだけで愛と至福と歓喜を放っています。そのつながりから感じる幸福感を味わってください。

金色の光線をあなたのハートに呼び込み、ハートを包み込んでもらいましょう。体の力を抜いてリラックスし、その感覚を味わってください。あなたのハートとソウルメイトのハートとの間にあるエネルギー・コードを想像しましょう。このコードを介して、与えられる限りの愛と優しさ、真心をソウルメイトに送ります。相手から返ってくる思いやり、感謝、愛情を感じてください。あなたとソウルメイトとの間にあるこの繊細なエネルギーが循環するのを観察しましょう。

❖ハートを浄化する

ソウルメイト（またはツインソウル）から送られてくる愛と真心と思いやりであなたのハートを

浄化し、これまでの人間関係で経験したあらゆる痛み、失望、拒絶感を洗い流してもらいましょう。心の痛みを解放してそこを人生への感謝で満たし、最適なタイミング、最高の場面でソウルメイト（たち）と再びつながる機会に心を開いてください。そうすることで、あなたたちは共に想像を絶するような永遠の愛の深さを探求できます。その愛があなたの全身とエネルギー・フィールドを駆け巡り、あらゆる恐れや抵抗を地球に放って浄化するのを許しましょう。地球はネガティブなものをすべて変化させ、あなたを穏やかな慈愛あふれるエネルギーで包み込んでくれます。

❖愛のエネルギーとともにグラウンディングする

まず、このプロセスを恩寵とともに滞りなく行えるよう願いましょう。これまでのプロセスをやり終えたと感じたら、体を穏やかに動かしながら、愛のエネルギーを足元へグラウンディングさせることに集中します。あなたがグラウンディングし、ハートと地球の愛の波動につながればつながるほど、すばらしい経験や愛すべき人々がすみやかに人生へ呼び寄せられます。

これは簡単で穏やかなプロセスですが、効果は強力なので繰り返し練習することをお勧めします。

11. 過去生を知って癒すには

Q

過去生についての見解を教えてください。過去生はどのように私たちに影響を及ぼすのでしょうか？　過去生を理解するとどういった形で役立つのか、実例を紹介してください。

長年にわたって健康、ウェルネス、スピリチュアリティ、形而上学について調査研究を重ねてきた結果、私は人間がとても複雑な霊的存在で、様々な転生と体験を繰り返しているということを学びました。世界は今、壮大な目覚めのときを歩んでいるため、過去生を学んでその恩恵を発見し、進化を速める人が増えています。そうした人々は、もっと簡単に物事を進めるチャンス——つまり癒しと許しと過去の学びを活かす生き方——があるのなら、同じ過ちを何度も繰り返す必要などないということに気づき始めているのです。

過去生から学びを得る

魂は転生するごとに、解決あるいは解消すべき何らかの影響や経験、印象、カルマのパターンを残します。そのため、魂が大切なレッスンを十分に理解したと納得できるまで、同じテーマがいくつかの生涯において繰り返されるということがよく起こります。

物質界は明暗をはっきりと映し出すため、魂に成長と進化のチャンスを与えてくれます。魂は、学び、癒し、体験し、その生涯での目的を達成することができなければ、地上に戻って再び挑戦したいと願ったり、ガイドからそうするように導かれたりするのです。

通常新しい人生を歩むことを選んだ魂は意欲に燃え、体験すべきことを事前に把握して期待に胸を弾ませながら転生します。生まれ変わることは、拡大し、学び、進歩し、新たな選択をするチャンスだということを魂は認識しているのです。魂は取り組むべき問題に関係する過去の経験をすべて含んだ目に見えない記録（アカシックレコード）を携えて転生します。魂のチャクラと波動フィールドに保存されたこれらの記録は強力なパターンを設定し、出会うべき人や経験を引き寄せるのです。

引き寄せた経験が、必ずしも困難や試練となるわけではありません。むしろ、目覚めを促し、愛と大きな高揚感をもたらす特別な経験となる可能性があります。アカシックレコードはまた、その魂が過去の生涯で得たあらゆるギフト、能力、才能も記録しています。

たとえば人に従う立場を何度も経験してきた魂は、立ち上がってリーダーとなり、追従に関する過去の信念や限界を変容させる道を歩もうと決意するかもしれません。過去生での在り方を意識してそう決意する場合もあれば、過去生を振り返って学びを得ることを特に必要とせず、自然にそう決意する場合もあります。

自分のパターンや痛み、苦労がどこからやってくるのかを理解して、それを波動レベル、感情レベル、精神レベルで解き放つと、物理的な現実がすぐさま劇的に変化するということに私は気づきました。身体的な癒しを経験する人もいれば、頭から離れない感情的なパターンを解放する人、泥沼のような人間関係を修復する人、気分が軽くなってパワーが湧いてくる人、あきらめていた夢を追いかけようと決意する人、人生に対する気持ちが楽になる人もいます。

私はこれまでに数多くの過去生退行を目にしてきましたし、自ら経験もしてきました。その中には、学ぶべきレッスンに関する重要なヒントを示し、私自身や他者の人生に大きな変化をもたらしたものもありました。過去生退行は多くの場合、人の考え方や意識を変え、知恵と愛と許しの心を深めます。そこで体験される過去生には、美しく穏やかで、直観的に理解し合える人間関係とはどのようなものかについて洞察をもたらすものもあれば、喪失や裏切り、別離、傷心の苦しみを見せてくれるものもあるでしょう。

私自身について言えば、リーダーシップを発揮して様々な決断をくだしている過去生をいくつか見ました。その決断の中には英断もあれば、自分の人生はおろか他者の人生まで犠牲にするような愚かな決断もありました。過去生から得られる発見は刺激的で、自分の才能や能力、欠点をより深いレベルで理解するきっかけとなってくれました。

また、過去生を探求することによって、私は家族の何人かを新たな視点で見直し、彼らに感謝できるようになりました。重要なポイントは、私たちは結びつきを感じる魂と一緒に地上に戻ってくることがよくあるのだということです。

❖【事例／ヘレンの場合】再びつながった母親と息子

私のところへ相談にやってきたとき、ヘレンは困り果てていました。三歳の息子アンドリューがいつも癇癪《かんしゃく》を起こしては泣き叫び、自分を蹴ってくる、もうお手上げだというのです。

聞いてみると、ヘレンは妊娠前につらい時期を過ごしていて、二人目の子どもなど欲しくなかったと言います。ヘレンのエネルギーにチューニングしてみると、彼女の子宮とアンドリューの間に黒いコードが見えました。その重苦しいコードにはヘレンの「息子などいらない」といったネガティブな思い込みがいろいろと詰まっていました。アンドリューはそうした母親の思いから毒々しいものを感じ、癇癪を起こすことでそれに反抗していたのです。息子を育てるべきか手放すべきか、ヘレンが決断を迫られているということもわかりました。そう伝えると、ヘレンは激しく泣き崩れました。

私には二人がかつて恋人同士だった過去生も見え、その転生でアンドリューが戦争に駆り出されて戦死したということもわかりました。彼を失ったヘレンは打ちひしがれました。今生のヘレンは、アンドリューを愛してまた引き離されることを恐れていたのです。私は二人の間にあるコードを浄化する手助けをして、彼女のチャクラに働きかけ、魂の愛と信頼のかけらを取り戻しました。

そのヒーリング・セッションを終えてから起こったことをヘレンが教えてくれたのですが、翌朝目を覚ましたアンドリューが母親を呼び、顔中にキスをして「ママ、大好きだよ」と言ってくれたのだそうです。息子を見るたびにとろけそうになる、と彼女は続けました。どうやら一晩で二人の関係が一変したようです。

このように、ある特別な過去生を見ることで重要な出来事に関する見方が変わり、身近な人間関係を癒せることがあります。

過去と未来の人生に責任を持つ

カルマのパターンはしばしば私たちがこの世で学ぶレッスンの内容を決定し、人生が滞りなく進んでいくのか、それとも試練を迎えるのかを左右します。カルマの法則は、すべてが巡りめぐること――自分の行いは善いことも悪いことも返ってくるということ――を定めています。これは、因果応報という普遍の法則なのです。過去生を探求することによって、人は「今」に対して責任を持とうと発起し、特有の試練に取り組むための原動力を得ることができます。自分がその問題から免れることも逃げることもできない、死んでも避けられないということがわかれば、それを解決する意欲が湧いてくるものです。

最近、環境問題に取り組む重要性について何人かと話し合う機会がありました。彼らの話を聞いていて気づいたのですが、自分の子どもたちのために地球の環境を憂いている人はいても、その多くは三十年から五十年先のことを心配しているだけ――つまり、自分がこの世を去る頃のことまでしか考えていませんでした。自分がまたこの地上に戻ってくる可能性があるということ、そのときのためにもこの地球を大切にすべきだということを考えている人はいなかったのです。そこで私がそのことを口にすると、自分の未来のために責任を担うという視点で新たな議論が湧き起こりました。

❖【事例／セバスチャンの場合】肉体に起きた驚くべき癒し

セバスチャンに会ったとき、彼は十三歳でした。テレビで私を見た彼の母親リサが、ヒーリング・セッションを予約してきたのです。若年性関節炎を患う息子を救う手立てはないものかと何年もあれこれ調べてきたリサは、私が新たな希望になるかもしれないと感じたとのことでした。セバスチャンの右膝と右足は関節炎に冒され、ひどく腫れ上がっていました。いつも痛みがあり、松葉杖が必要になることもあると言います。

セバスチャンは若くて前向きな性格だったため、今生で抱えているネガティブな信念や感情が原因でその症状が起こっているとは考えられませんでした。兄に対する典型的なコンプレックスを抱えてはいましたが、それを別にすれば自分にも自信を持っていました。

私は足の痛みを解放するプロセスと兄との関係を改善するプロセスをいくつか彼に教えました。すると、まもなくしてセバスチャンの痛みは消え、松葉杖をつく必要もなくなりました。ところが、腫れだけが引きそうにありません。そこでセバスチャンは、私の過去生退行のワークショップにやってきました。セッションを受けると、いつも穏やかで屈託ないセバスチャンがひどく感情を高ぶらせ、腫れた膝を抱え込みました。

やがて落ち着きを取り戻すと、セバスチャンは起こったことを話してくれました。彼は過去生で母親と一緒にいる自分の姿を見ました。母親はその過去生ではセバスチャンの姉でした。そばにサメがいるのに気づかず、二人は海で泳いでいます。サメが自分に襲いかかり、右膝の上を食いちぎったことに気づいたとき、セバスチャンは叫び声を上げました。自分を責めた姉は落ち込んで、そこで一生涯弟を守ろうと誓ったのです。このトラウマが原因で、セバスチャンは常に関節炎を抱えて転生を繰り返していました。セバスチャンと母親が共に今生にやってきた目的は、その過去を乗り越えて癒し、自分たちの夢を実現させるために助け合うことだったのです。

そこで私は、親子で許しのプロセスを行って夢を実現させる許可を互いに与えるよう二人に伝えました。セバスチャンの夢はプロゴルファーになることでした。リサはもっと健康になって幸せに生きたい、そして引っ越しをして、旅行に行ったり創造性を発揮できることをしたいと夢見ていました。

不思議なことに、過去生ヒーリングを行ってから数週間も経たないうちに、セバスチャンの膝の腫れは完全に引きました。彼は真剣にゴルフの練習に打ち込むようになり、それから何度もトロフィーを獲得しています。一方リサは自分自身に関心を向け始め、自信を高めて、旅行に出かけるようになりました。さらに、新しい家を持つという夢を実現させ、今はまた別の夢を追っています。

❖【事例／パスカルとアンジェリカの場合】直観力を取り戻す

もう一つ、印象深い過去生退行のお話をしましょう。それは私がヨーロッパでワークショップを指導していたときのことです。参加者の二人、パスカルとアンジェリカはどうしても相容れないようでした。二人が常に相手をからかっているので、私は仲裁に入って二人を引き離さなければならないほどでした。

パスカルとアンジェリカは揃って「チューニングできない、何も見えない」と文句を言っていました。ところが過去生退行のプロセスを教えた途端、二人が自分たちは前世で一緒だったというほぼ同じ話を始めたので、一同は呆気にとられました。

前世で二人は恋人同士でした。その生涯ではアンジェリカには直観能力があって、出会う相手がどういう人なのかがわかり、相手の将来についてメッセージなどを受けとることもありました。一方のパスカルは、海に出て新しい領域を探検する冒険家でした。パスカルが最後の航海に出る前、アンジェリカは彼が危険にさらされるかもしれないという胸騒ぎがしました。いつもは自分の予感を相手に伝えるのに、アンジェリカは結婚しようと思っている相手に何か起こるかもしれないということを信じたくないあまり、自分の直観を無視してしまいます。

パスカルはアンジェリカに夢中で、彼女こそが生涯の恋人だと感じていました。彼は航海に出て危険に見舞われ、命を失いそうになります。そして長い間、海で行方不明となりました。恋人が亡くなったと聞かされたアンジェリカは自分を激しく責め、取り乱して直観能力を失ってしまいます。パスカルがまだ生きていて彼女を探しているということも知らずに、アンジェリカはほかの男性と結婚しました。パスカルはアンジェリカを見つけ出しますが、やっと再会した彼女が結婚してしまっていることを知ると、裏切られたという思いで激しく傷つきます。もう二度と女性は信じない、愛する相手とも一緒になるまいと彼は誓いました。ほかの男性のものとなってしまった恋人を見るのがそれほどつらかったのです。

前世を語る間、二人はどうしようもないほどに泣いていました。さらに驚いたのは、二人とも相手の前世での名前を知っていて、それぞれが独自の視点で話をしたことです。

今生のアンジェリカは自分の直観能力を引き出したいと切望していましたが、その思いは叶っていませんでした。そして、自分には素敵な男性と関係を築く値打ちがないと感じていました。一方、裏切られて捨てられるのを恐れていたパスカルは、いつも愛していない女性を選んでいました。

私は二人を深い許しと癒しのプロセスに導きました。アンジェリカは最初、感情があふれて口もきけないほどだったので、私は魂でパスカルと対話するように求めました。パスカルが彼女の目をじっと見つめると、彼女が抱え込んでいる大きな痛みと羞恥心が映りました。パスカルはアンジェリカが古い心の傷を許し、直観を信じても大丈夫だと思えるよう、そして再び高次の叡知につながることができるよう手助けをしました。

この時代を超えた驚くべき対話が起こっている間、部屋には尋常ではないエネルギーがみなぎっていました。私たちは奇跡の癒しを目撃していたのです。プロセスを終えると、誰もが口を揃えて「パスカルもアンジェリカも若返ったようだ、明るく生き生きしている」と言いました。

パスカルは、自分がどうして破滅的な言動を取るのか、その理由がやっとわかった気がすると言いました。抑うつ症も解消され、幸福感がふつふつと湧いてきたそうです。彼は私をぎゅっと抱きしめ、人生を取り戻すのを手伝ってくれてありがとうと言いました。アンジェリカはというと、自信と直観と創造性を取り戻し、自分を責めるのをやめて、もっと満足感と愛情のある関係を見つける気になったと話しました。二人とも生まれ変わったようなすがすがしい気分で、新たな選択をするという思いを胸に、人生を取り戻したのです。

過去生を分かち合う

ワークショップやインタビュー、講演会、ヒーリング・セッションを終えると、次から次へと人が話しかけてきます。そして、「あなたとは強いつながりを感じる。私たちは過去生で一緒だった」と断言されることもよくあります。ですが、私は過去生の探求は自分の人生を理解して癒すための神聖で非常に個人的な体験だと強く感じており、過去生を他者と分かち合うのは互いを理解し尊重し合えている状況ですべきだと思っています。

長年にわたって過去生退行を指導してきましたが、私が時空を超えて本当につながりを感じた相手というのはほんのひと握りです。たいてい、つながりがあるときは即座にわかります。それは深く特別なつながりで、そこには愛や思いやりの強い感情が伴います。数多くのシンクロニシティが起こることも珍しくありません。

また、ほとんどの場合、湧き起こってくる深いつながりの感覚を両者ともに感じとります。私には、これといった理由もないのにどこかネガティブな反応をしてしまう相手もいました。過去生を探求してみてわかったのは、彼らとは何度か過去生を共にし、カルマのバランスを図る必要があったということです。そして過去生の心的エネルギーを解放してトラウマを変容させると、その人間関係は何の感情も交えないものになりました。そうした人たちは、たいてい静かに私の人生から去っていきます。

過去生退行によって、私たちの複雑で不思議な人生経験を垣間見、理解することができます。しかし、ここで覚えておいて欲しいのは、あなたが感じるつながりすべてが過去生と関係があるわけではないということです。他者と過去生の体験を分かち合う前に相手がそうした話を聞く心構えがあるかどうか確認し、相手を怖がらせたり遠ざけたりしないよう気をつけてください。

過去生の探求はとても貴重な経験となりますが、まずは今の人生に集中して現状を改善することをお勧めします。過去生に取り組む際は、本章でご紹介している事例を参考に、思いやりを深めて癒しを得る目的で行ってください。

＊＊＊

【過去生のカルマを解消するプロセス】

このプロセスは、「過去生ヒーリング・プロセス」の一部に組み込んでも、単独で行ってもかまいません。特定の人や状況に関するカルマを解き放つ心の準備ができてから行ってください。また、294頁の「コードを浄化するプロセス」と一緒に行うこともできます。

では、人生にカルマを作ったと感じる状況や人物のことを考えながら次の宣言を唱えてください。

「大いなる源よ、進化して光を受け入れられるよう力を貸してください。これまでに犯した過ちを解消して、私が生み出した傷を癒すために最善の努力をすることを誓います。いかなるときも、万物の最高の目的のために行動し、神聖なるガイダンスに従うことを選びます。ありがとうございます」

心が軽くなるまで、「クリア」という言葉を繰り返してください。

＊＊＊

【過去生ヒーリング・プロセス】

過去生ヒーリングを初めて行う方は、まず過去生退行のプラクティショナーか催眠療法士のガイドに従って行うことをお勧めします。こうしたワークを行ったことがあり、自分で試すことに不安がなければ、以下のプロセスを行ってください。

このプロセスは、あなたが生まれる前の生涯にあなたを導きます。できるだけ心を開いて臨んでください。疑いが生じたり、自分が想像しているだけなのではないかと感じることもあるでしょう。それでも忍耐強く続けてください。受けとる情報は非常に重要なもので、あなたの癒しを助けてくれるに違いないからです。明瞭な答えはあとからやってくることもありますので、経験したことを書き留めてどこか安全なところに保管しておきましょう。そうすれば、のちのち調べて確認することができます。

❖リラックスする

まずは、三十分から四十分の間、邪魔が入らない時間を作りましょう。座るか横たわるかして、居心地の良い姿勢をとります。深呼吸しながら、体の力を抜いてリラックスしましょう。緊張感、心配事、日常の些末事は手放して、落ち着いて神経をほぐすことに集中します。体の叡智に助けてもらい、体が柔らかくなってリラックスできるまでストレスをすべて解消してください。

❖意図を定める

次に、神聖なる叡知がこの旅路をサポートしてくれること、あなた自身と過去の経験をより深いレベルで理解できるよう助けてくれることを、強く意図してください。

❖スピリチュアル・ガイドとつながる

続いて、自分の人生に意識を向けます。自分が光になるところを想像しましょう。スピリチュアル・ガイドにこの旅路を助けてくださいとお願いします。ガイドはあなたの親友や家族、あるいは霊的指導者の姿で現れるかもしれません。大切なのは、安心感やサポートを感じることです。

❖ 時間を遡る

ガイドの手をとり、過去に向かっていくところを想像しましょう。あなたの過去十年間という時が流れていく様子を観察します。さらに過去へ向かい、子どもの頃のあなたが見えてくるまで遡りましょう。さあ、赤ちゃんの頃のあなたが見えてきました。思い出せなかったり、はっきり見えなかったとしても焦らないでください。意識が時間を遡るのに任せて、今の肉体と一体化する前の、魂としてのあなたが見えてくるまで待ちましょう。

魂は身軽で自由、そして大きく広がっています。そのような、魂としての自分を感じてください。しばらく遊んだり楽しんだりしましょう。静寂と平穏の中で、ひと休みしてもかまいません。それから、ガイドに美しい緑と紫の光（緑色と紫色の光が混ざり合って渦巻いているようなイメージ）のもとへ導かれるところを想像しましょう。

浮かび上がって光の方へ向かうと、扉があることに気づきます。ガイドが部屋へ入るようにあなたを促しました。部屋に入ると、無数の鏡が並んでいます。一つひとつの鏡は過去にあなたが送った生涯を映し出しています。その中に、今あなたが癒すべきこと、変容させるべきことに関する深い洞察を与えてくれる一枚の鏡があります。その鏡がどれかわかったら、ガイドに助けてもらって、あなたが過去に生きた人生に向かってその鏡を通り抜けてください。実際に鏡へ足を踏み入れて、新しい環境にいるところを想像しましょう。

❖自分に聞いてみる

その生涯にたどり着いたら、あたりを見回して自分に質問をします。直観的な洞察、イメージ、感覚などを受けとったり、あなたが知りたい出来事が見えてくるかもしれません。メッセージがすぐに届かなくても心配しないでください。焦らず、自分に対して穏やかな気持ちでいましょう。その生涯であなたが何者だったのか気づいてください。

あなたは男性ですか？　女性ですか？
年齢は？
あなたは今、どこにいますか？
今はどの時代の何年ですか？
周りで何が起こっていますか？
今どのような感じがしますか？

落ち着いて、しかるべき答えを喜んで受けとりましょう。

❖強烈な瞬間を味わう

あなたの人生で最も大切な瞬間あるいは最も強烈な瞬間へ、ガイドに連れて行ってもらいましょう。そこで何が起こったのかを観察し、感じてください。体に大きな感情が渦巻くかもしれませんが、激しい感情が起こったとしても、それを認めて手放しましょう。それはあなたの細胞記憶に滞っていた感情かもしれません。今あなたが感じていること、そしてその感情がどの記憶と関係しているのかを理解できるよう頼んでもいいでしょう。イメージしか浮かばないときは、できるだけ詳しく知りたいと願ってください。イメージが次々と浮かぶのなら、少しペースを落としてもらいましょう。これはあなた自身が体感するものなので、あなたが指示を出していいのです。

その生涯で取った行動に意識を向けてください。その行動はポジティブで愛にあふれ、インスピレーションをもたらすものでしたか？　それとも自分のことしか考えていない、乱暴で軽率な行動だったでしょうか？　何があなたをそうさせたのでしょうか？　では、その生涯で共に過ごした人たちに気づいてください。どこか懐かしい感じがしますか？　今生でも知り合いですか？　その人たちが誰だかわかりますか？

❖レッスンを学ぶ

自分がその生涯でどのようなレッスンを学ぼうとしていたのか、神聖なる叡知に聞いてみましょう。学ぶべきことを学べましたか？　あなたが許すべき相手、あるいは許して欲しい相手はいますか？　進んで許そうと思えるのなら、許したい人たちを許し、あなた自身も許してもらえるよう願いましょう。あなたは自分を許したいと思っていますか？

❖変化を視覚化する

その生涯が困難と試練に満ちたトラウマ的なものだった場合、もし物事を違う方法でやり直せるとしたらその生涯をどのように書き換えますか？　もっとパワーが湧いてくるような決断をくだすところを視覚化し、その生涯が変化していく様子を観察しましょう。私たちがレッスンを学んで選択し直すと、深い癒しが起こることがよくあります。今あなたは別の新しい人生を生きていますが、過去生のネガティブなエネルギーを変えることは可能なのです。

❖浄化の宣言を唱える

次のように唱えましょう。「神聖なる癒しの叡知よ、どうか私の体内を巡り、この過去生から今生へ持ってきた痛み、困難、恐れ、悲嘆、罪悪感、自己破壊的な言動をすべて解き放って浄化し、癒してください。白とシルバーの浄化の光（白とシルバーの光が混ざり合って渦巻いているようなイメージ）を私の全身に注ぎ、エネルギー・システムと感情を清め、そこに新たな活力を与えて、平穏と明晰性とウェルネスをもたらしてください。ありがとうございます」

心が軽くなるまで、「クリア」という言葉を繰り返します。

ゆっくりと深呼吸しながら、この白とシルバーの光線を全身に駆け巡らせましょう。

❖メッセージをお願いする

心が軽くなり平穏を感じたら、その過去生での出来事にまつわるもので今生に関係するメッセージがあるか聞いてみましょう。メッセージが届くのを待ちます。すぐに届かなくても、知るべきことは必ずいつか現れるということを心に留めておいてください。

❖ 現在に戻る

心の準備ができたら、ガイドに手をあずけてゆっくりと現在に戻れるよう導いてもらいましょう。肉体に戻って、経験したことを統合します。あなたが今生を選んでやってきたのは学んで成長し癒すためだということ、そして自分がすばらしい恵みを受けるに値する愛すべき神聖な存在だということがわかったのではないでしょうか。

ゆっくりと深呼吸しながら現在へと戻り、体を呼び覚ましてください。数秒間体にぐっと力を入れてから、力を抜いてリラックスしましょう。トントンと足踏みして、地に足が着いている感覚を味わってください。ただストレッチするだけでもかまいません。気持ちを楽にして、たくさん水分を摂り、自分に優しく穏やかでいてください。

12・魂の目的を知るには

Q

誰にでも魂の目的があるのですか？　また、それを見つけるにはどうすればいいのでしょうか？

この物質界に存在する誰もが魂の目的を持っています。魂とは、知性を持った進化し続ける不滅の霊的実体です。まだ霊界にいるとき、あなたの魂はガイドや賢者たちと一緒に、霊界とは対照的な肉体という物理的実体を持って自分が学ぶべきこと、知るべきこと、どのように生きるべきかということを決定します。探求すべきことの一つにカルマがあります。もう一つは、過去の限界を超えて、霊的、感情的、精神的に成長を遂げることです。

魂は自らの経験を通してのみ、学んで進化することができます。ですから、魂の知恵に問いかけて答えに耳を澄ましてください。それがあなたが人生でできる最も大切なことなのです。

魂の目的とは

私たちの個人としての目的は、探求と拡大という体験を通して自己の本来の姿を知ることです。魂の目的を知るためには、自分の身体、意識、エネルギー、感情、霊性、人生経験を探求しなければなりません。

内面に注意を向け、静かに座って瞑想しながら意識的に呼吸することで、体の中で呼び覚まされる様々な感情や感覚に気づくことができます。この感情や感覚こそが、あなたのガイダンス・システムです。ネガティブな感情は不愉快で痛々しい感覚を生み出し、あなたが進んでいる方向には制限、阻害、困難が待ち受けているということを示してくれます。行き詰まり感に気づいたら、探求して方向性を変え、拡大を体験するためのチャンスが訪れたということです。そうして自分とつながったとき、すべてがあなたのスピリットの望む方向へと導いてくれるようになるのです。

私は人は地に足を着けて現実的に生きるべきだと考えていますが、その一方で、魂がその運命に従っていると不可能はなくなるということを知っています。本書では私や他者がこれまでに経験したすばらしい出来事の数々をご紹介していますが、それは私たち全員に目的とガイダンスがあるということを示すためです。ただ、受け入れる姿勢がある人だけがそれに気づくのです。

ガイドや天使が目の前に現れるということはごく稀かもしれませんが、そうした存在はバラエティに富んだサインを通してあなたに語りかけます。どこか懐かしい感覚をおぼえたり、あなたの前進を後押ししてくれるような人物、本、クラス、場所などへ導かれたりすることもあるでしょう。

魂の目的は、たとえマインドでは理解できなくとも、自らが学んで成長するために必要な経験を組み合わせて引き起こすことがあります。これらの経験のいくつかは、非常に楽しく高揚感をもたらしてくれるものでしょう。至高体験だと思えるかもしれません。ときには苦しみを伴う試練が起こることもありますが、あなたはそうした苦労を通して感情的、精神的なスタミナを培うのです。

魂は学ぶために地上へやってきた

霊界ではいつも平穏、愛、霊性を味わい楽しむことができますが、そこには実体験を通して学び成長するというチャンスがありません。例えて言うならば、霊界での学びは教室で授業を受けるようなものです。チョコレートはカカオ、蜂蜜、キャラメル、クリーム、砂糖、ナッツなどを材料にした天にも昇るほどおいしいものだと教えてくれる人はいても、あなたはそれを想像して舌なめずりすることしかできません。実際に食べて初めて、チョコレートがどういうものかわかるのです。

ほとんどの人は、物質界に誕生すると霊界で学んだことを忘れてしまいます。けれども、魂はまだ自分の目的を達成するという強い使命感に燃えています。人生の目的は職業と関係していると考えられている物質界とは違って、霊界で魂が認識している人生の目的は、愛や思いやり、勇気、癒し、変容、創造性の本質を学ぶための実際的な経験を積むことなのです。

私たちが直面する困難の中には、家族の問題、日常の問題、病気、こじれた人間関係、愛する人の死、経済的な苦労、自然災害、そのほかトラウマ的な出来事など様々なものがあります。そうした試練を通して、私たちはよりいっそうの回復力、思いやり、愛、許す心、創造性、豊かな発想、インスピレーションを培い高めるチャンスが得られるのです。

たとえば、パワーを得ることを目的とする魂が被害者意識の強い考え方をする家族のもとに生まれて、パワーを奪われるような気持ちになるといったことがあります。しかし、そうした逆境に育つことが、強さや勇気、思いやり、他者を奮起させる力を備えた人へと成長する機会となるのです。

身体的欠陥を恵みとして受け入れる

魂はしばしば、その目的を最善の形で実現させてくれる肉体をいくつか提示されます。提示される肉体の中には、健康体もあれば障害のある肉体もあります。理解しておいて欲しいのは、魂が自分の肉体を選ぶとき、その肉体には特有の人生観を持つ両親もついてくるということです。どれか一つの肉体を選ぶ際に、魂は自分が関わることになる人々や直面する試練も考慮に入れるというわけです。

魂は時折、その方が深く有意義で遠大な学びと他者への貢献を経験できるという理由から、障害のある肉体を選ぶこともあります。

ここで、障害を乗り越えてパワフルに生きた方々の話をいくつかご紹介しましょう。

レスリーという若い女性の感動的な話を最近読んだのですが、彼女には生まれつき両腕がありませんでした。それでも彼女は書くこともできれば、運転、電話、タイピング、飛行機を操縦することもできるそうです。

スチュワートも生まれつき両腕と片方の足がなく、もう片方の足も小ぶりで指は二本しかありません。しかし彼は、サーフィン、水泳、ゴルフ、サッカーまでできるということです。

ヘレン・ケラーは生後十九ヶ月で病気になり、聴力と視力を失いました。それでも彼女は二十世紀の最も名高い文筆家、政治活動家、教育者、人道主義者の一人となりました。

彼らが示しているのは、魂は限界や困難を乗り越えて全力で生き、他者にインスピレーションや感動、変容をもたらすことができるということです。

デジャブ

訪れた場所や出会った人にどこか懐かしさを感じて、強烈なデジャブの感覚をおぼえることがあります。たいていの場合、これは魂があなたに送っている「周囲の出来事に注意を払いなさい」というサインです。魂は肉体を持って生まれてくる前に、その目的を果たすのにふさわしい肉体を決めなければなりません。その決断の材料として、魂はその肉体を選んだ場合に起こりうる出来事の断片を経験することがあります。まだ霊界にいながら特定の人や場所とつながる練習をしたり重要な決断をするのは、物質界で魂の目的を果たすための最良のチャンスを自らに与えるためです。そうして霊界で経験した出来事や練習が、この物質界でデジャブという形で現れるのです。

目的の発見に心を開く

「自分の目的などわからない」と言うのをやめて目的を見つけようとすれば、あなたはそれを発見することができます。あなたの人生に役立っていない思考、信念、感情的なパターンを見直して、手放してください。家の掃除と思えばいいでしょう。たとえば相手を責めたり、相手が悪いと決めつけて何か良いことがあるでしょうか？　制限的な考え方をしていて幸せになれますか？　成功できるでしょうか？

魂の目的というものは職業とはあまり関係なく（部分的に関わっていることはもちろんあります）、人生をどう生きるかということに関係しています。あなたは勇気、感受性、愛、優しさ、穏やかさを備えた人となって、思い切った行動を取れる生き方をしたいですか？　それとも成長する余地がないような、無難だけれど不満の多い生き方をしたいですか？　自分の繊細な部分を観察し、許すことを学び、苦しみを癒して恐れと向き合い前進したいですか？　それとも物事や他人ばかりを責めて、制限と痛みと苦悩に満ちた人生で妥協しようと思いますか？　明白に見えるものの奥を覗き、不思議なことや説明のつかないこと、驚異的なことを探求しようと思いますか？　それとも狭い視野で自分が知っていることだけを見ていたいですか？

あなたには物事を違った視点から眺めるためにマインドを変容させる能力があり、もがき苦しむのではなく、人生に起こることをそのまま受け入れることができるのです。知恵は多彩な形でもたらされます。ラジオやテレビ、インターネットを通して受けとったり、外を歩いていて気づいたり、インスピレーションを与えてくれる人に偶然出会ったり、本をプレゼントされることもあるでしょう。クリエイティブなことをしているときに何かひらめいたり、素敵なアイデアが浮かぶような曲を聴くことがあるかもしれません。知恵は瞑想中に訪れたり、ガイドや天使から受けとることもあります。大切なのは、心を開いてサインや直観、デジャブを気に留めることです。

事故や病気などといったポジティブとは思えないような出来事が、自分の歩むべき道や他者への貢献につながる方向へと導いてくれることがあります。一つ例を挙げましょう。戦争で片足を失ったあるアメリカ人男性の話です。彼は戦後何年も経ってから、ロシアのある双子について書かれた記事を読みます。その少年たちは二人とも片足を切断したということで、その境遇に共感した彼は、二人を養子に迎えてより良い人生を送るチャンスを与えることを決めました。これは、ネガティブに思えた出来事が進むべき方向へ導いてくれた好例です。

ちょっとした行為

微笑みや優しい言葉、気さくな態度など、ちょっとした行為が他者への大きな貢献となることがあります。莫大な富や名声を得るなど、人から立派だと思われるようなことが必ずしも魂にとって重要なこととは限りません。しかし人の役に立つということは、いつでも変わらず大きな意味を持っています。

高次のガイダンスを求める

人にはそれぞれ複数のスピリットガイドがいて、彼らはあなたに助けや協力を与えるよう任務を受けています。ガイドたちは黙々とその役割を果たすべくあなたが人生の目的を生きる手助けをしていますが、彼らがあなたに干渉することはごく稀です。ガイドが介入するのはあなたが助けを求めたとき、あるいはあなたを目覚めさせるための契約またはあなたが成長し前進できるよう適切なタイミングで励ますための契約が交わされているときだけです。

多くの人が、一部の人々の愚かな振る舞いを見て「ガイドやヘルパーは何もしていないじゃないか」

と失望するようです。そこで彼らが忘れているのは、人間には自由意志があるということです。この自由意志によって、人は試練や過ちから学んで成長する機会を与えられます。最善の選択をするかどうかは本人次第なのです。ですから、自分の運を神のせいにするのではなく、高次の助けと協力して問題に取り組み、自らの人生に可能な限りパワーと達成感を与えるチャンスがあるということに感謝するべきなのです。

私もいろいろと探求してきて理解したのですが、スピリットガイドはあなたが人生のどんなことに対しても助けを求めることを望んでいます。実際に、私は人生のあらゆる領域において霊的な介入を求める練習を毎日行うことをお勧めしています。

人生にシンクロニシティが起こったとき、いつもの思考とは異なる知識をマインドで受けとったとき、あるいは急に問題解決の糸口が見えたとき、それはスピリットガイドがあなたに手を差し伸べているのです。スピリットガイドは予知夢、ヴィジョン、直観的ガイダンス――すべきことを告げるガイドの声や、ある種の行動を取ってはならぬと警告する声など――を通して、あなたを助けることができます。ガイドの助けによって、ストレスの多い環境やトラウマ的な状況で落ち着きを取り戻し、あれこれ考えずに仕事をこなせるようになることもあります。ガイドはある参考文献を調べるように促したり、あなたの疑問を解消してくれるウェブサイトを見るように導いたり、あなたを助けられる人に電話するよう背中を押したりもします。

❖【事例／著者の場合】私の魂の目的

自分を癒すこと、直観力を磨くこと、人生を変容させることを人々に指導し始めてから、私自身にも不思議なことが起こり、自分の魂の目的を再認識することになりました。

それは、初めて「ヴィジョナリー直観ヒーリング」のワークショップを行って大成功を収めたあとのことです。私は少し休養をとり、エドガー・ケイシーについての本を読むことにしました。彼は驚くべき予言者で、研究したこともない病気を診断したり、聞いたこともない治療法を口述することができました。「眠れる予言者」と呼ばれていたケイシーは、四十年以上にわたって何千人もの相談者に無意識の状態でサイキック・リーディングや医療リーディングを行いました。彼は一九四五年、六十七歳でその生涯を終えています。

私はリラックスして、一九〇〇年代初め頃のケイシーの体験談を興味深く読んでいました。そして彼の前に天使が現れる場面にさしかかると、私は好奇心を刺激されました。当時十三歳だったケイシーに「生涯で一番したいことは何か」と天使が尋ねると、ケイシーは「人を助けたい——特に子どもたちの癒しを助けたい」と答えます。そこで天使は、彼の望みが実現するだろうと請け合いました。

私は静かにその場面を反芻しながら、「私にも天使が現れて、魂の目的を教えてくれたらいいのに」と考えていました。仕事は順調でしたが、それでもガイダンスと確証が欲しかったのです。すると急に部屋の中に何か強烈な存在を感じました。

そのとき目もくらむほど壮麗な天使が目の前に現れ、私は温かい癒しのエネルギーにふわりと包み込まれたような気がしたのです。天使は、私の役割は愛や思いやり、親切心、真実に対してハートと魂とマインドを開くことを人々に思い出してもらうことだと教えてくれました。そして、私は世界を周って、人々が自分のヒーリング能力、直観、神聖なる叡智、魂の目的を取り戻すようインスピレーションを与えることになるだろうと言われました。また、ワークショップや書籍、記事、テレビ出演などを介して、世界中の何百万もの人々の生き方に触れ、影響を与え、変化を起こすという魂の契約を交わしている、と説明されました。

想像いただけると思いますが、私は圧倒されていました。二十代初めの頃からクライアントの相談に乗ったり自己啓発のワークショップを指導していたとはいうものの、まだ二十五歳になったばかりの自分には、どうすれば天使の予言を成就できるのか検討もつかなかったのです。

あなたはたくさんの援助を受けて自分の旅路へと導かれるだろう、と天使は続けました。そこでもう少し詳しく教えて欲しいと頼むと、心配しなくていいと言われました。私の仕事がメディアに取り上げられて広く知れ渡ることになっているから大丈夫だと言うのです。最初はオーストラリア国内で指導し、やがて海外へ羽ばたくことになっていると強調もされました。そして最後に、私は温かく愛に満ちたエネルギーに包まれながら、天使がこう言うのを聞きました。「考えすぎないで。あなたは導かれ、すべてが完璧な形で訪れるでしょう。ただ、信頼すればいいのです」。私は消えていく天使に感謝を伝えました。

天使との対面に私は胸を踊らせましたが、やがて疑いや懐疑心が忍び寄ってきました。それにしても都合が良すぎると思えてきたのです。私は二人の幼い子どもを持つ母親で、住んでいた場所を離れて一人で旅したことすらありませんでした。私は自分の正気を疑い、全部自分が考え出したことなのかもしれないと思い始めました。

また、この話はポールにしかしなかったのですが、驚いたことに、普段はとても懐疑的なポールは、天使の予言通りになるだろうと確信していました。

天使と対面したのは土曜日の朝のことで、夕方になる頃にはそのことを忘れかけていました。訪ねてきた友人と食事をしていると、夜の九時頃に電話が鳴りました。おそらく母だろう、と思いながら出ようかどうしようか迷っていると、どうしたわけか留守番電話に切り替わらないことに気づきました。電話を取ると、相手はオーストラリアで一番売れている女性誌『Woman's Day』の女性記者でした。私は耳を疑いました。「あの天使が言っていたことは本当だったのかしら?」。その記者はシドニーを拠点にしているとのことでしたが、これもシンクロニシティでした。というのは、その翌週ポールと私は五年ぶりにシドニーを訪れる予定にしていたのです。

ヒーリングについて話をしたあと、私は彼女と会う約束をしました。そして電話を切ろうとしたとき、「それはそうと、あなたは天使と関わりがある?」と聞かれて呆然としました。

次の土曜日、私はシドニーでインタビューを受けました。インタビューを終えてから、記者が自分には直観力があるのでメッセージを伝えていいかと聞いてきました。私が頷くと、あの最初の電話で話をしている最中に「テレビ、テレビ、テレビ」というメッセージを受けとったと言うのです。「あなたはテレビ出演すると思うわ」と彼女に言われ、すぐに私はあの天使のことを思い浮かべました。

物事が面白い方向へ進んでいるようでした。数週間後、私は有名なテレビ番組に出演してセルフ・

ヒーリングのプロセスを紹介しました。すると、四万人を超える人たちが私のウェブサイトにアクセスし、そこで紹介していたセルフ・ヒーリングのエクササイズをダウンロードしました。そして、何日もしないうちに数え切れないほどの人たちが連絡してきて、「助けが欲しくて祈っていたら、あなたが出演していた番組を観るように導かれたのです」と言いました。たくさんの人が番組中に信じられないような癒しを体験し、家族にセルフ・ヒーリングのプロセスを試したり、自分自身の癒しを深めたりしたそうです。

テレビ出演と『Woman's Day』に掲載されたインタビューが新しい扉を開くこととなり、私は地元以外でも仕事をし始め、やがて海外にまで進出するようになりました。まもなくゲストとしていくつかの番組にも出演するようになり、ついには番組のコーナーを受け持ったり司会を務めたりすることになりました。こうして私は思いがけずチャンスをつかみ、セルフ・ヒーリング、愛すること、直観力を磨くことの大切さについてメッセージを伝えられるようになったのです。あの日私の前に現れて信じる心を持つよう励まし、この旅路へと導いてくれた天使に深く感謝しています。

自分が遺せるものを知る

魂が求めていることを発見するのがなぜすばらしいかと言うと、その情熱を追求することができ、さらに、あなたならではの何かを遺すことができるからです。

ベストセラー『アルケミスト』の著者、パウロ・コエーリョにインタビューしたとき、彼はこう語っていました。「この世に生まれてきた人には皆それぞれに任務があり、自分だけの経験をし、自分が遺せるもの（レガシー）を人と分かち合うことになっています。人は皆、レガシーを共有すべきなのです。私にとっては書くこと——その瞬間その瞬間の自分の想いを書くことが、レガシーを共有する手段だということに気づきました。私は愛を込めて書いています。書くことは、痛みも伴います。なぜなら、魂を開いていくプロセスは少しデリケートな問題でもあるからです。それでも私は書きます。書いたことによって誰かに何かしら自分の想いが伝わったとわかるとき、自分には仲間がいる、魂を分かち合うことができるのだと胸が踊るのです。自分は独りぼっちじゃない、自分も人類の一員なのだと思えるとき、人はどこか充足感をおぼえるのだと思います」[注16]

人は誰でも自分が好きなことをちゃんと知っていると私は思っています。少し考えてみましょう。あなたの心をとらえるものに、どうしてそれほど興味を引かれるのでしょうか？　あなたの胸をときめかせ心を弾ませるものが、どうしてあなたの友人にとっては何の魅力も持たないのでしょう？　問題は、ほとんどの人が魂の声など聞こえるわけがないと言われてきたことにあります。そうして人は本当に心が望んでいることに蓋をし、自分にも創造性や情熱、才能を発揮できるのだということを忘れてしまうのです。心に蓋をしたままでいると、やりたいことが本当にわからないという思い込みを隠れ蓑にするようになります。「何がしたいのか本当にわからない」という言葉を聞くと、私はいつもこう答えています。「内心ではすべきことを知っているとしたら、どうしますか？」

素直に始めてみる

探求と自己発見の歩みを重ねてやっと自分のしたいことがわかったのに、それを素直に始めてみることが一番難しかった、ということがあります。パウロ・コエーリョは幼少時代から物書きになりたいと望んでいましたが、何度も壁にぶつかり、一冊の本を書くという夢をずっと先延ばしにしていました――サンティアゴへの巡礼に出るまでは。

彼はこう語りました。「巡礼を終えてから、腰を据えて自分に聞きました。『この先ずっと時間稼ぎをして好機を待ち続けるのか？　それともすべてを投げ打って、リスクを冒してでも書き始めるのか？』。もう若くはありませんでしたが、私は書くべきときが来たと思いました。出版できると思っていたから書こうと思ったのではありません。今もし夢を追うことすらあきらめてしまえば、人生の意義を見いだすという目的に敗れることになるとわかっていたからです。とりあえず書き始めよう、一冊書き終えられるかどうかが問題ではない、本を書き始めることの方が大切なんだと思ったのです」［注17］

本当のところ、夢を探し求めようと決めたところで、やがて自分が人から見て成功者となるのか失敗者となるのかを見通すことはできません。ただ、一つはっきりとわかることがあります。それは、あなたが自分の信念を持ち、思い切って始めてみる勇気を持っていたということです。

＊＊＊

【魂の目的を発見するためのプロセス】

魂の目的を発見するのに役立つプロセスをいくつかご紹介します。魂の目的をより明確に知るためには、一年以上かけて繰り返しこのプロセスを行うといいでしょう。

❖人生に関する質問

魂の目的を発見するためには、まず自分の人生に何が起こっているか注意を払う必要があります。書くものを用意して（パソコンでもスマートフォンでもかまいません）、時間をかけて次の質問に答えていきましょう。できるだけ自分に正直に答えてください。全体像を知ることに心を開けば開くほど、成長するチャンスが増えてくるでしょう。あなた自身も知らなかった本当の自分を発見して驚くかもしれません。

- これまでの人生で、最も強烈な出来事、経験は何ですか？
- それを経験して、どのような影響がありましたか？　そこから何を学びましたか？
- それを経験して、あなたはどのように成長、変容、拡大できましたか？
- あなたにとって有意義なことは何ですか？

◆他者にどのような形で貢献したいですか？

◆何をするのが好きですか？

◆困難でもやり続けていることは何ですか？

◆どんなことにインスピレーションを受けますか？

◆容易にできることは何ですか？

◆人生はどういった方向へ流れていますか？

◆大した努力をしなくても達成できることは何ですか？

◆自分の人生を歌に例えるなら、どんな歌ですか？

◆自分の人生を絵に描くとしたら、どんな絵になりますか？

◆人生に欠けているもの、ずれを感じるものは何ですか？

五年後の自分の人生を思い描いてみましょう。今と同じような調子で人生が展開するとしたら、あなたは何を後悔し、何に幸せを感じるでしょう？　何を変える必要があると思いますか？　パワーが湧いてくるような質問は、あなたが集中して恩寵とともに楽々と人生の目的へ向かっていく助けになります。答えは必ず与えられるので、自分を制限するような質問ではなく、拡大させるような質問をしましょう。

❖シンクロニシティに気づく

関連性のある出来事が計画もしていないのに同時に起こった場合は、注意を払ってください。人生の目的に関するヒントかもしれません。特に、さほど苦労もせず物事があるべき場所に落ち着き始め、喜びやインスピレーション、ハートとのつながりを感じられるようになってきたときは、そうである可能性が高いでしょう。シンクロニシティはあなたが正しい方向へ進んでいることを示す宇宙からの合図です。そのまま進んで行くための自信と励ましを与えようとしているのです。

ここで簡単な宣言をご紹介しますので、繰り返し唱えてください。「大いなる源よ、私が魂の目的を生きることを妨げ、神聖な計画へと続く扉をブロックするような状況、信念、試練をすべて迷うことなく穏やかに手放すことができるよう助けてください。私は大いなる源の力を借りて、心の底から望むことを現実へと招き寄せます。望みは私のもとへ完璧な形で優雅に流れてきます。ありがとうございます」

心が軽くなるまで、「クリア」という言葉を繰り返しましょう。

❖神聖なる叡智を求めて瞑想する

できれば瞑想に適した姿勢で胡座を組んで座りましょう。合掌して、人生で感謝している五つの事柄に意識を向けます。

次に、親指、手の付け根、残り四本の指先同士をつけたまま、四本の指を少し曲げます。ダイアモンドのような形になるはずです。このポーズは、言葉ではなく魂と共に祈ることを可能にします。そのまま両手を目の高さまで持っていきます。できるだけ長く瞬きをせずにダイアモンドの空間の向こう側を見つめましょう。今度は、そのまま両手を心臓の少し上の高さに持っていきます。

呼吸に集中しましょう。息を吐くたびに、「ホー（ｈｏｏｏｏｏ）」という音を発します。その音に意識を向けてください。苦しくならない程度にできるだけ長く音を発しながら、無限の愛と喜びと可能性に満ちた見えない世界へ入っていきます。これを数分間続けてください。

続いて、両手をハートにあてて、魂から聞こえてくる聖なる音を発してみましょう。あなたという存在を通して魂に歌ってもらうのです。

プロセスを終えたら、立ち上がって足に意識を向けます。赤みがかった金色の光線が全身を駆け巡り、あなたを地球にグラウンディングさせるところを視覚化します。マインド、体、魂と再びつながりながら、地に足が着いている感覚を確かめましょう。あなたの全体性につながることに集中してください。

3

人生の様々な関係を変容させる

チューニングして内面の世界に意識を向け、内なる力を取り戻して魂のスタミナを強化することを学ぶと、その力を物質界に適用できるようになります。

第三部では、自分自身や他者、お金、環境とのつながりや関係を変容させて癒し、そこに活力を与える方法を探求していきます。

テーマによっては自分と関係ないと思える章もあるかもしれませんが、飛ばさずに読んでいただくことをお勧めします。自分やパートナー、両親、子ども、友人への理解を深めるのに役立つ情報を見つけられるかもしれません。また、テーマ自体に関心がない場合でも、ご紹介しているプロセスの中にはあなたの現状に対応するものがあるでしょう。

13・愛するパートナーを人生に引き寄せる方法

Q

愛情深いパートナーを引き寄せるにはどうすればいいですか？　相手に望むことをはっきり表明して頼めばいいと聞いたことがあり、理想のパートナーをリスト化しました。けれども、出会う人たちはどうもリストと一致しているようには思えず、そろそろ焦りで心の余裕を失いかけています。一人でいることに心底うんざりしていて、もう運命の人に出会う心の準備はできているのにと思っているのですが……。

本章では、内面を見つめて自分の性質の中でもポジティブな面に意識を向けることをお勧めしています。それが、素敵なパートナーを引き寄せるきっかけとなるでしょう。まずは、愛についての考え方を広げてください。本章では他者にハートを開くためのプロセスもご紹介します。

愛を引き寄せるために、自らが愛情深いパートナーとなる

愛情あるパートナーを人生に引き寄せたければ、あなた自身がまず自分が求めているような愛情深いパートナーにならなければなりません。多くの人が、自分を救ってくれ、幸せにしてくれる誰かを見つけたいと望んでいます。自分を手厳しく批判、判断しながら、自分が抱えている未解決の問題や不安、制約をすべて大目に見て無条件に愛してくれる相手に出会えると思っているのです。

残念ながら、自分に自信がなさそうな態度は魅力的ではありません。そして、望んでいるタイプとは正反対の相手を引き寄せてしまうことも多々あります。誰もが自分のエネルギー・フィールドというものを発していて、あなたが自分にふさわしいと考えている相手をそのエネルギー・フィールドが引き寄せます。もしも心の奥底で自分には魅力がないと考えているのなら、相手が見つからない可能性も高くなるでしょう。あるいは、自分のそうした思い込み、つまりあなたに「魅力がない」ことを実証する相手を引き寄せてしまうこともあります。

さらに言うと、あなたがより愛情深くなって内面的に満たされるまで、あなたは自分にとってパーフェクトな相手を探し続けることになるでしょう。たとえその人物が目の前に立っていたとしても気づかない、ということもありえます。なぜなら、自分を不満に思っているあなたの波動は、自分に満足している相手の波動と共鳴しないからです。自分のことを不完全だと思っている人や自信がなくて重荷を引きずっている人を引き寄せたくなければ、あなた自身がまず自分のことに取り組まなければ

なりません。

実際のところ、あなたを救って永遠に幸せにしてくれる人などいないのですから、あなたにとって最も大切な関係は自分自身との関係ということになるでしょう。他者との有意義で満足感のある関係を引き寄せる前に、あなたの奥底に潜む本質と調和して、本来の自分に感謝することから始めなければなりません。孤独感や不満、苦労からあなたを救い出してくれる誰かを必要とせず、自分の完全性を実感して内面に満足できれば、あなたが引き寄せる人や経験の質も向上し、よりインスピレーションや高揚感をもたらすものになるでしょう。自分に満足できると、自分の幸不幸を人のせいにすることもなくなります。そうすると、相手に依存心や支配欲を抱いたり求めてばかりいるのではなく、自由で楽しく明るい気持ちをもたらす関係を築けるようになるでしょう。健全でパワーが湧いてくるような関係と、独りよがりで重苦しく制約的な関係の違いも見えてきます。

あなたが幼少時代の痛みを引きずっているのなら、インナーチャイルドを癒して両親を許すことがとても重要な鍵となります。両親を見て学んだ時代遅れの信念や行動にしがみつくことは、過去にとらわれて孤独から抜け出せなくなったり、好ましくない人々を引き寄せてしまったりするだけです。

内面に幸福感が増せば増すほど、素敵な人を引き寄せるスピードも増すでしょう。「完璧な人」ではなく「素敵な人」と言いましたが、それは相手がどんな人であれ、パートナーというのはあなたに困難をもたらすこともあればインスピレーションを与えることもあるからです。

❖【事例／クララの場合】無意識のパターンを癒す

三十代半ばの看護師クララは「運命の男性」に出会いたいという相談でやってきました。彼女はいつも、虚しい関係を築いてはそこから抜け出すということを繰り返しているようです。最初のセッションで、クララは理想の男性に求める資質をリスト化してきました。誠実で頼り甲斐があって、愛情深く正直な人――彼女のその言い分は筋違いに思えました。なぜなら、クララは恋人に嘘をつき、同時に複数の男性と付き合うことも珍しくなかったからです。彼女は不誠実で、辛辣になることもよくありました。そこで私は彼女に「自分がして欲しいと思う接し方で相手に接することができなければ、充実した関係など築けないですよ」と言いました。

クララは父親が母親や姉に暴力を振るうような崩壊家庭に育ったため、「男はみんなろくでなしで、罰せられるべきだ」という根深い信念を持っていました。そこで私は、一緒に彼女の幼少時代のトラウマを癒して男性に対する信念を変えることに取り組みました。時間はかかりましたが、クララは生まれ変わったかのように自分のことを肯定するようになり、男性にも公平な態度で接するようになりました。以前よりも傷つきやすくなったように感じはしたものの、クララはハートを開き、一人の男性と出会いました。男性の中にも寛大で穏やかで、優しく誠実な愛情深い人がいるのだということを教えてくれるような、繊細な相手です。彼はクララの中に新たに芽生えた繊細で寛容な性質と完璧に釣り合う人でした。

自分への愛を表現する

自分に足りないものに意識を向けるのではなく、自分の愛すべき点すべてに目を向けてみましょう。パートナーがいない方は、じっくりと時間をかけて自分を見つめてください。そして、自分に聞いてみましょう。「私のユニークで特別な長所は何だろう？　私の魅力はどんなところ？　私にはどれくらい順応性があるだろう？　私は精一杯生き、夢に向かって創造性を発揮しているだろうか？　それとも行き詰まって、理想の相手に心を奪われたいと思いながらひたすら待っているだけなのだろうか？」

❖自分を大切にする

以前読んだ、ある女性の話です。彼女は男性から与えられたいと思う愛と感謝の気持ちをまずは自分に向けてみようと決意しました。朝目を覚ますと、まず鏡を見て自分の容姿を誉めます。仕事で何か成果を上げたときには自分を称え、週末には劇場や映画館、バレーやコンサートなど関心のあるイベントへと足を運びました。毎日仕事を終えると入浴してリラックスし、好きな服に着替えておいしい夕食を用意します。テーブルには花を飾り、キャンドルに火を灯して上等の食器で食事をしました。

始めた頃はこんなに大げさに自分を扱うなんて少し馬鹿げていると思いましたが、やがてそれを楽しんでいる自分に気づきます。実際、愉快で仕方ありませんでした。数週間後に彼女は素敵な男性と出会い、今では自分を大切に尊重してくれる相手との愛情あふれる関係を築いています。

❖才能を伸ばす

相手に求める資質を自分自身は持っていないと感じるのなら、そうした資質に少しでも近づける可能性を探ってみましょう。たとえば相手にユーモアのセンスを求めていながら自分には大したユーモアがないと思っているのなら、お笑い番組を観たり、ジョーク集を読んでみたり、コメディ映画を観に行くなどしてセンスを磨くこともできます。あまり堅く考えず、普段は行かないようなお笑い劇場に足を運んでみるのもいいでしょう。

❖【事例／サラの場合】過去の心の傷を手放す

サラには八年間パートナーがいませんでした。長身で美人、経済力もあって寛容な彼女にパートナーが見つからないのは、とても不思議に思えました。魅力的に思う男性はいないのかと尋ねると、彼女は「いるけれども、みんな気後れするみたいで好感触を得られないんです」と答えました。

サラには息子がいましたが、その父親に彼女は深く傷つけられたことがあり、今でもその痛みを引きずっていました。そこで私はヒーリングのワークショップに参加して過去の心の傷を手放すことを勧め、自分から愛情あふれる関係を遠ざけているものを見つけてみてはどうかと提案しました。

ワークショップ中に皆でハートチャクラに意識を向ける瞑想をしているとき、サラはおぞましい蜘蛛のイメージを見ました。そこで直観に従ってそのイメージが何を意味するのか聞いてみたところ、この目に見えない蜘蛛は彼女のハートを守り、あらゆる男性を遠ざけているということがわかりました。このイメージに「なるほど」と納得したサラは、男性たちが怖気づく理由も理解できました。サラは蜘蛛にお礼を言って、それを解放するところを想像しました。次に、あらゆる心の傷、重苦しい感情、暗闇をハートから解き放つことに意識を向け、ピンクと緑の光線でハートを包み込みました。この二色はハートを癒すのに打ってつけのパワーを持っています。サラは、理想の男性を見つける許可をハートに与えました。

ハートは理想のパートナーを見つけるために最適な判断をしてくれるということを、サラは理解しました。傷つけられた経験があるハートは、どうすればパワーをもたらす新たな経験へとサラを導けるか知っていました。彼女はただそのハートの知恵を信頼すればいいだけだったのです。

翌日、サラは自然に触れたいという強い思いに駆られ、天気の良い日だったのでお気に入りの都市公園へと出かけました。サラは木々や花々の香りを楽しみながらのんびり歩きました。しばらくして、ベンチに引き寄せられるように感じたサラは、一人の魅力的な男性の横に腰かけました。するとそのジェイムスという男性は、遠くからサラを見ていたことを打ち明けました。二人は会話を始め、自分たちには共通点がたくさんあることを知りました。

一ヶ月もしないうちに二人は離れがたくなり、多くの時間を一緒に過ごすようになりました。ロマンティックな週末を過ごしたり、海外へ旅行にも出かけたりしました。ジェイムスはいつも何かしらサラを喜ばせようと趣向を凝らしてくれます。ある日のこと、彼はサラにペディキュアを塗ってあげることを思いつき、ドラッグストアへ行って必要なものを買い揃えました――彼はペディキュアなど塗ったこともなかったのに、そんなことはお構いなしに！　それはとても素敵なサプライズでした。サラが創造性と真心あふれる愛情豊かな関係にハートを開いたことを聞いて、私はとても幸せな気持ちになりました。

愛に心を開く

自分に満足して新たなる冒険に心を開いていると、人を惹きつけるものです。大切なのは、人を新鮮な気持ちで見つめ、判断したり過去の人間関係と比べたりしないことです。

過去の関係が波風ばかりだった人は、その相手に対する自分の思い込みや経験が新たな出会いを妨げていないか確認してみましょう。自分が望むことを明確にしておくことは大切ですが、それと同時に、柔軟な考え方をしなければなりません。なぜなら、完璧な人などいないからです。いるのは「あなたにとって」完璧な人です。どのような関係であれ、喜びもあれば困難もあります。ですから、パートナーが自分を幸せにしてくれることなど当てにせず、自分の内面に幸福感を見つけることに集中してください。

寂しいときは、外に出かけて面白い趣味を見つけたり、楽しめることを探したりしましょう。

❖新しい人々との出会いに心を開く

相手を見つけるのがとても難しいとぼやく人がよくいますが、これは直観と創造性を磨いて新しい経験に心を開くチャンスです。ある国を訪れたいという激しい思いに駆られ、自分にはまったく馴染みのないその場所に行ってソウルメイトに出会ったという話を私は何度か聞いたことがあります。

私の友人の中には出会い系サイトでパートナーを見つけた人や、相談所などを通してパートナーと出会った人も何人かいます。どうすればいいのかわからないときは助けを求めてもかまいません。実際に、デートのテクニックや理想の人を引き寄せる方法を学びたいと思う場合もあるでしょう。

❖【事例／エドワードの場合】ちょっとした助け

三十代前半のエドワードは真剣に付き合える女性を見つけたいと考えていましたが、かなりの奥手で恋愛経験もあまりなく、家族までもが心配し始めていました。

そんな彼は、パートナーを引き寄せるためのコースの話を聞いても乗り気ではありませんでしたが、巧みに説得されて参加することにしました。ワークショップの初日に行ったエクササイズはすべて気に入ったようでしたが、エドワードは翌日も参加することを渋っていました。サッカーの予定が入っていると言うのです。もちろん先約を果たすのは大切なことですが、聞けばサッカーはいつでもできるようでした。これは、彼の人生を変えるチャンスでした。

人は新しいチャンスに戸惑いをおぼえると、なんだかんだと言い訳してそのチャンスを棒に振りがちです。エドワードも抵抗するかと思いましたが、少し説得してみると翌日も参加することに同意してくれました。

エドワードが黙っていたことがあります。それは、ワークショップ参加者のミーガンに魅力を感じ、とても惹かれていたということです。ところが彼は、ミーガンが自分のことを好きになることはないだろうと思い込み、翌日も出たところで意味がないと決めつけていたのです。ワークショップの二日目、ミーガンに対する彼の思いに気づいた私は、彼女に話しかけてみるよう促しました。エドワードは言われた通りに話しかけました。すると、なんとミーガンもエドワードのことを気に入っていたということがわかったのです！　現在二人は結婚し、一人の娘がいます。

面白い事実を少しばかり

独身の男女の意識について調査したものがあります。とても興味深い回答が得られましたので、いくつかご紹介しましょう。

- 男性の七十一パーセントが、セックスより恋愛を重視している。
- 女性の九十六パーセントが、お金より愛を重視している。

◆男性は全員、女性から贈り物をもらうより愛情を示してもらいたいと思っている。
◆女性の七十パーセントは、男性が自分の気を引こうとしているとき、「彼は私に興味がないのだわ」と思っていた。
◆男性の六十五パーセントが、魅力を感じる女性と目を合わせるのを避けたり、その女性を無視してしまう。
◆女性の九十三パーセントが、関心があるのなら男性から誘って欲しいと思っている。
◆男性の九十五パーセントが、女性から誘って欲しいと思っている。

愛に関する制限的な思い込みを手放す

たった一人の相手があなたの欲求や望みをすべて満たし、あなたに幸福感と愛情と満足を与えてくれるという考え方を手放すことを、私はお勧めします。

私はこのような通念を見直してみたいと思っています。なぜなら、あらゆる面であなたの望みを叶えてくれる人になど出会わない可能性もあるからです。本書を読んでくださっている方の中には、長期的な恋愛関係を今生では結ばない方もいるでしょう。人生の価値観や関心事を部分的にしか共有できない相手とすでに関係を築いている方もいらっしゃるかもしれません。ただしここで言っているのは、価値観や関心事をすべての面で共有できなければその相手はあなたに合わない、ということではなく、人にはそれぞれ違う興味や価値観があるのだということです。あなたはスピリチュアルな進化に関心があって、それを重要なことだと考えているかもしれませんが、あなたの現在（もしくは未来）のパートナーは子育てやスポーツなどにより多くの関心を寄せているかもしれません。それでも、鑑賞眼や経済観念、旅好きといった共通点があって相性は抜群、ということもありうるのです。

人はこれまで、愛に関してとても狭量で制限的な考えを受け入れようとしてきました。もちろん例外はありますが、パートナーを愛するのもハートを分かち合うのもどこか表面的で、家族や子ども、友人に対しても上っ面だけの愛情や好意を向けることで自分を納得させてしまう、といったことは多く見受けられます。

人は親密さに不安をおぼえ、よくわからない相手や恋愛対象とならない相手に心を開いたりすることをひどく恐れます。虚しい結婚や恋愛、あるいは束縛を感じる関係が数多く生じるのは、そうした不安や恐れがあるからです。

私は、愛にまつわる堅固な境界線が揺らぎ始める時代に突入したと思っています。ハートを開いて豊かな人生を歩むためには多種多様な人や経験と出会うべきだということに、私たちは気づき始めたのかもしれません。相手に非現実的な期待をせず、自分の欲求をすべて満たしてもらうことを必要としない「人類の進化」という時期が到来したのでしょう。

社会的な存在としての成熟度が増すと、人は愛をあれこれ判断するのをやめ、自分や大切な人たちが様々な人々と深く温かい絆を結ぶことを認めるようになるでしょう。そうやってハートを成長させ、ルールや条件や支配欲ではなく、知恵と自由と尊厳を持って愛を経験するようになるのです。そして、自分にも相手にも拡大するチャンス、深い絆を味わうチャンスを与えるようになります。それは、手厳しく批判したり、嫉妬をあらわにしたり、厚かましい相手に罪悪感を抱かせることを必要としない、揺るぎのない絆です。私たちは、大きな愛や知恵、インスピレーションを与えてくれる素敵な人たちがこの世にはごまんと存在しているということに気づき始めるでしょう。人はハートを開くと目覚ましい進化と成長を遂げます。ハートが開くと遊び心や探究心、成長したいという思いが芽生えるため、大切な人間関係も向上し、人生に幸福感や充実感が得られるようになります。

パートナーが自分のものではないということに気づかなければなりません。人を所有することなどできないのです。私たちは好調なときも試練のときも互いに分かち合い、学んで進化し助け合うために共にいます。人にはそれぞれ価値観や夢、望みがあるということを理解し、成長する自由を与え合う方法を学ばなければなりません。

自分自身や相手に与えられる最高のギフトは、人生を喜びや好奇心、インスピレーションとともに精一杯生きることだと思います。人間関係というのは白と黒だけの味気ないものではなく、色鮮やかな変化に満ちたものだということをこれまでに私は学びました。

＊＊＊

【愛情深いパートナーを引き寄せるためのプロセス】

ここでご紹介するいくつかのプロセスは、愛情深いパートナーを引き寄せるためのものです。最上の結果を得るためには、プロセスを繰り返し行うことをお勧めします。特に「視覚化してパートナーを引き寄せるプロセス」を何度も行ってください。

❖相手に望む資質を書き出す

相手に望む資質を書き出しましょう。それぞれの項目の横に、あなた自身がその資質を備えていると感じるかどうかも書いてください。愛情深い相手を望むのなら、あなた自身が愛情深いかどうかを自分に聞いてみるのです。野心的で有能な相手を望むのなら、あなた自身が自分を野心的で有能だと感じるかどうか考えてみましょう。寛容で楽しく元気溌剌な相手を望むのなら、あなたがそうであるかも確かめてみてください。

❖ハートに働きかける

ハートに働きかけて、行き詰まったエネルギーを解放することが必要不可欠です。ハートに手をあてて何度かゆっくりと深呼吸しましょう。ハートの状態に気づいてください。あなたのハートは開いてリラックスし、穏やかですか？　それとも緊張して壁を作り、おびえていますか？

ハートが緊張しておびえているのなら、その感覚を認めてください。そして、傷ついた過去の経験に自分がこだわっているかどうか自問してみましょう。その経験にまつわる記憶が浮かび上がってくるのを許可してください。その経験について、深く考えてみましょう。その傷ついた心に左右されてくだした決断はありますか？　その経験はいつ頃起こったことでしょう？　その心の傷は今のあなたに何かメリットをもたらしていますか？　その困難な経験から何かポジティブな結果が得られましたか？　その経験から何を学んだのでしょう？　どうやってそれを乗り越え成長しましたか？

ハートを閉ざしたままでいると逃してしまいそうな経験があるでしょうか？　それはどんな経験ですか？　自分を制約して孤独な状態に置いている言い訳をしていませんか？　それはどのような言い訳ですか？

人生で繰り返し起こる経験があなたの役に立っていないのなら、お決まりのパターンや、あなたが抱えている制約的な信念と感情をしっかりと認識し、変化させていかなければなりません。

❖お手本を見つける

すばらしい人間関係を築いている人を見つけて、インタビューしてみましょう。円満な人間関係を築くコツとその理由を発見してください。

❖視覚化してパートナーを引き寄せる

左右の手の対応する指同士がそれぞれ合わさるようにして、両手をこすり合わせます。手のひらを少し離して、両手の間に美しいピンクの光のボールを想像し、そのエネルギーを意識して強めてください。では、三十秒間あなたの愛すべき点、ポジティブなところをできるだけ多く思い浮かべましょう。

両手をハートの前で円を描くように動かしながら何度か深呼吸します。ハートが開いて成長するところを想像しましょう。これを、三十秒から四十秒かけて行います。

両手をリラックスさせてください。

思い切ってハートを開き、あなたの人生を補ってサポートし実りあるものにしてくれる相手を引き寄せることができると信頼しましょう。

続いて、あなたを呼び覚ます宣言を唱えます。

「神聖なる愛よ、どうか恐怖心の原因となった過去の傷、今も私を行き詰まらせている心の痛みを癒せるよう力を貸してください。私が自分の価値に気づかないよう仕向け、愛情深いパートナーを人生に引き寄せるのをブロックしているネガティブで制限的かつ重荷となるような信念、感情、記憶をすべて解き放てるよう助けてください。ハートで深い愛を感じ、共に喜び、楽しみ、成長できるパートナーとその愛を分かち合うことができますように」

心が軽くなるまで、「クリア」という言葉を繰り返しましょう。

❖意図に集中する

目を閉じて、あなたが備えている優れた資質をすべて思い浮かべましょう。金色の紙にその優れた点をリストアップするところを想像してください。続いて目の前に金色がかった赤い光の泡を視覚化し、リストをその中に入れます。

もう一枚金色の紙を想像して、相手に求める資質をそこに書き出します。相手がこうあって欲しいと思うことを、一つ残らず書き出しましょう。理想の相手が独身で、同じくパートナーを探しているということも念のため書いておいてください（独身であっても仕事と結婚しているような人もいますので、そうなると関係がこじれたりします）。書き上げたら、そのリストも金色がかった赤い光の泡の中に入れます。

泡がそっと宇宙へ放たれ、あなたの理想の相手に向かっていくところを想像しましょう。ハートが開いて相手のハートとつながるのを感じてみてください。あなたのハートから放たれた愛が相手のハートのエネルギーを回復させ、相手のハートから放たれた愛があなたのハートのエネルギーを回復させるのを感じとってみましょう。この結びつきを生み出したことを祝福してください。この結びつきは、二人を理想のタイミング、完璧な形で恩寵とともにいとも簡単に引き寄せます。

あなたの希望が聞き入れられたことを信じてください。自分の時間を楽しむ方法を見つけて、人生の幸福を味わいましょう。

14・円満な人間関係を築く方法

Q

結婚して何年にもなる夫はとてもネガティブで、私のエネルギーを奪います。私たちは、信念も興味も人生観も違います。私は人生における様々なことを変えてきたので、自分自身を楽しめるようになり、毎日クリエイティブな気分を味わっています。ところが夫は、腹立たしい態度を取るばかり。この関係を改善して円満な夫婦になる方法があるのか、それとも別れることが一番の解決法なのか……。すっかり迷ってしまっています。

円満な人間関係を築きたいのなら、まず自分の心の中に安らぎを見つけなければなりません。自分の内面が充実していないのを人のせいにするのは簡単です。あなたの身近な人たちは、あなたが自分という人間をより深く理解し、困難に直面しても平静を保つ練習をするチャンスを与えてくれています。こうした練習を積み重ねることによって、私たちは感情的、精神的なスタミナを蓄え、神経系を強化して、大量に流れ込んでくる情報を慌てることなくさばけるようになるのです。

違う考え方を受け入れる

人間関係において葛藤や対立が起こるのは、両者が自分の考え方や人生観にとらわれて聞く耳を持たなくなり、相手とつながって共に成長する余裕を失ったときです。長年連れ添っていると人は相手のことを決めつけるようになり、毎日新鮮な目で相手を見ることをしなくなります。パートナーが成長するのを助ける一番の方法は、あなたが視野を広げ、相手が状況に適応できるよう干渉をやめることです。人を成功者として迎え入れるグループに身を置いた場合と、どうせ失敗するだろうと思われる環境に身を置いた場合を想像して比べてみてください。前者の方がはるかに自信を持てるはずです。

人を思いやる

思いやり、穏やかさ、バランスのとれた考え方には、新鮮味のなくなった関係を蘇らせる魔法があります。

あなたは人生を癒そうと頑張っているのにパートナーがネガティブなままなので気に障るといった場合は、自分の内面を見つめて、あなた自身にネガティブな一面がないか、そしてその一面を否定しようとしていないか確認してみましょう。「抵抗すれば、それは押し返してくる」とはよく言ったものです。あなたは常にポジティブでいようとしていますか？　それとも、ときどき攻撃的な言い方をしている自分に気づくことがありますか？　あなたはいつも機嫌良くしているでしょうか？　それとも苛ついたり、自分の苦労を人にぼやくことがあるでしょうか？　こうした好ましくない一面を自分の中に発見すればするほどあなたは人を許せるようになり、相手がその内面をさらけ出して自由に表現するのを認めるようになります。イライラしたり気疲れしたりすることもなくなるでしょう。

相手の立場になってみて初めてその人が理解できる、ということもあります。私が演劇の勉強から学んだことはたくさんありますが、中でも大いに役立ったことの一つは、演じている役の視点で世界を見るということです。この視点を通して、私は他者の思考や感情、行動パターン、行為などを深く理解できるようになりました。

自分は絶対正しいという思いを手放して人を思いやるようになれば、相手もネガティブな態度をやめて聞く耳を持ち始めるはずです。あなたが一つの問題にこだわってストレスを溜めれば溜めるほど、人はあなたに抵抗するでしょう。

バランスのとれた視点があれば、明晰さを持ってパートナーと対話できるようになり、相手を支配したり決めつけたり動揺させたいという思いもなくなります。あなたはパートナーが何よりも大切にしている価値観に気づいて、それを受け入れなければなりません。パートナーが最も大切にしているのが家族だったとしたら、彼（彼女）はあなたが変化を起こすのにかまけて愛情や思いやりやサポートを後回しにしていると感じるかもしれません。すると相手は当然のことながら不安をおぼえたり抵抗したりするでしょう。そこで相手が安心できるように、変容はよりいっそうの愛と時間と喜びをもたらしてくれるのだとあなたが説明をすれば、相手も態度を和らげて、あなたの旅路をサポートすることに関心を抱いてくれるかもしれません。

ポジティブな面に意識を向ける

もしも関係を改善できそうな状況にあるなら、パートナーのあらゆるポジティブな面に目を向けましょう。

まず、相手のどういうところを愛しているのか考えて、それを認めましょう。相手があなたにしてくれることに心の底から感謝してください。相手のおかげで幸福な気分になったり、大切にされていると感じたり、自分は魅力的だと思うことができるのなら、それに深く感謝します。今はパートナーに対して素直になれないという場合は、素直になれていたときのことを思い出し、その過去の記憶を呼び起こして、頑なになってしまった心をほぐす手がかりにします。素直になれたら、あなたのポジティブな感情を伝えてパートナーの気を引き立ててください。たとえばこんな風に伝えてみるだけで、相手の気分も良くなります。「今日キスしてくれて嬉しかった」「食料品を買いに行ってくれて助かった」「わざわざ電話してくれてありがとう」「そのシャツとっても似合ってるね」「夕食を作ってくれてありがとう。おいしかったよ」といった具合に伝えてみましょう。
「どうしてお皿を洗ってくれないの」「ゴミ出しくらいして欲しい」「猫にエサをやるの忘れてたでしょう」などと言い立てるのではなく、ポジティブな面に着目するのです。誰でも誉められたら嬉しいに違いありません。ポジティブなことを言われるとやる気も出て、体にもリラックスした感覚が起こります。あなたも、批判されるより励まされる方がいいと思いませんか?

愛を表現する効果的な方法

愛の表現には様々なものがあります。それを探求していきましょう。人によって嬉しいと感じることは違います。それぞれが好きなこと、嬉しいと感じることを知っていれば、絆を深めることができます。

たとえば、女性はじっくりと話し合って気持ちを伝えたいと思うことがあるものです。そして、自分の気持ちを話しているとき、男性に解決法を求めているわけではありません。ただ聞いて欲しいのです。ところが男性は、自分のせっかくのアドバイスを受け入れてもらえないと不快に思います。

そうなることを防ぐために、あらかじめ伝えてみましょう。「聞いて欲しいことがあるから、十五分ほど時間を作ってくれると嬉しい。アドバイスが欲しいわけではなくて、ただ話を聞いて共感してもらいたい」と。そうすれば男性は、ただリラックスして話を聞いてくれるでしょう。

一方男性は、立ち直るためのスペースや静かな時間が欲しいと思うことがよくあります。ひと息入れるためのスペースが必要なのです。スポーツをするのも多くの男性にとって良い気晴らしになり、緊張感やストレスを解消する手段となります。

要するに、相手を理解して励まし、尊重することが大切なのです。相手を理解するために少し考えてみましょう。「この人の一番の才能は何だろう？」「その才能を伸ばすために、自分はどういったサポートができるだろう？」。もちろん、本人が今関心を持っていることや人生の目標について直接聞いてみることも大切です。

あなた自身やパートナーがどのようなことで愛を実感できるのか、探ってみてください。たとえば、あなたは大切にされていることを実感するために、優しい思いやりの言葉が欲しいですか？　それとも触れ合いたいと思いますか？　サプライズが嬉しい、ロマンティックな夕食を楽しみたい、ラブレターが欲しい、何も決めずに二人で旅に出たい、特別な日に贈り物が欲しい、思いがけないときにセレナーデを歌ってもらいたい……。人によって嬉しいと思うことは違いますが、あなたならどういったことにワクワクするでしょうか？　一方のパートナーは、あなたとゆっくり向き合いたい、電話などの邪魔が入らないようにして二人でくつろぎながら好きなことを楽しみたい、などと思っているかもしれません。家事や買い物、子どもの世話を手伝うことが、相手に感謝の気持ちや温かい気持ちを生み出すこともあります。実りある素敵な関係と退屈でありきたりな関係の違いは、何がパートナーの心をくすぐるのかを知っているかどうかにあるのかもしれません。

人は皆、自分が思っている以上に情熱的かつ官能的で親密な無条件の愛を与え受けとることができるのです。有り体に言うと、どのような関係においても、愛と絆を高めるためには努力、練習、配慮、感謝、共感、知恵、思いやり、穏やかさ、成長することが必要です。もちろん聞く耳を持って対話することも大切です。

どちらが正しく優れているか、どちらがより懸命に働いているかということを躍起になって主張するのではなく、お互いの愛すべき点を見つけて感謝の思いに意識を向け、どうすれば二人の人生に喜びを増やすことができるのか話し合ってみましょう。支配欲を手放して、相手の言い分に耳を傾けながら柔軟な姿勢で関係を結ぶと、すべてが変わってくるはずです。

関係が破滅的な場合

良好な関係を築くためには、お互いが時間や愛情、つながる気持ち、正直な心、創造性、エネルギーを注がなければなりません。一方的な関係は短期間ならなんとかなりますが、やがて無感動や欲求不満、孤独感、苦しみを生むことになるでしょう。健全な関係を築くためには、コミュニケーションが欠かせません。

二人がそれぞれ異なる趣味や関心を持っていたとしても、互いに違いを認めて尊重する気持ちがあれば、円満な関係を続けることができます。それでも、互いを理解し育むための手段は見つけておかなければなりません。

もしあなたのパートナーが虐待的であなたを自分の思い通りにしたがり、どれだけ話し合って感謝や思いやりを示しても乱暴な言動を変えないのなら、価値あるあなたの人生を考えて、別れることが最良の解決法なのかどうかを熟考してみる必要があります。そして別れることに決めたのなら、その関係から何を学ぶべきだったのかを理解するために自分と向き合いましょう。そうすることで、同じことを繰り返さずに済むのです。

❖【事例／ヘレンの場合】被害者という立場から、パワーあふれる勇敢な女性へと生まれ変わる

ヘレンは、破綻しそうな結婚生活をどうか助けて欲しいと必死な様子でメールを送ってきました。彼女はヨーロッパ在住のため、私は遠隔ヒーリングを行うことにしました。スカイプで話を聞くと、夫が離婚を考えているとのことで、ヘレンは「離婚などとんでもない」と取り乱していました。

ヘレンと夫のトレヴァーは結婚して二十年以上になり、二人には十八歳の息子がいます。トレヴァーは著名人で、いつも家を空けていました。結婚して一年ほど経った頃、ヘレンはトレヴァーのジャケットにラブレターを見つけます。問い詰めるヘレンをトレヴァーは歯牙にもかけませんでした。

そこでヘレンは、拒絶され裏切られたと感じました。体が激しく拒否反応を示し、全身に湿疹が出ました。トレヴァーはそれに気づいてもくれません。それ以来、ヘレンはトレヴァーとのセックスにも我慢して応じるようになり、そんな彼女を彼は醜い役立たずだとこき下ろしました。頼れる

身内もいなかったヘレンは、ただ虐待されるがままでした。妊娠がわかるとトレヴァーは彼女に堕ろすように言いましたが、ヘレンは断固として反対しました。子どもが生まれたら愛を取り戻せるかもしれないと思ったからです。

子どもが生まれると、トレヴァーは態度を和らげました。彼は息子がいるのも悪くないと思ったようですが、世話はヘレンに任せきりでした。そしてある日のこと、公園で息子を遊ばせていたヘレンはジェロームという男性に出会います。夫と同じくジェロームも気難しい男でしたが、彼女の話に耳を傾け、温かい愛情を示してくれました。ヘレンとジェロームの不倫は六年間続きます。それでも、ヘレンは経済的にトレヴァーを頼っていたため、夫のもとを去ることは考えられませんでした。ヘレンは孤独もひどく恐れていたのです。浮気していることを夫には決して話しませんでしたが、それがばれるのを恐れながら暮らしているうちに、ヘレンは深刻な卵巣疾患と不安症を発症します。体が悲鳴をあげていました。さらに慢性疲労症候群を発症し、神経もやられ、食べた物を消化することもできなくなっていました。

私が夫と真剣な話し合いをしたことがあるのか尋ねると、「まともに会話したことはありません。一度ちゃんと話し合おうとしましたが、不愉快な結果に終わって後味の悪い思いをしました」とヘレンは答えました。

私はヘレンが罪悪感や恐れ、怒り、屈辱感、羞恥心を解き放って内面の強さと勇気に再びつながることができるよう手伝いました。チューニングするたびに、私はヘレンがその創造性を発揮して社会に大きく貢献できるのではないかと強く感じました。そこで彼女に、芸術を通して自己表現すること、自然の中で時間を過ごすことを勧めました。

ヘレンは即座に物事を決められそうにはありませんでした。彼女はまず自己肯定感を高めて、自分は独り立ちできるのだという考えに慣れる必要があったのです。そして、少しずつですがヘレンは自己認識を変えていきました。自然の中で時間を過ごし始め、物を書いたり絵を描いたりするようにもなりました。やがてその作品が世に出るようになり、ヘレンは小さな集会に講演者として招待されるようになります。自信が深まるにつれ、ヘレンは髪型を変えたり自分に似合う服を買ったり、興味を引かれるイベントにも進んで参加するようになりました。たまに孤独を感じることもありましたが、たいていは強い気持ちを保つことができました。被害者という立場からパワーあふれる勇敢な女性へと前向きにステップを踏むことを決めた自分に、自信が湧いてきたのです。

「あなたが自分を扱うやり方で人はあなたを扱うのですよ」と私が伝えると、ヘレンはその考え方に大きく心を動かされ、自分に対してさらに愛と思いやりを持って穏やかに接するようになりました。トレヴァーにそうして欲しいと思ったからです。

最初はヘレンの変化に戸惑いを見せたものの、トレヴァーはやがてヘレンを違う目で見るようになりました。新たな尊重の思いが芽生え、これまでにない関心を払うようになったのです。しかも、ちょっとした贈り物を持って帰ってきたり、ロマンティックなディナーを手配してくれるだけでなく、彼女の話に真剣に耳を傾けるようにもなりました。それは、実に結婚して初めてのことでした。さらにトレヴァーは、自分が自己啓発のプログラムに参加することにさえ同意しました。そしてセミナーを受けた彼は、いかに自分が心を閉ざしてきたか、ヘレンにひどい仕打ちをしてきたかということに気づいたのです。

ヘレンとトレヴァーはこれまでのことを許し合い、互いを理解したいと思うようになりました。二人はまた、結婚生活を立て直すことに集中するうちに、自分たちの影の側面にも向き合おうという気持ちにもなっていきました。対等なパートナーとして関係を築き、人生を共に歩みながらそれぞれが探求したいことを探求する自由を認め合うことにしたのです。

まだ困ることもあるけれど、トレヴァーとの人生に感謝しているし、自分たちの成長を誇りに思うとヘレンは言っています。

ヘレンとトレヴァーは関係を見直して虐待を許すことができましたが、関係によっては――特に身体的な暴力があるときは――相手のもとを去ることが最も安全で健全な選択だということもあります。もしあなたが危険に直面しているのなら、必ず助けを求めてください。

＊＊＊

【人間関係に調和を生み出すプロセス】

人間関係を改善するための効果的なプロセスを三つご紹介します。特に「コードを浄化するプロセス」には強力なパワーがあるので、パートナーとの間にあるエネルギーはもちろんのこと、ほかの身近な人たちとの間にあるエネルギーを浄化するためにも繰り返し行うことをお勧めします。

❖新しい視点でとらえる

パートナーとの関係を改善したければ、立場が入れ替わった自分を想像し、相手の視点で状況を見てみましょう。どのように見えますか？　その状況を理解して思いやることができますか？　相手の視点で語るなら、その状況をどのように語るでしょう？　パートナーに対する思い込みを手放して、相手を新たな視点で見てください。対話することを恐れず、相手が考えていることや感じていることを聞いてみましょう。「聞かなくてもわかる」などと思わずに、相手がどのように愛して欲しいと思っているのか確かめてください。

❖意図を定める

次のように唱えましょう。「神聖なる癒しの叡知よ、○○（パートナー、あるいは関係を改善したい相手の名前を入れて、その人の腹が立つ言動を挙げましょう。たとえば「○○さんの無神経な発言」など）に対して私が抱えているあらゆる怒り、独善的な態度、憤り、狭量な考え方、△△（そのほか抱えている感情を入れてください）を手放せるよう助けてください。気持ちを新たにして、○○さんのポジティブな面を発見したいと思います。

この関係に調和、理解、思いやり、愛を見いだして実感できるよう導いてください。二人の間にある行き違いを解決し、互いの話に耳を傾けて支え合うことができるよう助けてください。私のパートナーが備えているポジティブな資質をすべて受け入れ、感謝します。ありがとうございます」

心が軽くなるまで、「クリア」という言葉を繰り返しましょう。

❖コードを浄化する

相手とつながっているコードや結びつきを断ち切るよう教わってきた人があまりに多いのですが、私はそれが健全な方法だとは考えていません。そもそもエネルギーを切ったりすることはできないからです。そして、「コードを断ち切ろう」という意図を持つだけでも、誕生の際に母親との間にあるコード（へその緒）が切られたときのトラウマを呼び起こしてしまう場合があるからです。経験上、厄介な関係を変容させる一番穏やかで優しい方法は、コードからネガティブなものを解き放って、色彩や意図を介して健全でポジティブなエネルギーを注ぐことだと私は考えています。ワークショップでは厄介な関係を変容させるためのとても強力で効果的なプロセスを教えていますが、ここではそれを簡略化したものをご紹介します。お互いに誤解が生じていると感じるとき、あるいはお互いに苛立ったり怒ったりしているときに、ぜひパートナーと一緒に行ってください。

まず、あなたの太陽神経叢とパートナーの太陽神経叢の間につながっているエネルギーのコードを思い描きましょう。チューニングできるとしたら、そのコードはどのように見えると思いますか？　太くて重苦しく、ねじれたようなコードでしょうか？　それとも明るく澄んだ細いコードでしょうか？　コードにエネルギーが流れているとしたら、それはポジティブなエネルギーでしょうか、ネガティブで重苦しいエネルギーでしょうか？

不健全なエネルギーに感じるなら、まず強烈な金色の光線があなたの太陽神経叢に流れてきてそれがコードに伝わるところを想像し、その光線に、あなたとパートナーのちょうど真ん中あたりまでのコード内のよどみをすべて浄化してもらいましょう。次に、コードの真ん中が開いて、あなたが抱えていたネガティブなエネルギーがそこからすべて放出され、すみれ色の炎の中へと消えていくところを想像してください。続いて、金色の光線がパートナーの太陽神経叢へと流れていき、相手があなたに対して抱えているよどんだ気持ちや傷ついた心、怒り、不満などをすべて浄化していくところを視覚化します。この金色の光線は、よどんだエネルギーを根こそぎコードの真ん中へと運んでいきます。あらゆるネガティブなものがすみれ色の炎の中へと消えていき、やがて炎も燃えつきます。すみれ色は、よどんだネガティブなエネルギーを変容させるのに打ってつけの色です。

続いて、集中して愛と平穏と思いやりをコードに送り、あなたとパートナーの間を循環する金色の光線とコードが一体化していくところを観察しましょう。コードの色は変わることがあります。癒し、特にハートの問題に関する癒しが流れているとき、コードは緑に変わります。また、愛と思いやりが流れているとき、コードはピンクに変化します。精神的な絆が深まるときは、コードは紫に変わるでしょう。

コードを浄化したら、パートナーが備えているポジティブな資質すべてに意識を向けてください。相手の欠点ではなく才能や潜在力に注目しましょう。相手が困難に直面している分野で、彼（彼女）が成功するところを想像してください。次のように自分に聞いてみてもいいでしょう。「今日この人は、私が認めて感謝できる、どんなポジティブなことをしてくれただろう？」。その言動を書き出す、あるいは心の中で反芻してください。そして、相手にそれを伝えましょう。パートナーが嬉しそうに反応するところを視覚化してください。

15. 妊娠に備えて体の準備をする方法

Q

子どもを授かりたいと思っています。妊娠に備えて体の準備をする方法があると聞いたのですが、今できることを教えてください。また、赤ちゃんが生まれる前にその魂と対話する方法についても知りたいです。自然分娩を望んでいます。アドバイスをお願いします。

あなたとパートナーが子どもを持ちたいと思っている場合、あるいはすでに妊娠中の場合は、本章が役立つでしょう。赤ちゃんとつながり、過去の問題を解決し、自然分娩について詳しく調べる際の参考にしてください。まだ妊娠していない場合、あるいは子どもを持つ予定がない場合でも、本章を読んでいただければ、あなた自身の誕生について理解を深め、あなたが持つ根深い信念が本当にあなたのものなのか、それとも両親から学んだものなのか、より深いレベルで自覚することができるかもしれません。自分が他者の苦しみや信念を抱え込んでいることに気づくことは、自分を解放して前進するきっかけとなります。それは自分の何らかの体験を両親のせいだと責任転嫁するためではなく、自分が自由になるためだということを心に留めておいてください。

時間をかけて準備する

子どもを持つと決めることはとても重要な決断であり、精神面、感情面、エネルギー面、身体面において準備を整えることが大切です。精神面においては、パートナーと健全な関係を築き、対話する時間を作ることがとても重要な鍵となります。女性はパートナーとの関係に未解決の問題があると妊娠が難しくなることがありますが、それは潜在意識下で子どもを育てる安全な環境が整っていないと感じているからです。過去の関係から苦しみを引きずっている場合もあります。

感情面においては、妊娠する前に自分の内面と向き合い、幼少時代や過去のつらい関係に取り組んでおくことが非常に大切です。情緒を安定させて気持ちを穏やかにするために、両親や過去のパートナーを許す必要が出てくるかもしれません。

一人で赤ちゃんを育てるつもりなら、家族や友人から十分なサポートを得られるよう手はずを整えておきましょう。同じ立場の人から話を聞いて、自分一人で子どもを育てるために必要なことを事前に理解しておくことも大切です。

❖【事例／アレクシアの場合】妊娠困難症

アレクシアは、なかなか妊娠できないという相談でやってきました。卵巣嚢胞が多数見つかり、医師からは妊娠できる可能性が低いと告げられていました。アレクシアは平常心を失っていました。

というのも、彼女は三十代半ばで、家庭を築いて生涯を共にしたいと思える男性とやっと出会ったばかりだったからです。

彼女は心の奥底では妊娠できると感じていました。私がチューニングしてみると、アレクシアのオーラの中に小さな女の子が見えました。ただ、その子の魂から受けとったのは、アレクシアが過去の関係から引きずっている痛みを手放さなければならないというメッセージでした。アレクシアはその数年前、ある男性と婚約していたのです。二人は家庭を築いて添い遂げようと話していたにもかかわらず、結婚式の数日前に喧嘩をし、婚約者が結婚を取りやめてしまいました。

アレクシアは深く傷つきました。描いていた夢がすべて消え失せてしまったかのように思えたのです。彼女は引きこもり、落ち込みました。その後まもなく卵巣嚢胞が見つかります。私はそれまでにも卵巣嚢胞が見つかった方々から何度も相談を受けたことがあったため、それが実現しなかった夢や断ち切れない後悔、失望、失敗、傷つくことへの恐れなどに関係していることがわかっていました。前著『体が伝える秘密の言葉』から卵巣嚢胞とそれに関連する感情を読んで聞かせると、そのほとんどに心当たりがあるとアレクシアは言いました。

私が取り組んだのは、アレクシアが前の婚約者との婚約破棄から受けた失望と再び男性を信頼することへの恐れを手放すことでした。さらに彼女は見捨てられることへの不安も抱えていたのですが、それは若くして母親を亡くしたことに起因していました。

そこで私は、「体が伝える秘密の言葉」のワークショップに参加するよう勧めました。このワークショップでは体と対話して体を癒す方法を学べるからです。

アレクシアは食生活を見直し、運動を始め、サプリメントを摂るようになりました。瞑想の時間を作り、体とつながってその声に耳を傾け、感情に取り組むようにもなりました。また、アレクシアが今のパートナーに心配事を打ち明けたところ、彼はとても親身になって話を聞き、自分たちの関係を真剣に考えていること、父親になりたいと思っていることを話してくれました。

私はそのほかに、鍼療法も勧めてみました。有資格のプラクティショナーなら、妊娠や出産を考えている女性の力にもなってくれます。私自身も娘を妊娠しているときに鍼療法で助けてもらったため、強くお勧めできる方法だと思っています。もちろん、腕利きのプラクティショナーを見つけて相談することが大切です。

アレクシアは、赤ちゃんのために体の準備を始めてから数ヶ月で妊娠しました。妊娠中、彼女は自分の力強さを感じ、やがて健康な女の子を生みました。

望ましい環境を作り出す

妊娠中の母親の感情は胎児に大きな影響を与え、その子の生き方にも影響力を持ちます。妊娠中と出産時は穏やかな精神状態を心がけ、気持ちを整えるようにしましょう。妊娠中に心を乱すようなことや身体的な問題が生じた場合は、迅速かつ穏やかに対処することで、赤ちゃんにネガティブな影響を与えずに済みます。妊娠中はできるだけポジティブな、愛と慈しみの感情にフォーカスするようにし、それを赤ちゃんに向けるのが理想的です。

心が洗われるような音楽をかけて、お腹を撫でながら愛にあふれた思いやイメージを送ることは、赤ちゃんとの絆を育むのに効果的です。赤ちゃんも、安心感をおぼえるはずです。パートナーがいる場合は、赤ちゃんに歌いかけたり話しかけたり、愛のエネルギーを送ってもらいましょう。

❖【事例／ティムの場合】母親の不安

ティムは、自分の不安症にどう対処していいのかわからないという理由で私のワークショップに参加しました。体と対話するエクササイズを行ったところ、彼は自分が胎児の頃に母親が抱えていた不安を受け継いでいたことに気づきました。

ヒーリング・プロセス中、母親の不安は母親のものであって自分のものではないということをティムは理解しました。そして、妊娠中の母に与えていた痛みや違和感を自分のせいにして無意識に自分を罰していたことも自覚しました。ティムの母親は妊娠中に家計のことで夫と揉め、暮らしを立てることに苦労していましたが、実際にティムも、常に経済的な問題を抱えていました。

このワークショップでティムは、胎内にいた頃から抱えていた潜在意識下の罪悪感を手放し、母親の不安にしがみついていた自分からも自由になれました。驚いたことに、プロセスを行ったあとティムの不安症は消えてしまいました。数ヶ月後に再会したティムは、自信にあふれて心穏やかな様子でした。彼は生まれ変わったような気分だと言い、仕事でも昇進したと報告してくれました。

赤ちゃんの魂とつながる

多くの女性が、妊娠する前に赤ちゃんの魂を感じることができると語ります。夢で赤ちゃんに会う人もいます。周囲に赤ちゃんのエネルギーを感じる人もいるようです。赤ちゃんの霊魂を実際に目にして対話することができるという人も、たまにいます。

私は娘のアンジェリーナを妊娠する前、「もうすぐ娘を授かる」というイメージとヴィジョンを受けとりました。妊娠がわかったとき、二人目を産むのは少し早いのではないかと心配になったのですが、それは私がまだ二十三歳で、すでに長男のラファエルがいたからです。息子は当時二歳でした。どうすべきか瞑想していると、かわいらしい女の赤ちゃんが見えました。彼女は私を母親に選んだこと、私の娘になるのが待ち遠しいということを伝えてきました。そのことがあってから、私は娘を産むという決断に迷いがなくなりました。

アンジェリーナが四歳になった頃、「最近ずっとお祈りしてるのよ」と言ってきました。どうしてか尋ねると、「きれいなママをくれてありがとうって神様にお礼を言ってるの」と答えてくれました。私は感動し、こんなに愛らしくてお利口な娘を授かったことにつくづく感謝しました。

チャクラに取り組む

エネルギー面の準備として、私はクライアントにはチャクラに働きかけることをお勧めしています。妊娠に備えて体の準備をしているときは、特に第一チャクラ、第二チャクラ、第三チャクラに働きかけるのが効果的です。体を温めるには赤、オレンジ、黄色が最適で、これらの色は赤ちゃんにとって理想的な環境を整えるのにも役立ちます。この三色は第一、第二、第三チャクラに対応する色でもあります。

❖第一チャクラ（ルートチャクラ）

第一チャクラは、あなたの同族の信念やパターンすべてを司ります。サポート、忠誠心、安全性、ワンネスの感覚と関係するチャクラです。生存に関する不安、喪失や見捨てられること、恥、裏切りに対する恐れが内在するチャクラでもあります。このチャクラにつながると、幼少時代に受け継いだもはや筋が通らない信念について見直してみようという気になるかもしれません。家族の誰かに関して、未解決の問題を抱えていませんか？　その関係を癒そうと思っていますか？　見捨てられることへの不安をずっと手放せずにいませんか？　拒絶されるのが恐くて、先に誰かを遠ざけたり拒絶したりしていませんか？　これらの質問に答えながら、こうした信念が本当にあなたの役に立っているのか、それとも手放す時期がきているのか、じっくりと考えてみましょう。

❖第二チャクラ（仙骨のチャクラ）

第二チャクラは、あなたの主要な人間関係を司っています。外界における成功、選択、誠実さ、創造性、交流、セクシュアリティと関係するチャクラです。このチャクラには、生存、欠乏、失敗、コントロール、拒絶、孤独に対する恐れが内在しています。また、このチャクラは人間関係において自分がどのような役割を担っているのか考察するチャクラでもあります。あなたは自分のパワーを感じていますか？　それとも被害者のような気分でいるでしょうか？　お金に関して、子どものような無力感をおぼえますか？　それとも経済的にうまく立ち回る自信がありますか？　自分が本当にしたいことや好きなことではなく、収入が良いからという理由で選択することがありますか？　あるとしたら、どのくらいの頻度でお金を目的に物事を決めているでしょうか？　自分の創造性を発揮しようとしていますか？　自分の体や官能性についてどう感じていますか？　答えを考えながら、自分がポジティブな行動を起こして人生の責任を引き受けようとしているかどうか自問してください。

❖第三チャクラ（太陽神経叢のチャクラ）

第三チャクラは、あなた個人のパワーと自尊心につながっています。自信、敬意、自制心、勇気、行動に関係するチャクラです。このチャクラには、愚かだと思われること、失敗すること、魅力がないと思われること、批判されること、力不足を感じること、老いることに対する恐れが内在しています。このチャクラにつながって、自己に関する感情を探求してみましょう。自分の好きなところはどこですか？　自分のどういった面を否定していますか？　人の機嫌を取ったり人に好かれたりすることは、あなたにとってどれほど大切ですか？　人からの評価をどれだけ重要視していますか？　内なる知恵に耳を傾け、必要な変化を起こす勇気がありますか？　どのようなときに自分は幸せだと気づきますか？

親になると、子どもの人生に関する重要な決断をくだす機会が頻繁に訪れます。子どものお手本となるために、あなたは勇気と知恵を持って自分自身の人生を探求し、癒しの力、変容する力、指導力を示さなければなりません。

❖【事例／ナターシャの場合】喪失感と向き合う

ナターシャは、統合医療に従事する夫のサイモンと一緒にワークショップへやってきました。妊娠八ヶ月のナターシャは、出産が不安でおびえていました。妊娠前に彼女は深刻な腎感染症を患い、およそ一年ほどの闘病生活によって免疫系がすっかり弱っていました。そこで彼女は、体が伝えようとしているメッセージを出産前にちゃんと理解しておこうと考えたのです。

私は、腎臓が抱えている感情の中には古くからの悲しみ、後悔、罪悪感、非難の思い、苦悩、信頼の欠如、疲労感、恐れがあるということを伝えました。私は直観的に、ナターシャの腎臓疾患は母親になることへの決意と関係していると感じました。

ナターシャの母親は彼女が二十歳のときに突然亡くなったそうですが、その死がショックでストレスを抱えたナターシャは、嘆き悲しむ代わりにその苦しみを押し殺して勉強に打ち込みました。

そして十年後、三十歳になったナターシャは母親になりたいと考えるようになりました。

ナターシャが押し殺していた未解決の痛みと悲しみは、腎感染症となって現れました。感染症自体はもう治っていましたが、まだ腎臓のあたりに違和感をおぼえていた彼女はそれを完治させたいと思ったのです。私の説明を聞いたナターシャは納得し、母親との終業式を行うことにしました。

まずは悲嘆を抱え込んでいる体の部位に手をあてて、ゆっくりと深呼吸してもらいました。そして、悲しい気持ちを解き放つと赤ちゃんにも平穏が訪れ、居心地良く感じてもらえるということを伝えました。ナターシャは太陽神経叢に手をあてて目を閉じ、母親を思い出しながらその姿を視覚化して、彼女が亡くなったことで自分がどれだけ苦しんだかを母親に話しました。母親から返事を受けとるところも想像しました。自分が母親になること、そして出産時に彼女がそばにいないのが残念だということも伝えました。最後にナターシャは、自分の出産を祝福して、陣痛に苦しんでいるときはサポートして欲しいと母親の魂に頼みました。

このプロセスを終えたナターシャは、疲れ果てながらも心が洗われた様子でした。腎臓に抱えていた違和感もすっかり消えています。私はナターシャに、母親はいつもそばで愛を注いでくれているということを忘れずに、特別なサポートが欲しいときはいつでも彼女と対話するよう勧めました。また、女性のためのサポートや母親のように教えてくれる人は必ず得られるということも忘れないで欲しいと伝えました。

陣痛が起こったとき、ナターシャは実際に力強いパワーとサポートを感じたそうです。自然分娩で誕生したのは、とてもかわいらしい男の子でした。

自然分娩

自然分娩は、この世に赤ちゃんを迎える方法としてとてもパワフルなものとなりえます。自然な形で出産すると合併症が起こる可能性も低くなり、たいていの場合は穏やかでストレスも少なく、わずらわしい思いもしなくて済みます。

出産経験が満足いくものになるかどうかは、分娩時にどれだけ落ち着いて自制できるかということに強く関わってきます。自然分娩の鍵は、出産準備にあるのです。

自然分娩のための出産準備クラスでは、呼吸や温熱、マッサージ、温水などを活用して陣痛を和らげる方法を教わります。心の準備をすることも大切で、リラクゼーション、視覚化、アファメーションなどのテクニックを妊娠中や出産時、育児に活かすことも推奨されています。妊娠から育児までのサポートとして、催眠法やカラー・ヒーリング、アロマテラピーなどを利用する人もいるでしょう。

分娩時にエネルギーを維持するために、音楽や発声法、動きを取り入れてリズムを刻む方法も推奨されています。鍼療法も非常にお勧めで、エネルギーを増進させて分娩を迅速化し、陣痛を最小限にするのに役立ちます。分娩の際は、抵抗するのではなく身を任せて、それを迎え入れる気持ちで行うことが大切です。たとえ難産で医療介入が必要になったとしても、母親がリラックスして心の準備ができているほど、分娩もうまく進むでしょう。

準備の一環として、出産プランを立ててください。それによって、出産の様々な側面を理解し、今後起こりうることを明確にしておけます。プランを立てるときは、各事柄についての選択肢を挙げましょう。たとえば陣痛・分娩時に希望するサポート、陣痛緩和の手段、分娩時の体勢、出産後のケアなど、決めておくべき事柄はたくさんあります。

水中出産は赤ちゃんにとって非常に穏やかな誕生となります。羊水から水中への移動になるため、いきなり冷たい空気に触れるというショックがありません。母親もリラックスして出産に臨むことができ、体重の負荷がないことと温かさによって痛みも軽減されます。

研究者によると、自然分娩で出産した人が産後うつになる可能性はかなり低くなるとのことです。妊娠前・妊娠中に必要なことをちゃんと調べておいて、この世に新たな生命を迎える経験をできる限り最高のものにしましょう。もちろん、何よりも重要なのは母子の健康ですから、医療介入が必要な場合は必ず医療を頼ってください。

＊＊＊

【出産準備のためのプロセス】

ここでご紹介するのは、出産準備のための三つの強力なプロセスです。特に二つ目と三つ目は、妊娠するまで毎日行うことをお勧めします。

❖自問する

妊娠に向けて心の準備をするために、次のような質問をしてみましょう。「自分には子どもを迎える準備ができているだろうか?」「感情面や経済面で必要なサポートを受けられるだろうか?」「赤ちゃんを迎える前に解決すべき問題や癒すべき問題はないだろうか?」「自分は健康体だろうか、それとも治しておきたい症状があるだろうか?」「体のバランスを整えて体力を強化するためのサプリメントは必要だろうか?」

❖赤ちゃんとつながるための瞑想

赤ちゃんを迎える準備ができたと感じたら、赤ちゃんの魂を呼び寄せるための簡単な瞑想を行いましょう。まず、居心地の良い姿勢で横たわるか腰かけるかしてください。目を閉じて、ゆっくりと深呼吸しながら体の力を抜いてリラックスします。体が柔らかくなり、リラックスすればするほど、瞑想状態に入りやすくなります。では、目の前に美しい黄色の炎を想像してください。炎が燃えさかり、暖まってきます。

次のように唱えましょう。「神聖なる叡知よ、私は母親(父親)になる準備ができました。どうか私の赤ちゃんの魂とつながることができるよう力を貸してください」

何度かゆっくりと深呼吸して、赤ちゃんとのつながりを感じてみます。

では、赤ちゃんの姿を見せて欲しいと頼んでみましょう。あるいはその存在をただ感じたいと願ってもかまいません。あなたの赤ちゃんを、美しいピンクの光で包み込みましょう。ハートに手を置いて、温もりを感じてください。そして、愛と優しさとサポートがハートから流れ出て赤ちゃんの魂とつながるのを許可しましょう。あなたがどれだけ赤ちゃんを迎えたいと思っているのか、その魂に知らせてあげてください。

❖赤ちゃんを人生に招く

次のように唱えましょう。「あなたを私の人生に招きます。私はあなたを愛し、世話をし、その成長と拡大のサポートをしたいと思っています。あなたが私の人生に登場することがお互いの最高の目的にかなうなら、どうか最適なタイミングで迷うことなく恩寵とともに来てください。私とつながってくれてありがとう（もし付け足したいことがあるのなら、自由に唱えてください）」

心が軽くなるまで、「許可します」という言葉を繰り返しましょう。

妊娠したら、自由に赤ちゃんと対話しましょう。優しい音楽をかけながら歌いかけたり、穏やかなヒーリング・エクササイズを行ってみてください。

＊＊＊

【妊娠が困難な方のための毎日のプロセス】

三十秒間、両手をこすり合わせます。両手の間にオレンジの光のボールを視覚化しましょう。できるだけ強く温かい光を思い描きます。ゆっくりと深呼吸しながら、両手を子宮がある下腹部にあててください。

深く息を吸い込んで、ゆっくりと吐き出します。オレンジのボールが子宮内を駆け巡るところを想像し、あらゆるよどみや行き詰まり、ネガティブなものを子宮と卵巣とその関連器官から解消するところをイメージしてください。子宮が赤ちゃんを育むための最高の環境を整えるよう願いましょう。続いて柔らかなピンクの光が子宮を駆け巡るところを視覚化し、愛と慈しみの波動を子宮に届けます。健康な赤ちゃんがあなたの中ですくすくと成長し、幸福感と喜びに包まれて安心している様子を想像してください。

さらに何度か深呼吸しながら両手をリラックスさせ、ゆっくりと目を開けます。自分の体に敬意を払い、自分に優しくすることに意識を向けましょう。

16・健やかで自信にあふれた子どもを育てる方法

Q
私には幼い子どもたちがいるのですが、彼らが自信を持つために親が手助けできること、そして彼らの癒しをサポートする方法があれば教えてください。

子どもが生まれたら、健康で幸福で自信のある子に育てるのがあなたの仕事になります。子どもの自信を育むためには、教育と時間と愛情が大きな鍵となってきます。子どもの疎外感や不安、不眠、そのほか多岐にわたる健康上の問題などに対処するためのサポート手段として、私はカラー・ヒーリングや想像力、視覚化といったツールの活用をお勧めしています。

子どもに健康的な習慣を身につけさせる

初期の段階で健康的な食習慣を身につけられるよう子育てすることが、とても大切です。子どもの肥満は健康障害、自信の欠如、いじめなどにつながりうる深刻な問題です。時間をとって、栄養のある食事について教えましょう。一緒に買い出しをして親子で調理したり、バランスのとれた食事がどういうものか教えるのもいいかもしれません。楽しみながら健康的な食事をするために、多種多様な色彩を添えるのも一案です。まだ幼い子どもなら、毎回の食事でどれだけの色を食べることができるかゲームにしてもいいでしょう。食べたり飲んだりしながら、個々の色がどのような性質を持っているのか簡単に説明してあげると、食べることによって健康を増進し強くなっているのだという自信がつきます。食事もバラエティに富むことになりますし、子どもたちも初めての食べ物に挑戦してみようという気になるでしょう。

触れ合いと絆

子どもは、両親と一緒の時間を過ごしたい、自分に関心を向けて欲しいと思っています。彼らは愛されていると感じ、たくさんの関心を得ることによって、幸福で健やかな気持ちになるものなのです。数多くの調査研究が示すところによると、触れ合いのない赤ちゃんは免疫系が弱るとのことです。また、情緒面で深刻な問題が生じたり、暴力的な行動に及ぶようになったり、発達が遅れたり、病気に罹《かか》りやすくなるといったこともあるようです。

大人は時間をとって、子どもが創造力を発揮し、責任感があって気配りのできる優しい子に育つよう励まし後押ししてあげなければなりません。自分が考える「子ども像」を押しつけるのではなく、子どもが空想したり遊んだり探求したりできる時間とスペースを与えてあげましょう。

子どもが病気になる理由を理解する

子どもが病気になる理由は簡単に説明できるものではありません。確かに人というのは共通点もたくさんありますが、一人ひとりがユニークな存在であるため、自分の体に特定の症状が生じるのはなぜなのか、独自の要因をそれぞれが見つけなければなりません。私は長年にわたって、体の知恵とつながりその声に耳を傾ける方法を指導してきました。その経験を通じて私が学んだのは、妊娠中の母親の状態と自己価値観、そしてパートナーや家族、経済状況などに対する感情が、子どもに大きな影響を与えるということです。だからと言って、子どもが直面する困難を母親や父親のせいにしていいというわけではありません。しかしながら、親がまず自分自身の体に思いやりと理解を示して、何がストレスや悪化の原因になっているのかを考えることはとても重要です。

魂の視点で見てみると、魂が特定の体を選ぶのにはそれぞれ特有の理由があるということがわかります。その体を介して、あるカルマ的な状況を解決する必要がある場合もあります。あるいは、何かを学んだり教えたりする必要があるからかもしれません。親と赤ちゃんが契約を交わしていて、その契約は病気を通してしか履行できないという可能性もあります。

❖【事例／リリーの場合】過去に関する洞察を得るための病気

世界中を旅していると、病気の子どもを持つ人たちにもたくさん出会います。私はいつも思いやりを持ってそうした親たちと接し、その子どもが快方に向かうよう手助けをし、サポートを申し出ることを心がけています。

海外で知り合ったリリーという女性には、もう何年も白血病と闘っている息子がいました。私はこれまで多くの白血病患者に出会ってきたため、この血液疾患が家族や血縁の問題と大いに関係していることを理解していました。

私の職業を知ったリリーは、息子が白血病を発症した理由についてどのように考えられるのか教えて欲しいと言いました。そこでリリーにチューニングしてみると、二年前に亡くなった父親に関して未解決の大きな苦しみを感じていることがわかりました。家庭内で虐待があったようです。リリーはそれを認め、近親相姦があったこと、未解決のトラウマや痛みが残っていることを話してくれました。リリーは息子を妊娠中極度のストレスに苛まれていたようで、訴訟問題や病気、怒り、欺まん、恨みの感情などを抱えていました。ちょうどその頃父親が重病に陥ったため、自分が抱えていた苦しみについて彼と話し合うことはできなかったそうです。ストレスが重なり、リリーは線維筋痛と慢性疲労症候群を発症しました。

私が得た洞察を伝えると、リリーは安心したと答えました。そして、彼女が対応できなかった家族の問題を息子が解決しようとしていたと理解したリリーは、自分を責めるのではなくライフスタイルを変えて過去を癒そうと決意しました。すると彼女自身の健康状態も改善し、息子も自然療法や逆症療法の助けを借りて少しずつ快復していきました。

子どもは癒しと自然に向き合える

子どもが自信をつけ、本来の癒しの能力を見いだすためにできるサポートは、多種多様にあります。まずはできるだけ早い時期に、子どもが高い自己価値を持てるよう導いてください。研究者によると、最初の七、八年がその後の人生がどう進んでいくかを左右する重要な鍵となるそうです。幼少時代の経験は、身体能力、社交性、精神力、知性を養う上で大きな役割を果たします。発達神経学の専門家によれば、子ども時代が幸福であればあるほど神経回路が発達し、脳内の情報伝達能力、処理能力も劇的に高まるそうです。

子どもにセルフ・ヒーリングのテクニックを教える前に、まず子どもの信頼を得て、プロセスを楽しめるよう工夫してみましょう。

カラー・ヒーリングと創造的な視覚化

もともと子どもはヒーリングや創造的な視覚化に対して抵抗がありません。子どもはいつも、創造性やイマジネーションを発揮し、ゲームや物語を考え出したり、楽しみを見つけたりしています。子ども特有の問題に彼らが対処できるようサポートする方法はいくつかありますが、その中でもとりわけシンプルな方法の一つに、カラー・ヒーリングがあります。カラー・ヒーリングをしてあげると、子どもは愛されていると感じたり、緊張をほぐしたり、安心感をおぼえたりします。また、穏やかさや自尊心を身につけたり、記憶力を向上させたり、創造的な思考力を伸ばす助けにもなり、不眠解消のほか様々な健康問題の癒しにも役立ちます。

本書でご紹介している知識を活かして、ぜひヒーリング・プロセスの効果を高めてください。また、前著『体が伝える秘密の言葉』では色が持つヒーリング効果について一章を設けており、『カラー・カード』では四十五色が持つポジティブな性質や各色を用いた短いヒーリング・プロセスも紹介していますので、こちらも活用してみてください。

身体的症状を癒すのに色彩を用いることをご提案してきましたが、カラー・ヒーリングの知識はどうぞ賢く使ってください。医療や代替療法と合わせて活用できますので、状況に応じて両者を取り入れ、子どもにとって最良の方法で癒しが得られるようにしてください。統合医療に従事する医師なら、医療の出番を的確に判断し、ほかの療法も試してみる価値がある場合には良きアドバイスをしてくれるでしょう。

❖【事例／アリスの場合】カラー・ヒーリングで発熱に対処する

アリスは、娘の高熱が下がらないと言って電話をかけてきました。熱は免疫系が病原体を除去するのに役立つことがあると聞いていたアリスは、解熱剤を使いたくないのだと言います。彼女は娘が自然に快方に向かう手助けをしたかったのです。熱を下げるのに最適な色は青なので、私は娘さんに青い光の泡が頭と体を巡るところを視覚化してもらうようアドバイスしました。そしてアリス本人にも、両手をこすり合わせてその間に大きな青いエネルギーのボールを視覚化して、熱が下がるよう意図しながら娘さんの体の上で両手を動かしてみるよう伝えました。その間、娘さんにはゆっくりと深呼吸してもらいます。

言われた通りにしたアリスは一時間後に電話をしてきて、娘さんの具合がずいぶん良くなり、熱も下がったことを報告してくれました。

❖【事例／ラファエルとアンジェリーナの場合】カラー・ヒーリング瞑想

息子のラファエルが六歳、娘のアンジェリーナが三歳半になった頃、私は二人にカラー・ヒーリングと瞑想を教え始めました。毎晩ベッドに入る前に好きな色を一つ決めてもらい、その色が持つ多様な性質を教えてから、目を閉じてその色に囲まれている自分を想像させるのです。ときには瞑想をしたり、特定の色を使って魔法の力を発揮する主人公が出てくる物語を考えたりもしました。

二人がなかなか寝つかない夜などは、青色がいかに安らぎやくつろぎを与えてくれるかを話しました。興奮しているときは、緑が落ち着きを取り戻すのに役立つパワフルな色だと教えました。緑は、痛みがあるときに癒しを起こす色でもあります。私たち親子は、青い雲の上に浮かんでいるところを視覚化し、緑の小人たちがあちこち飛び交いながら私たちに緑の癒しの光線を送ってくれるところを想像しました。ほかにも、考えごとや問題解決には黄色が役立つこと、愛と幸福感にはピンク、自信には紫、創造性や楽しみにはオレンジが最適だと私は教えました。

ある日のことです。幼稚園から帰ってきたアンジェリーナが、ひどく動揺していました。キッチンに行って泣き始め、地団駄を踏みながら「もう嫌!」と言っています。そこにすぐさまラファエルが駆け寄ってきて、大声で言いました。「ほらほら! ピンクを見てごらん! ピンクで幸せになれるよ!」。アンジェリーナは泣きやむと、兄のほうを見て言いました。「もうピンクの服を着てるのに」。するとラファエルは、微笑んで答えました。「じゃあ早く見たらいいよ、すぐに幸せな気分になるよ」。数分後、アンジェリーナは嫌なことを忘れて笑っていました。

水を使ったヒーリング

江本勝博士の研究をご存じの方は多いでしょう。博士は思考や言葉、祈り、音楽、エネルギー、意図が水の結晶構造に与える物理的影響について、多岐にわたる実験を行いました。

博士の発見によると、水は愛あふれる思考、言葉、感情などに触れてから凍らせると、見事なまでに複雑で光り輝くような結晶パターンを形成します。反対に、ネガティブな意図を持って水を扱うと、水は不均衡なパターンを形成し、その多くがくすんだ暗い色の粗雑でいびつなパターンになるそうです。[注18]

地球の半分、そして人体の四分の三は水分で構成されていることを考えると、博士の発見は光明をもたらすものだと言えるでしょう。なぜなら、人の思考や言葉、感情、波動、色彩、行動が、私たちの生命、地球、免疫機能に癒しの効果をもたらすこともあれば破滅的な影響を与える場合もあるということが、その発見によって判明したからです。

❖【事例／サイモンの場合】色彩で水に力を与える

八歳になるサイモンは、ひどい喘息にかかっていました。喘息を含むあらゆる胸の疾患には、オレンジが役立ちます。私はサイモンに、息苦しいときは創造力を使ってオレンジを視覚化する方法を見つけてみましょうと言いました。消防士に憧れていたサイモンは、毎朝消防士が持つホースからオレンジ色の癒しの液体が放出されて彼の胸と肺を洗い流してくれるところを視覚化しました。私はまた、サイモンの両親にはオレンジ色のコップを買って浄化した水を注ぎ、癒し効果のあるオレンジの光を視覚化して水に込めるよう伝えました。そして、その水を十分から二十分太陽光にあててからサイモンに飲んでもらうよう指示しました。

この視覚化と癒しの水の活用を始めて一ヶ月もしないうちに、サイモンの具合はすっかり良くなり、やがて吸入器を使う必要もなくなりました。

このプロセスは、ほかの色を使って行うこともできます。ヒーリングに用いたい色のコップに水を注ぎ、三十秒ほど両手をこすり合わせてその色に意識を集中します。そして、その色の光線を両手の間に視覚化し、ポジティブな意図やアファメーションを込めながら二十秒から三十秒間コップに手をかざします。その意図と視覚化した光線が水にエネルギーを与えるところを想像しましょう。

子どもの自信を高める

自分に自信を持っているかどうかは、ウェルネスの重要な要素です。子どもが自尊心や社会性を養う習慣を身につけられるよう大人が導いてあげることが、子どもの幼少時代とそれ以降の人生の役に立ちます。子どもに与えることができる最大のギフトは、しっかりと子どもに目を向け、自分らしく生きて自分を愛するよう励ますことです。あなたは子どもにとって、誰よりも重要なお手本です。子どもはあなたの言動を見て人生について学び、自分の価値を知るのです。

子どもの自尊心を高めるための10の鍵

1. 子どもに話しかけるときは、自分の言葉や調子を意識しましょう。押しつけるのではなく、励ましてください。子どもを尊重し、その子への信頼を何度も伝えましょう。そして、話したいことがあるときはどのように伝えたら良いのかを教え、その子の考えを真剣に受けとめていることを示してあげましょう。

2. 子どもが何かをやり遂げるたびに、それを認めてあげましょう。日々の進歩を積み重ねることができるよう、励ましてください。あなたがその子をどれだけ賢明で利発だと思っているか伝えて、問題をちゃんと解決する力があることを強調しましょう。次の問題が生じたら、前にも同じ状況をうまく乗り越えられたこと、今度もうまくいくということを教えてあげてください。

3. 子どもの想像力を育んでください。一緒に物語や冒険を考えながら時間を過ごすのもいいでしょう。それぞれに役柄を与えると、楽しみながら問題解決していくクリエイティブな方法を学べます。物事を違った視点で見る練習にもなるでしょう。

4. 子どもが安心し、サポートを感じられるよう手を貸してあげましょう。子どもには誰かが自分のためにいてくれるという安心感が必要です。また、自分が大切で価値のある存在だと感じられることも重要です。子どもは、話を聞いてくれて自分を信じてくれる人にいつでもサポートを求められるということを感じていたいのです。

5．子どもに仕事を与えましょう。たとえば、自分の部屋を片付けるといった仕事です。まず、どういう風にすればいいのか一緒にやってお手本を見せ、次に一人でやってもらいます。やり終えたら、その仕事ぶりをチェックして大いに誉めてあげましょう。自分が成し遂げたことを親が認めてくれると、子どもは自分を誇らしく思って次も頑張ります。

6．自分の真価を認めることを教えてあげましょう。たとえば、こんな風に伝えると子どもは自分の価値を知ることができます。「○○ちゃん（君）はかわいいね」「想像力が豊かだね」「お父さん（お母さん）の自慢の子だよ」。時折抱きしめてキスしてあげると、自分は愛されているのだと子どもは感じます。自分のことを好きになれると人のことも好きになり、他者の長所を見つけようとするようになるでしょう。あなたが疲れていたり苛ついていたりして子どもにきつい態度を取ったり子どもを邪険に扱ってしまった場合は、できるだけ早く謝ってください。大人にも間違うことがあり、その間違いを認めることができるのだとわかってもらうことが大切です。

7．子どもにして欲しいこと、して欲しくないことがあれば、どうしてそう思うのか面倒がらずに説明してあげましょう。大人と同じように、子どもも理由がわかればたとえ不本意であってもあなたの言い分を理解し、気分を和らげることができます。

8. 子どものゲームを尊重しましょう。子どもたちの多くが、言われたことと反対のことをしたり言ったりして喜びます。これは単に「反対ごっこ」をしているだけであなたをからかっているわけではないということがわかれば、一緒にそのゲームを楽しむことができるでしょう。

9. 子どものありのままの姿とその行動を認めてください。あなたが善しとしない言動を子どもが取った場合は、それをやめて欲しいと伝えた上で、その子を愛して信じる気持ちは変わらないということを言い添えるようにします。

10. あなた自身に未解決の感情的な問題があるのなら、その感情を解放してください。あなたの問題を子どもが受け継がないよう気をつけましょう。子どもは両親や家族が抱えている問題にとても敏感で、それを手本にして学びます。あなたが抱えていた古いパターンを手放すことは、子どもがそのパターンを手放すことにもつながるのです。

スポーツをさせることでも、子どもに自尊心や社会性が身につきます。競技スポーツが苦手だったら、ダンスや武道、水泳などのレッスンでも心身を鍛錬することができます。また、演劇や歌の教室に参加することも社会性や思いやりを培う絶好の機会となり、互いを理解すること、創造性や遊び心を発揮すること、自分の体とつながること、今に生きることをそこで学ぶことができます。指導者の中には、マインドを落ち着けること、瞑想、深呼吸、視覚化の活用などを教えてくれる人もいるでしょう。

❖【事例／リリーの場合】一人で眠れるようになるために

九歳になるリリーは、まだ両親と一緒に寝ていました。母親のフィービーはそのことに困り果てていました。セラピーなど様々な療法を試してみたものの、効果はありません。その上リリーは太り始め、学校ではいじめられていました。とても利発な少女だったにもかかわらず、リリーは自信を失いつつありました。

私はリリーに初めて会ったとき、彼女の信用を得るためにはまず安心感とサポートを感じてもらう必要があると思いました。人は、不安や不信を抱えていると眠れなくなることがあります。いつも用心していなければと感じていることで、眠りにつけなくなるのです。

緊張がほぐれてくると、リリーは天使が大好きだということを教えてくれました。エンジェル・カードを持っていて、よくそれで遊んでいるようです。そこで私はリリーに目を閉じてもらい、見たこともないくらい美しい天使が現れて、一人でも安心して眠れるよう助けてくれる場面を想像するように言いました。そこでリリーは天使を視覚化して、助けてくださいとお願いしました。また、好きな色を聞くと、リリーは紫だと答えました。紫は睡眠障害にとても役立つため、私は鮮やかな紫とラベンダー色の光線が部屋とベッドを包み込む様子を視覚化することも教えました。

二ヶ月後フィービーが電話をかけてきて、リリーは機嫌良く一人で眠るようになったと知らせてくれました。体重も減り、自信をつけて物怖じしなくなり、友だちも増えたそうです。

＊＊＊

【自信あふれる子どもに育てるためのプロセス】

ここでご紹介する二つのプロセスは、子どもと一緒に行うことができます。また、本章を参考にしてあなたのお子さん用に特別なプロセスを作ってもいいでしょう。子どもの年齢に応じて好きなキャラクターを登場させたり、その登場人物がいろいろな場面で助けてくれるところを視覚化してもらうのもお勧めです。クリエイティブにプロセスを工夫してください。天使や妖精が好きな子どもなら、そうした存在に助けてもらうのもいいでしょう。

❖色彩で癒す

まずは、子どもが直面している問題を見つけます。身体的な問題、感情的な問題、精神的な問題など問題にはいろいろありますので、まず何が気にかかっているのかを認識してください。いじめられているのでしょうか？　自信がないのでしょうか？　太り過ぎ、あるいは少食に悩んでいるのでしょうか？　問題がわかったら、その解決に役立ちそうな色、もしくは子どもの好きな色を選びます。ただし、黒は避けましょう。赤、金、グレー、茶色もパワーが強すぎるため、過剰に取り入れるのは控えてください。これらの色を使う場合は、各色のバランスを整えてくれる白やオレンジを併用しましょう。

ここからは、子どもが自分で行えるよう指示してください。まず三十秒間、左右の手の対応する指同士がそれぞれ合わさるようにして、両手をこすり合わせましょう。手のひらを少し離して、選んだ色を両手の間に視覚化します。ボールや風船になぞらえると簡単に視覚化できます。その色ができるだけ大きく明るく光り輝くようにイメージしましょう。続いて、その色に意図（願い）を込めます。「もっと幸せになりたい」「自信をつけたい」「成績を上げたい」「早く癒しを起こしたい」「友だちを増やしたい」といった願いに集中します。では、色に込めた願いを声に出して言いましょう。あらゆる望みがその色鮮やかなエネルギーのボールに入っていくところを想像します。

次に、そのエネルギーのボールを吸い込んで、その色と癒しの意図が体を巡りながらストレスを解消していくところ、強く健康になった自分を想像しましょう。最後に、体の中で弱く感じる部位、傷ついている部位、あるいは違和感がある部位に両手を置き、一分から二分間かけてその色鮮やかな光を吸い込みます。

❖ポジティブな意図を持つ

子どもに次のように唱えてもらいましょう。「神聖なる癒しの叡知にお願いします。どうか○○（怒り、悲しみ、不安、ストレスなど、子どもが手放したいと思っている感情を入れてもらいます）という気持ちを手放せますように。私（僕）はかわいい良い子です。もっと幸せな気分になって、サポートや世話をしてもらえますように。私（僕）には素敵なことができるし、すぐに癒しを起こして自分や周りに満足できるようになると信じています。聖なる光にお願いします。どうかもっと自信を持って、幸せで健康になれますように。ありがとうございます」

子どもの気分が軽くなるまで、「安心」と繰り返し唱えてもらいましょう。

子どもの年齢や性格に応じて、言葉遣いを変えるなど自由にプロセスをアレンジしてみてください。

ぐっすり眠るための瞑想

ここでご紹介する瞑想は、私の息子と娘がカラー・ヒーリングを子ども向けに録音したオーディオ・プログラム「Color Meditation for Children（子どものためのカラー・メディテーション）」から引用しています。子どもがリラックスして眠るのをサポートするためのプロセスです。そのまま使っていただいても、ご自身でプロセスをアレンジしていただいてもかまいません。

＊＊＊

【イルカさんと青いクリスタル】

＜ステップ1＞

青色はくつろいで穏やかな気持ちにしてくれます。

目を閉じて、ゆっくりと深呼吸しましょう。

自然の中のもので、青いものは何ですか？　海、空、花を思い浮かべましょう。

ほかに青いものや青い動物はいますか？

冷たくてきれいな青い水に浮かぶところを想像してみましょう。

＜ステップ2＞

イルカさんが近くまで泳いできました。触ってもいいよ、と言っています。

あなたはとっても嬉しくて、一緒に遊びたい気分です。

イルカさんが口を開けました。舌の上に、大きな青いクリスタルが乗っています。

イルカさんは頷きながら、君にあげるよ、と言っています。

クリスタルを一回ギュッと握るだけで、とってもリラックスできると教えてくれました。

二回ギュッと握ると、ゆっくり深呼吸しながら嫌なことは全部忘れてしまいます。

三回ギュッと握ると、気持ちが落ち着いて穏やかになり、すぐに眠くなります。

クリスタルを何回握ってみたいですか？

さあ、クリスタルを握るところを想像しましょう。

（クリスタルがあるのなら、子どもに与えて本当に握りしめてもらってもいいでしょう。握ってから枕の下にクリスタルをしまいます。）

体の力が抜けてきました。
では、青い色を吸い込むところを想像しましょう。
息を吐きながら、こう唱えます。「安心して、落ち着いた気分」
いろいろな考えが、ゆっくりとおさまっていきます。
何度か繰り返しましょう。「安心して、落ち着いた気分」
どんどん体がリラックスして、眠くなります。
不安や嫌な気分を思い出したら、青いクリスタルをギュッと握るところを想像して、
深くリラックスしましょう。

17. 自分のスペースと家を浄化する方法

Q

スペースや家のクリアリング（浄化）の話をよく耳にしますが、クリアリングの利点とやり方を教えてください。

電気は目には見えませんが、ヒューズが飛んで電気が止まるとそこに電気が流れていたということがわかります。同じくエネルギーも目には見えませんが、居住スペースのエネルギーが乱れていると、人はそれを感じることができます。一例を挙げてみましょう。初めてベルリンを訪れたとき、私は地元の友人と観光スポットを巡りました。見知らぬ土地では人に案内してもらうことにしている私は、そのとき自分がどのあたりを歩いているのか気づいていなかったのですが、ふいにどこか重苦しく不穏でトラウマ的なエネルギーを感じました。人々が叫び、駆けずり回り、銃で撃たれているイメージも浮かびます。ここはどこかと友人に尋ねると、ベルリンの壁に向かっているとのことでした。どうりで悲惨なイメージや感覚が浮かんだはずです。ベルリンのその地域には、血の気が引くようなトラウマ的な歴史があったのです。この世のすべてはエネルギーで成り立っていることを考えれば、環境、地球、そのほか人間が創造する無機物に至るまでが周囲で起きた出来事にまつわるエネルギー情報を蓄えているというのも不思議ではありません。

多くの古代の文化において、人々は居住スペースの内外を浄化すること、自分たちが繁栄、成長するために安全で心地良い環境を創り出すことの利点を認識していました。

エネルギーの混乱を除去する

家が散らかっていると集中力が削がれ、ひらめきや明晰性も損なわれます。散らかった家はあなたの外的な生活や内面の世界に混乱を生み出すため、それが片付くまで落ち着かない気分を味わうことになるでしょう。

身の回りが目に見えて散らかることがあるように、エネルギーにも乱れが生じることがあります。エネルギーの乱れやよどみが生じるのは、人にネガティブな思考や感情、経験などがあって、それを自分自身や周囲に対して放っているときです。

たとえば落ち込んでいる人、疲労困憊している人、自暴自棄になっている人、病人、ネガティブな人が家を訪ねてくると、その人が帰ったあともどこか重苦しく疲れるような感じがしたり、ときには息苦しくなったりする場合があります。特定の家やレストラン、建物などを訪れると決まって違和感をおぼえる、ということもあるかもしれません。

目に見えない存在を浄化する

テレビの人気番組や映画には、目に見えない存在や幽霊を扱ったものが数多くあります。霊が取り憑いた話や心霊現象は、世界中ほぼすべての主要な宗教、スピリチュアルな教えの中でも取り上げられる話題です。

私はこれまでに何度か、亡くなった人たちの霊に遭遇したことがあります。たいていの場合、その霊的存在は途方に暮れ、やり残したことがあるようでした。光へ向かおうとしている存在もありました。彼らはちょっとした助けを必要としていたのかもしれません。

よくあるのは、亡くなった人が家族の愛する誰かにメッセージを伝えたくてその人から離れずにいるというケースです。

人によっては、そんな話など考えられない、聞きたくないと思うこともあるかもしれませんが、居住スペースからそういった存在を浄化する手助けをすると、人やその周囲の環境にまさに奇跡のような変化が起こります。私はそうした驚くべき変化を何度も目の当たりにしてきました。

定期的にスペースを浄化する

家や職場の浄化は一年に一回すればいいというものではなく、定期的に行わなければなりません。家の物質的な汚れと同様に、エネルギーの汚れや乱れを整えることも必要だということに気づいてください。クリアでポジティブで愛にあふれた空間にいるとリラックスでき、成功を引き寄せ、人間関係を改善し、心身の健康と幸福感を増進しやすくなります。

❖【事例／サムの場合】霊的エネルギーを浄化する

サムは郊外の人気エリアに家を所有していたのですが、その家はもう何年も買い手が見つかりませんでした。相談にやってきたサムは、家が売れないことに落ち込み、当惑していました。彼は借金を返済しなければならなかったため、希望額を下回ってでも売却したいと必死だったのです。

私は滅多にクライアントの家を訪問しません。それよりも家の浄化プロセスを指導する方が得策だと考えていたのですが、今回は特別だという気がしました。そして、サムの家に足を踏み入れた途端に気分が悪くなりました。そこで私は、誰かこの家で病気になったり亡くなったりしたことがあるのかサムに尋ねました。

サムによるとこの家はもともと彼の父親のもので、父親は亡くなる前に重症に陥ったそうです。亡くなるときには肺が虚脱していました。どうりで息苦しいはずだ、と私はすぐに納得しました。

二階に上がると目の前に見えない壁があるのを感じ、そこを通り抜けるのに全エネルギーを注がなければならないほどでした。家を見回り終えた私は疲れ果てていました。聞けば、家を見に来る人たちも、帰り際に気分が悪い、疲れたと言うことがよくあるそうでした。

家に漂っていた重苦しくよどんだエネルギーを浄化するのに二時間かかりましたが、私は一つひとつの部屋が再び新鮮で明るいエネルギーに満たされるように気を配りました。サムの父親も見えました。彼はまだ家に居座り続けていて、息子が家を売ろうとしていることに不満そうでした。私はサムが父親とコミュニケーションを取るのを手助けしてから、彼が光へ向かうよう導きました。

浄化を終えると、サムに家を歩き回ってもらって今までと違う感じがするかどうか確かめてもらいました。サムは気分が軽くなった、なんだか嬉しくてくつろげる気がすると言いました。私はさらに、花や色彩豊かなインテリア、鉢植えなどで家を蘇らせるよう勧めました。

一週間後、興奮したサムから電話がありました。家が高く売れただけでなく、買い主は家が新鮮ですがすがしいとしきりに褒めていたそうです。二階から降りてきた彼らは、これこそ求めていた家だと言いました。それほどまでに、満たされたエネルギーと平穏な空気が感じられたのです。サムは、彼らが値切ろうとすらしなかったと驚いていました。

❖【事例／ピオトルの場合】お店の浄化

もう一つ、印象的だったスペース・クリアリングがあります。それは、私のツインソウルであり親友のピオトルのブティックで行ったものです。その頃パリでの指導を始めたばかりだった私は、毎日会場へ向かう道すがら彼が営むブティックの前を通っていました。お洒落な服に目がない私は、いつも彼のデザインする服を驚嘆の思いで見ていました。ウィンドウに飾られた服がとても素敵だったのです。私は彼のデザインに惚れ込み、彼が作ったきれいなドレスを絶対いつか買おうと心に決めていました。

にもかかわらず、私はどういうわけか彼のお店に入るのをためらっていました。高級店だったため、訪れるには予約も必要でした。それがある日のこと、パリにあるスピリチュアルショップの経営者と話していたときに、ふいにピオトルのお店に行きたいという強い衝動に駆られました。思いを振り払おうとしても無駄でした。なぜか天使が耳元で「あのお店に行きなさい。あのお店に行きなさい。行きなさい！」と囁いているような気がしたのです。気づいたら私は、そのスピリチュアルショップの経営者に「ピオトルのお店に行こうと思うんです」と言っていました。

驚いた彼女はこう言いました。「あの人にスピリチュアルな話をしたら駄目よ。そういったことは信じていないみたいだから」

「大丈夫。私はスピリチュアルな話と同じくらい服の話も大好きだから」と私は答えました。

勇気を振りしぼって彼のお店を訪れると、私たち二人はすぐさま通じ合うものを感じました。私は彼との深いつながりを感じてすっかりくつろいだ気分になり、そのことに自分でも驚きました。そして、親しく会話を交わしてから彼に職業を聞かれました。私は何のためらいもなく「ヒーリングの仕事をしているの」と答えました。

彼は妙な視線を私に向けてつぶやきました。「僕はどこも悪いところなどないからね、ヒーリングも必要ないんだ」

「ヒーリングって、痛みや病気のためだけに施すものじゃないのよ。自分には不要だと思っているということは、ヒーリングのことを勘違いしているかよくわかっていないかのどちらかだわ」。そう返した私に彼は唖然としながらも、興味を持ったようでした。

私は彼に、顧客はたくさんいるのかと聞いてみました。そこが貸店舗で、三ヶ月前にオープンしたところだと知っていたからです。「どうしてそんなことを聞くの?」と彼は言いました。「あなたが店を借りる前にここで何が起こったのか知らないけど、不穏なエネルギーを感じるの」と私は説明しました。人々が叫び、怒り、気分を害しているのが見え、そのエネルギーが感じられたのです。「顧客がいるのなら、それはあなたのすばらしい才能に魅せられたからでしょうね」と私は言ったものの、たいていの客は店内に入るとその重苦しいエネルギーで外へ追いやられるだろうと思いました。

ピオトルは、店の浄化を手伝って欲しい、自分にもヒーリングをして欲しいと言ってきました。そこで私たちは、翌日に浄化とヒーリングを行うことにしました。スピリチュアルショップの経営者に会ってそのことを話すと、彼女はピオトルがヒーリングを望んだことに驚いていました。また、お店で私が見たイメージを話したら、さらに驚愕していました。彼女によると、ピオトルが借りる前はそこはキッチン家具を扱う店だったそうで、店の所有者はペテン師でした。よく客が店に入っていっては、騙された、金を返せと彼を怒鳴りつけていたと言います。

翌日、私はピオトルのお店に行って重苦しいエネルギーを浄化しました。すると、数日後には売上が劇的に伸びていました。ピオトルはヒーリングが生活の一部であることに気づき、痛みを緩和するだけのものではないということを理解しました。それからというもの、彼は私のワークショップに何度も参加し、相談会やイベントを手伝ったりもしてくれています。

＊＊＊

【スペース・クリアリングのプロセス】

ここでご紹介するのは「ヴィジョナリー直観ヒーリング」のワークショップで指導している集中プロセスの簡略版ですが、とても効果があります。この浄化プロセスを行う前に、１８４頁からの「エネルギーを保護し、浄化するプロセス」を行ってください。また、スペース・クリアリングは各部屋で行わなければなりません。

まず、浄化したい部屋に行きます。目を閉じて、その部屋がやわらかいブルーの光に包まれる様子を想像しましょう。神聖なる癒しの叡智を呼んでください。

次のポーズを作りましょう。左肘を曲げて左手を胸から肩くらいの高さに上げ（肘は下向きです）、手のひらを正面に向けます。指はすべて上方に伸ばしてください。右手は中指と薬指を曲げ、親指の先を薬指の先につけ、人さし指と小指を伸ばした形を作ります。右肘を真横に向け、手のひら側が体のほうを向くようにして右手を太陽神経叢の前に置きましょう。

このポーズを保ったまま、声に出して次のように宣言してください（心の中で唱えてもかまいません）。「大いなる源よ、この部屋のよどみ、エネルギー的、感情的、精神的な有害物質、ネガティブなもの、恐れ、不安、苦しみ、不快なものすべてを清めてください。ここに留まっているすべてのスピリットや存在を、しかるべき場所へ優しく送り返してください。この部屋に滞っているあらゆるエネルギーの破片を清めて、しかるべき所有者へ送り返してください。大いなる源よ、どうかあらゆるネガティブなエネルギーを払い、光に変容させてください。この部屋を愛、輝き、喜び、明晰性で満たし、訪れる人がくつろいで平穏な気持ちになれるようにしてください。この部屋を訪れる人がその知恵と再びつながり、本来の自分の姿と調和できますように。ありがとうございます」

心が軽くなるまで、「クリア」という言葉を繰り返しましょう。

三十分から一時間、あるいは部屋が明るく軽くなったと感じるまで、両手のポーズを保ちましょう。最後に、虹色の光が部屋を包み込むところを視覚化します。

18・人生に富と成功を引き寄せる方法

Q

成功して裕福になりたいです。その反面、お金を持つことに後ろめたさがあります。しかも、お金があるとどうにかして散財、無駄遣いしようとしてしまうのです。どうすればいいのでしょうか？

成功への鍵は、お金や豊かさに関する自分の信念や思い込み、態度を見直すことです。お決まりの固定観念を抱えていませんか？　お金は木に実らない、苦労して得るものだ、金持ちは悪党ばかりだ、などと教え込まれたことはないですか？

私のワークショップでは、参加者にお金に関する信念を三分間ひたすら書いてもらうことがあります。そして、こう尋ねます。「今書き上げたことを自分が全部信じているということに気づいていましたか？　それを信じている人が本当に苦もなくお金を引き寄せられると思いますか？」。すると議論に花が咲き始め、豊かさを創り出す着実な思考、感情、行動にはどのようなものがあるだろうかと意見が飛び交います。

テレビの司会役でエミー賞を二度受賞した、ニューヨーク・タイムズのベストセラー作家にしてパーソナル・ファイナンスの専門家でもあるスージー・オーマンにインタビューを行ったことがあります。彼女はこう話していました。「私は思考が運命を創り出すのだと強く信じています。自分の思考には本当に気をつけなければなりません。なぜなら、人は考えたことをいずれ言葉にします。その言葉が行動となり、その行動が習慣となり、その習慣が運命になります。そうかなるほど、と思って『経済的に自由になりたい』と言いながらそれを実現させるための行動をまったく取らない人もいますが、本当の変化は思考と言動が一致したときに初めて起こります」[注19]

先祖が抱えていた制限的な信念を、あなたがそのまま受け継いで生きていく必要はありません。今豊かさを受けとらないのなら、一体いつ受けとるつもりですか？　お金の有る無しに人生を左右されるのではなく、お金を持ってパワーを感じる方法を学んでみましょう。

私たちには夢を実現させる力がありますが、困難で不快な経験を引き寄せてしまう力もあるということに気づかなければなりません。興味深いことに、望むことよりも望まないことを実現させる方が多大なエネルギーを要します。そして、望んでいないことを実現させると「引き寄せる場」が弱まります。反対に、望みを実現させると喜びを感じてエネルギーも高まるのです。

とてもお勧めのアファメーションがあります。「私は喜びと恩寵とともに、楽に豊かさを実現させます」と何度も唱えましょう。

お金と親しくなる

豊かになるためには、まずお金と親しくなりましょう。財布にどれくらいの金額が入っていれば気分が良いか自問してみてください。どれくらい入っていると嬉しいですか？　可能なら、その金額を少なくとも三十日間、実際に財布に入れて持ち歩きましょう。そのお金は使わないでください。多額のお金を持ち歩いていると、普段と違う気分になるかもしれません。それを意識してみましょう。嬉しくてパワーが湧き、お金があるという裕福な気分が高まるほど、お金を引き寄せる力も高まります。以前、羽振りのいいビジネスマンから聞いた話なのですが、彼はいつも最低一万ドルを持ち歩いていました。たとえ使わなくても、自由になるお金がたくさんあると考えると気分が良くなるからだそうです。もしお金をなくしてしまったらどう思うか聞いてみると、なくしても二十四時間以内に取り戻すよ、と彼は答えました。

貧困への恐れを手放す

私は九歳までをロシアで過ごしたのですが、そこでは貧しいという意識が当たり前になっていて、人々は悪党だけが金儲けするものだと考えていました。私は支払いに頭を悩ませていた頃、自分の欠乏と不足に関する信念を省みて、いかに自分がロシアで身につけた信念に影響されていたかということに気づきました。

経済的な困難を切り抜けていけるだろうかという不安は多くの人の足かせとなり、人はその不安から夢を追うことをやめてしまうだけでなく、自分が本当にしたいことからも目を逸らしてしまいます。まるで、夢を見つけることが恐くてなるべく見ないようにしているかのようです。なぜならその夢は、楽しくて創造性を発揮できるものであると同時に、リスクを伴うものかもしれないからです。あるいは、ゼロからのスタートが必要なものかもしれません。人はそれを知るのが恐くて、夢から目を背けてしまいます。制約や限界、不足に気を取られ、十分にあるという考えや共創という考えから意識を逸らしている人がたくさんいるのです。

成功には時間、根気、情熱、信頼、信念、サポートが必要だということに、ほとんどの人は気づいていません。創造したいという意欲は内から放たれるものです。そしてその意欲は、人にもインスピレーションを与えて「自分も頑張ってみよう」と思わせるほど強くなければならないのです。

投資専門家で、ベストセラーとなった『金持ち父さん 貧乏父さん』の著者でもあるロバート・キヨサキと会ったとき、彼はこう教えてくれました。「私は三度、破産しています。貧しい家庭に生まれて、会社は二度失いました。貧しいとどのような気分になるのか私にはわかっています。『お金がないからリッチになれないのだ』と言う人もいますが、私はこう答えます。『私はお金がなかったからリッチになったのです。自分はリッチになるべきだと思ったから……。言わば、逆境を利用して金持ちに

なったのです』と」［注20］

私自身は、豊かになるためにアファメーションを始めました。そして、自分がすでに所有しているもの一つひとつに目を向けるようにしました。たとえば公園に行って、こう考えるのです。「まあ、こんな素敵な公園で、腰かけて花の香りを楽しめるなんて、私はなんてラッキーなのかしら」。毎日自分がどれだけ豊かなのかということに意識を向け、感謝することに集中し、自分に言って聞かせました。「この豊かさの源には、もっとたくさんの富がある」

さらに私は、お金と親しくなろうと心に決め、毎日のように二十ドル札、五十ドル札、百ドル札を見つめて「大好きよ」と話しかけたのです。買い物をするときは毎回お金を祝福して、「十倍になって返ってきてね」と頼みました。練習すればするほど、お金に対して親しみが湧いてきました。実際、お金は何倍にもなって返ってくるようになりました。そして私は、お金はストレスのもとだと考えるのではなく、選択の自由を与えてくれるエネルギーだと見なすようになったのです。

百倍になって返ってくると信じる

現実化の力を向上させたいという目的で、エミリーはワークショップに参加しました。あるエクササイズで、エミリーは二十ドル札を参加者の一人に渡してそのお金を祝福し、目を閉じてリラックスしながらこう願いました。「一週間以内に百倍になってお金が返ってきますように」。エミリーにはどこからお金が返ってくるか検討もつきませんでしたが、彼女は絶対に返ってくると確信していました。お金が返ってくるところを想像して感じることもできました。それを迎えている自分の姿も浮かびました。そして翌週、エミリーはこれまで一度もお金をくれたことなどなかった家族から二千ドルを受けとったのです。

この実験はワークショップで何度か試みたことがあるのですが、いつも驚くような結果を得られます。メキシコでのワークショップでは、ある女性が参加者の一人に千ドルを渡しました。半年後に再会したとき、彼女はあの実験から数ヶ月もしないうちに事業が七十パーセントも伸び、お金が何倍にもなって返ってきたと教えてくれました。

お金に関する人の意識やエネルギー、感覚、思考は形となって人生に現れます。それがどこでどのようにして現れるのかはその意識、エネルギー、感覚、思考自体が決定するということを、この実験は何度も証明してくれました。

❖【事例／アマンダの場合】明確な意志を貫き通す

アマンダがワークショップに参加したのは、もっと地に足を着けて人生の恵みをどんどん受けとる方法を学びたいという理由からでした。二人の幼い子どもを抱えたシングルマザーのエミリーは、仕事を探していました。どのような仕事に就きたいのか尋ねると、環境や子どものことを考えている会社に勤めたいと言います。彼女は営業職に就こうと固く決心していて、希望は社用車とパソコンを使えること、高収入、フレックス制、たまには旅行を楽しむ余裕も欲しいというものでした。そして彼女は、その仕事を一ヶ月以内に見つけることを目標にしました。

まずは彼女の職探しに関する信念を見直し、制限的な考えや恐れ、自己妨害を手放すことに取り組みました。アマンダは軌道に乗っていました。彼女は自分が何を求めているのかという意図を明確に定め、それを追いかけようと決意していたのです。アマンダはその目的をすでに成し遂げたという感覚を生み出すことに集中しました。あとは、信頼して天からのインスピレーションに心を開くだけです。

その一ヶ月間、アマンダは何度か面接に行き、仕事の申し出をいくつか受けました。ところが、どれも希望にかないません。時間もお金も底をつき始め、エミリーは焦りました。幸いにも彼女は意志を曲げず、二番目に良い仕事で妥協しようとは思いませんでした。これまで何度も妥協してきたので、今度こそという思いだったのです。

あと一週間で目標の一ヶ月が経ってしまうというとき、アマンダはまたも期待外れとなった面接の帰り道で「私にとって最高の会社はどこなのかしら?」と自問していました。すると急に、ある会社の名前が頭をよぎりました。「まあ。あの会社で働けたら最高だわ。帰宅してから電話してみよう」。そう考えた彼女に、直観がこう告げたのです。「今すぐに電話して」と。

アマンダは立ち止まり、その会社の番号を調べて電話をしてみました。すると驚いたことに経営者が電話を取り、ちょうど事業を拡大して一人営業の要員を増やそうと共同経営者と話していたところだと教えてくれました。面接が決まり、アマンダは夢見ていた仕事を手に入れたのです。

最高の目的と同調する

これまでに会った裕福な人たちはいつも言っていました。「どこにいようともお金は稼げると信じている」と。彼らの成功の秘訣は、燃えるような情熱を持って好きなことに取り組み、成功のみに集中するということです。

豊かな人生を生み出す手段の一つは、自分が好きなことを知って、それを追いかけることです。自分が創り出したいものがわかっていながら、楽だからという理由で妥協してしまうことはよくあることです。

自分の最高の目的と同調してそれを受けとることにハートを開いていると、それは必ず手元にやってくると私は信じています。たいていの場合それがどのように起こるのかは予知できないものですが、信頼して前進することが大切です。そして、シンクロニシティはあなたが正しい方向へ進んでいるという宇宙からのメッセージです。

本当の意味で成功するためには、夢にハートを注ぎ込まなければなりません。心を込めていなくても大きな成功を収めることはありますが、そこに最高の満足感はありません。どこか虚しく満たされていないような気持ちになり、やがて貯めたお金も失うことになるでしょう。

ロバート・キヨサキは言っていました。「私は好きなことしかしないし、好きなことにしか投資しません。ただお金だけを目的に何かをするということは決してありません」［注21］

願望を共創する

チャクラがクリアであればあるほどエネルギーの流れも速くなり、あなたが夢見ているもの——もしくはそれ以上のもの——が人生にもたらされます。私が言うところの共創とは、自分の魂と聖なるガイダンスと手を取り合って願望を引き起こすことです。魂と聖なるガイダンスと同調して何か思いが芽生えるとき、その感覚は本物で、心地良く楽しい気分になるはずです。困難に直面しても、あなたの知恵と直観がクリエイティブな解決法へと導いてくれるでしょう。私はよく神聖なる叡智に「どうすれば好転しますか？」と尋ねます。質問してから、物事を改善する方法に意識を集中します。「どうしてうまくいかないのだろう？」という疑問ではなく、「うまくいく方法は何か」ということに意識を向けるのです。

あなたの成功の助けになる方法はほかにもたくさんあります。目的を明確にして書き出すこと、指導者と一緒に取り組むこと、ヴィジョン・ボードに描くこと、願望が実現するところを視覚化すること、毎日一歩ずつ進んでいくこと、サポートしてくれる人たちを集めて協力を仰ぐこと——様々な手段が考えられます。

物事を成功へとつなげる

生産性と成果を上げるためには、まずあなたのスキルをしたいことと関連づけてみましょう。たとえば「会計学を勉強してきたので計算が得意だけれど、何かクリエイティブなことをしたい」と考えていた場合、会計学を学んだのは無駄だったと考えるのではなく、将来的に会計学を役立てる方法があるということに気づいてください。自分でビジネスを始めたいと思う可能性もあります。ビジネスを繁栄させるために、計算に強いことは大いに役立ちます。

あなたがやっていること、楽しんでいることには一貫性がないように思えるかもしれませんが、少し時間をかけて物事の関連性を探ってみると、それぞれがしっかりとあなたの人生の役に立ち、あらゆる種類の可能性をもたらしてくれているということに驚くでしょう。すぐさまチャンスが訪れるとは限りませんが、思わぬ形でちゃんと訪れるはずです。

また、本章で述べている「明確な意図」や「視覚化」といった現実化の練習を家事の最中などに取り入れることで、物事を成功へとつなげることもできます。たとえば毎日一、二回は食器を洗うかと思いますが、それをイライラしながらこなしたりボンヤリと片付けるのではなく、「今この瞬間」に集中しながら行ってみましょう。力まずにゆっくりと深呼吸しながら、意図を明確にしてアファメーションを心の中で繰り返し、お金や豊かさが人生にやってくるのをイメージしながら作業を行ってみてください。

❖【事例／ティムの場合】好きな生き方に結びつける

ティムは通信会社に勤めていましたが、もともとの専門分野は科学でした。初めて会ったとき、ティムは自分のやりたいことがわからず不満を抱えていました。何が生き甲斐なのか聞いてみると、ティムは「書くことです」と答えました。彼は、特に人にパワーを与えるような詩を書くことに情熱を注いでいました。そして、人助けにも喜びを見いだすタイプでした。ところが、彼にはそれらを結びつける方法がわからなかったのです。そこで私は、科学を専門にしていたのならそれは体についての理解に役立つだろうし、通信会社で働いているのならそこを人とのコミュニケーションの場として活かせるのではないかと言いました。書くことへの情熱は、関心のあることを記事にするという形で発揮できます。自作の詩を公表するためのブログを書くことも勧めました。

やがてティムは仕事を辞め、私のワークショップを手伝ったりクライアントにヒーリングを行ったりするようになりました。セミナーで詩を朗読することもあり、参加者に感動を与えて自分に自信をつけました。今ではもう、過去の経験すべてが現在の自分の好きな生き方を支えているということを理解しています。

❖【事例／著者の場合】成功へと一歩ずつ進む

若い頃、私は役者と作家になりたいと考えていました。演劇のクラスでは、自分や他者の感情と思考について学びました。そして、直観とつながってそれに従う方法を発見しました。私は、情熱に従ってハートを開いていれば、自分を愛して導き支えてくれる人たちに出会えるだろうと感じていました。

私は書くことへの熱意をヒーリングへの意気込みと結びつけ、数多くの著名人にインタビューを行いました。そうして書いた記事を雑誌に売り込み、ジャーナリストとしての自信をつけていったのです。自分で開業してクライアントのために働こうと決めてからは、それまでに記事を掲載してくれた数々の雑誌の編集者と契約して、記事を書く代わりに宣伝をしてもらうことにしました。その宣伝効果によって、クライアントは急増しました。

私の喜びは人とのコミュニケーションを通じて分かち合うことで、私の願望は人がパワーを得て癒されるのを見届けることでした。そこで、自分の喜びと願望を結びつけようと考えた結果、教えることにしたのです。また、自分がどんなことに喜びや幸福感をおぼえるのかを探求し続けているうちに、世界中の国々を旅して見知らぬ文化に触れ、人々と深い友情を築きたいと思っていることにも気づきました。

人の役に立ちたいという思いが旅につながり、様々な国で講演会やワークショップの依頼を受けるようになりました。私の多様な文化への好奇心が深い友情を築くきっかけとなり、人生にはいろいろな生き方があるという洞察を得ることにつながったのです。経験を積むにつれてインスピレーションがどんどん湧いてきました。そして、書くことが好きだという原点に戻り、著作を通じて自分が得た洞察を世界中の人々と共有できるようになったのです。

チャクラに働きかけて豊かさを実現する

すでに何度か述べてきましたが、チャクラ・システムを理解してチャクラに働きかけると、強大なパワーを得られます。ここからは、成功を共創していく過程でチャクラ・システムと連携する仕組みを探っていきましょう。

この共創のプロセスは、まず第九チャクラ（ソウルチャクラ）から始まります。このチャクラには、人生の目的に関するインスピレーションの種が詰まっています。この種が刺激を受けると、創造のエネルギーが第八チャクラ（アカシックレコードチャクラ）へと伝わります。この段階で、魂はあなたの成功の鍵となる過去の信念や能力にチューニングします。これを才能と呼びます。

第七チャクラ（クラウンチャクラ）がクリアであれば、このチャクラはあなたが神性とつながってヴィジョンを拡大し、天賦の才能を受け入れるのを助けてくれます。そして、あなたが夢を育んでいくと、第六チャクラ（第三の目のチャクラ）がアイデアを明確にできるよう協力してくれます。ここで、将来の可能性や達成しうる業績を視覚化します。

第五チャクラ（喉のチャクラ）は、あなたの目的や願望を人に伝えるのを助けてくれます。ただし、この共創のプロセスに確実に自信が持てるまでは自分のアイデアをむやみに広めないようにしましょう。アイデアを語る相手は、あなたを理解しサポートしてくれる人だけにしておくことが非常に大切です。そうすることで、ヴィジョンのパワーを増大できます。

第四チャクラ（ハートチャクラ）は、あなたが自分のハートに取り組むことを求めます。ハートが開いて愛と情熱に満ちていると、協力的な人たちや期待以上のチャンスを引き寄せる力が強くなります。

残り三つのチャクラは、目的を物理的に実現させるために不可欠なチャクラです。第三チャクラ（太陽神経叢のチャクラ）は時間、お金、エネルギー、そのほか数々の貴重な資源を自分のアイデアに注ぐことを求めます。

第二チャクラ（仙骨のチャクラ）は、夢の現実化に向けて強い意志を持って前進することを求めます。起こりうる試練と祝福を理解した上で、あなたに迷いがなく決意が固ければ固いほど、想像以上の規模で夢を叶えるチャンスが訪れるでしょう。目標を断念しようと思うのなら、この第二チャクラが共創プロセスをストップする最後の機会です。ただし、ここで共創プロセスを止めてしまうと、体に深刻な感情的葛藤や身体的症状が生じることがあります。よく見られる症状としては、女性の場合は生殖器系の囊胞、男性の場合は前立腺の問題があります。

第一チャクラ（ルートチャクラ）においては、あなたのアイデアがあなただけのものではなくなります。偉業を達成するためには人のサポートが必要です。第一チャクラは世界中に強力な波動を送り、それが人や資金、チャンスを引き寄せて、あなたのヴィジョンを現実化させてくれます。

神経系を拡大して豊かさを引き受ける

有名作家や俳優、芸能人に会ったりヒーリング・セッションを行ったりしているときに気づいたのですが、その人が成功していればいるほど、その神経系は大きく見えます。まるで体からはみ出しているかのように大きく広がって見えるのです。あとになって、巨大に見えたのはエーテル体を見ていたからだということに気づきました。エーテル体の大きさは、この輝かしい成功者たちが受け入れてきたチャンス、お金、称賛の規模を反映していたのです。

そこで、お金に苦労している人たちにも目を向けてみました。彼らの神経系は小さく見え、萎縮して行き詰まっているようでした。私は彼らの問題に取り組み、その神経系を拡大して豊かさや可能性をつかめるよう協力しました。すると嬉しい反応があり、「お金や成功、絶好のチャンスが人生に巡ってきた」という驚くべき報告が舞い込みました。

失敗を受け入れて、あきらめずに頑張る

心からやりたいことを試してみて失敗したとしても、挑戦したということだけは言えます。失敗し

たのは、そのとき選んだ方法がうまくいかなかったということです。ですから、創造性を発揮してやりたいことや信じることに取り組むために別のやり方を探るチャンスだと考えればいいのです。失敗から学んだことが、大きな成功へと導くかけがえのない財産となることがよくあります。世界の成功者の多くは間違いを繰り返し、膨大な損失を被り、一度あるいは何度も事業に失敗したのちに、巨額の富を得たり偉業を成し遂げたりしています。失敗が夢の終焉になるのか成功への足がかりとなるのかは、あなた次第なのです。

多くの人は、失敗や拒絶されることを恐れて大冒険に出るのをやめてしまいます。私は驚くべき人生を送ってきた人たちに会ってインタビューしたりその功績についていろいろ読んだりしてきましたが、その人たちには共通して、夢を生きるために恐れと向き合う勇気がありました。

◆リチャード・バックが空高く舞うかもめについて書いた『かもめのジョナサン』は、世に出るまでに十八の出版社から断られました。そのうちの一つの出版社に勤めていたある人物が原稿を読み、「この本はぜひ出版すべきだ」と果敢にも尽力したおかげで、同書は日の目を見ることができたのです。一九七〇年に刊行された『かもめのジョナサン』は、一九七五年までにアメリカだけで七百万部もの売上を記録しました。

◆ロバート・キヨサキは、書いた本がどこにも相手にされなかったので最初は自費出版していました。現在、彼の本は二千六百万部以上を売り上げています。

◆『とにかくやってみよう――不安や迷いが自信と行動に変わる思考法』の著者スーザン・ジェファーズは、ある出版社から次のような返事を受けとりました。「裸で馬に乗ったダイアナ妃があなたの本を持って宣伝してくれたとしても、これは売れないでしょう」。それにもかかわらず、同書は世界中でベストセラーとなりました。

＊＊＊

【お金とポジティブな関係を築くためのプロセス】

ここでご紹介する強力なプロセスは、繁栄を加速化させるためのものです。繰り返し行うことを強くお勧めします。このうち、「自分の信念を見直すプロセス」「神経系を拡大するプロセス」は毎日行ってください。両方とも、急速かつ永続的な変化を起こすための強力なプロセスです。

❖お金を手にする練習

まずは両手でお金を持ち、どのように感じるか自問してみましょう。そのお金は少額ですか、多額ですか？　気分が良いですか、それとも落ち着かない感じがしますか？　財布、銀行、家にどのくらいの金額があれば気分が良いでしょう？　少額の方が気が楽ですか、それとも多額のお金がある方が安心しますか？　自分が持ち慣れている金額より多めのお金を毎日手にしましょう。そうしてお金に対する安心感のレベルを上げていきます。

❖自分の信念を見直す

最初に自分の信念を見直してみましょう。お金を生み出すことに集中する際は、あなたに深く根付いている信念をまず理解しなければなりません。そうした信念は両親から受け継いでいたり、幼少時代から抱えていたりする場合が多いのです。お金は世俗的な悪しき存在だ、あるいは苦労しなければ手に入らないなどと考えてはいませんか？　お金が足りないと自分に言っていませんか？　お金なんかどうでもいいと言ったり、お金そのものや裕福な人を批判したりしていませんか？　お金にコントロールされている気がしますか？　自分に限界を感じたり、必要な支払いができればそれで十分だなどと口にしていませんか？

五分間、お金に関する自分のネガティブな信念を思いつく限りひたすら書き続けてください。書き終えたら、一つずつ確認して次のプロセスを行いましょう。簡単な消去のプロセスです。

次のように唱えましょう。「神聖なる癒しの叡知よ、お金に関する私の制限的な信念、たとえば○○○○○（あなたのお金に関する思い込みを入れてください）といった信念や、お金に関するあらゆる考え方、ポジティブな思い入れ、ネガティブな思い入れを消去できるよう力を貸してください。どうか、どうか消去できますように。ありがとうございます」

心が軽くなるまで、「クリア」という言葉を繰り返しましょう。

❖心の強いエネルギー――ポジティブな思い入れとネガティブな思い入れ

ヒーリングの宣言では、ポジティブなものとネガティブなものの両方を含む心の強いエネルギー、思い入れを解放するよう唱えます。なぜかと言うと、誰かや何かに対して特別な思い入れがあるときには、その対象となる人や出来事、経験などに強く反応してしまうことが多々あるからです。ネガティブな思い入れは怒りや憎しみ、恐れ、嫉妬などといったネガティブな強い感情がもととなって生じ、ポジティブな思い入れは強い欲求、期待、切望感などがもととなって生じることがあります。

たとえば、あなたは新しい仕事について有頂天になっているとします。新しい職場でしたいこと、学べることを考えて期待に胸をふくらませています。ところが、現実は期待通りにいかないことに気づきます。そうするとあなたは落ち込み、こんなはずではなかったという思いによって、ポジティブだったエネルギーがネガティブなものに変化してしまいます。そのような場合には思い入れをすべて解き放ち、神性、シンクロニシティ、幸福感が人生に流れてくるのを許可するのが理想的です。

思い入れを手放すために、私のヒーリング・プロセスはいつも「クリア」という言葉を繰り返して終わります。この言葉はあらゆるよどみ、苦しみ、ストレス、制限をあなたのマインド、体、感情、波動から浄化するための合図です。「クリア」という言葉を発するときはほうきや掃除機などを思い描き、体のシステムからあらゆる不要物を除去するところを想像しましょう。人生の喜びへとつながる道を清めるところを想像してもかまいません。心が軽くなったり、平穏、自由、ピリピリする感覚などをおぼえたり、新しい可能性に心を開きたいという気分が訪れたら、何かが浄化されたというサインです。そのサインがあるまで「クリア」という言葉を繰り返してください。

もう一つ発見したことがあるのですが、時間をかけて視覚化しながら不要なものがなくなったと感じられるまでこの言葉を繰り返していると、人生によりいっそう明晰性が増し、記憶力が向上し、望みをどんどん現実化できるようになるのです。体の機能も向上します。なぜなら「クリア」という言葉を口にするたびに神経系があらゆる滞りを浄化し始め、マインドと体のコミュニケーションが円滑になるからです。エクササイズの効果をすぐに実感する人もいますが、たとえなかなか実感できなかったとしても焦らないでください。病気が時間をかけて進行することがあるように、心身の健康や幸福感を取り戻すのにも時間がかかる場合があるということを覚えておきましょう。

❖豊かな幼少時代を視覚化する

子どもの頃、お金に関してどのような思いを抱いていたか思い出してみましょう。家が貧しかったりお金に苦労していたのであれば、そうした記憶をまだマインドに抱えている可能性があります。ここで、そういった場合に役に立つ瞑想をご紹介しましょう。まず、子どもの頃の自分を思い描きます。幼い頃に欲しかったのに手に入らなかったものをその子が持っているところを想像しましょう。家に十分なお金があって、裕福な生活を楽しんでいる自分を思い描いてください。お金があることに満足している感覚を味わってみましょう。続いて、裕福な家庭で育ち、お金で得られるあらゆるチャンスに恵まれている自分を視覚化します。このエクササイズの目的は、豊かな感覚を自分のものにして、子どもの頃に根付いたパターンを変えることです。

❖自分も周りも豊かだと考える

これから一ヶ月間、友人や出会う人たち全員がお金持ちだと考えましょう。そうすることで、あなたの潜在意識を欠乏感から十分に満たされている感覚へと再プログラムします。彼らのことを考えるとき、彼らと会ったり話したりするとき、彼らを裕福な人たちとして見てください。

毎日、お金を見ながら大好きだと伝えましょう。愛しいと伝えてもかまいません。お金に対する気分が良くなれば、お金が人生に舞い込んでくる可能性も高くなります。仲の良い友人に接するようにお金を扱いましょう。お金を支払うときは祝福して、十倍になって返ってくるよう頼みましょう。そして、十倍になったお金を受けとるところを想像します。

自分のゴールや夢を書き出して明確にしてください。その実現に向けて毎日前進しましょう。一歩一歩は大きくても小さくてもかまいません。一貫して進むということが大切なのです。

❖神経系を拡大する

両手を強くこすり合わせて、五〜十センチほど離します。ピリピリまたはチクチクするような感覚があるはずです。次に、両手の間に大きな緑の光のボールを想像しましょう。そして、これまで手にしたことがないほどたくさんのお金、繁栄、夢のようなチャンスを受けとることに集中してください。そのチャンスがすべてエネルギーという形態の潜在力となって緑のエネルギーのボールに注がれるところを想像します。あらゆる恵みやチャンスを受けとる可能性に心を踊らせる感覚を意識しましょう。現実化に意識を向けているときにワクワクする気分が高まれば高まるほど、現実化のスピードも加速します。

では、その緑のエネルギーのボールを大きくしてみましょう。

両手を中背部にあてて息を吹い込みます。神経系に強力な緑の光が流れ込み、神経系全体が拡大してあなたの夢と同調するところを視覚化します。望んだものを受けとる自分を想像しましょう。全身全霊で受けとることに意識を集中します。望んだものを手に入れて楽しむことを自分に許可しましょう。夢を実現できることに感謝してください。実感が湧けば湧くほど、受けとるスピードも増していきます。

直観的なガイダンスと聖なるガイダンスを受け入れることを自分に許可し、ゴールに向かって必要なステップを歩んでください。

❖成功を引き起こす

次のように宣言しましょう。声に出しても心の中で唱えてもかまいません。「私は精神面、感情面、エネルギー面、スピリチュアル面、物質面のあらゆる方面で恵みや善きものを受けとります。マインドとハートと魂を開き、私の夢について直観が示す方向と聖なるガイダンスを受け入れます。私の最高の目的である人生の豊かさと自分を同調させます。成功と素敵なチャンスを自分のために引き寄せます。ありがとうございます」

心が軽くなるまで、「拡大」という言葉を繰り返します。「拡大」という言葉を繰り返す理由は、それがプロセスを強化し、繁栄を促進することができるからです！

4

解き放つ

第四部では、羽ばたいて自分を解放することについてお話しします。感情面、身体面、エネルギー面における不要な重荷を手放すと、身も心も軽くなってパワーが湧いてくる新たな選択ができるようになります。それは、羽ばたいて、人生にさらなる成功を呼び込むような選択です。

あなたの自己評価や人生観が変わると、全身全霊で今この瞬間に生きる力が劇的に向上します。すると心が穏やかになり、自分を愛して受け入れる気持ちが湧いてきます。古い信念、余分な体重、不満、人間関係、家、国、生き方――手放すものが何であれ、何かを解き放つと新しい人間関係、チャンス、愛、喜び、成長、思いやり、穏やかさを日常に迎え入れる機会が増えてきます。

手放すというのは、成熟して前進する上でとても重要なステップであると同時に、ときに困難を伴う部分でもあります。

19・自分の体を愛し、理想的な体重を達成する方法

Q

体重のことを悩むようになってもう何年にもなります。ありとあらゆるダイエットを試してみましたが、効果がありません。私の体重問題は感情的な要因が大きく、幼少時代に関係しているかもしれません。私は自分の体をいつも不満に思い、批判的な目で見てきました。でも、自分の体を愛し、余分な体重を落としたいと思っています。体重を減らすことについて、何か知恵がありましたら教えてください。

肥満は今日の社会が直面している健康問題の中でもひときわ深刻な問題の一つです。ストレス、ファーストフード、経済的不安、運動不足、不健康なライフスタイルなどが体重増加の要因となっています。健康な体を維持するためには食生活と運動が極めて重要になりますが、整理がついていない感情や深く根付いたネガティブな思考パターンなども、不要な体重を手放せないことと大きく関係しています。

食べ物を愛の代用品にするのをやめる

本当は愛やコミュニケーション、サポートを求めているのに、食べ物でそれを埋め合わせ、食べることで感情を押し殺そうとする人がたくさんいます。何かに脅威を感じていたり保護を必要としているときに、体が体重を減らすまいとすることもあります。体が大きければ大きいほど強くなった気がして、誰にも傷つけられないと無意識に思い込んでいる場合もあります。自分の専門分野でトップに昇りつめて相当な収入を得、旅行もし、安定した家庭を築いて子どもと遊ぶ時間もたっぷり欲しい……などという精神的なプレッシャーを抱えて、人はかつてないほどに自分を追い詰め、言わば超人的な人間になろうと奮闘しています。

そうしたプレッシャーを抱えていると、体とつながる時間、意識的に食事する時間、困難に向き合う時間、つらい感情を癒す時間をとれなくなりがちです。

自分の価値を認める

摂食障害を起こす青少年の低年齢化が進んでいますが、それは彼らが特定の美意識を吹き込まれているからです。たいていの場合、体重の問題は自己卑下や自己批判、愛や承認への強い欲求を伴って早期に始まります。

人はいじめにあったり、利用されたり、心に傷を負ったりすると、ネガティブな自己像を持ってしまい、不健康な食生活をしたり体重を増やしたりすることで自分を罰することがあります。そうして罪悪感を抱き、肥満を責め、自分は重くて情けない敗北者だという感情の悪循環にはまり込むのです。自分は醜く、太り過ぎで価値のない人間だと考えてしまうことも珍しくありません。

自分の美しさ、神性、価値に気づくと、しっかり自分のケアをしてより良い選択をしようという気持ちになり、それが癒しや減量のきっかけになることもあります。自分の体につながることがつらい経験になる場合もありますが、それは自分に対する思い込みや抱えてきた心の傷、自分自身の扱い方が見えてくるからです。

変わるためには、自分が愛すべき存在だということを認めて、新しい選択をする勇気を持たなければなりません。自分の内面と外見に向き合って対処すると自分に自信が持てるようになり、自己評価も高まり、絶好のチャンスや素敵な人間関係、友情、仕事への扉が開くばかりでなく、何よりも満足感が得られます。

❖【事例／ローラの場合】自分の美しさを認める

ローラが太り始めて十五年以上が経っていました。ローラにチューニングしてみると、体重が増え始めたのはトラウマ的な出来事が原因だということがわかりました。ローラは、離婚調停中に起こった出来事を思い出しました。それは、お洒落をして友人たちとスポーツイベントに出かけたときのことです。一人の男性が通りすがりに彼女を見て口笛を吹きました。そのとき、もうすぐ離婚する夫がその場にたまたま居合わせ、見知らぬ男の目を引いたローラに対して辛辣な言葉を口にしました。

屈辱を感じたローラは瞬間的に心を閉ざし、自分の魅力と美点を否定してしまいます。そして、数ヶ月のうちに体重がどんどん増えていきました。その出来事に嫌悪感をおぼえた彼女は、男性に魅力的だと思われないよう最大限努力しました。もう二度と異性の関心を引きたくなかったのです。

元夫を許して前進するのには途方もない時間がかかりました。ローラは今も自分の美しさや女性的魅力を受け入れようと頑張っています。

私はローラに、体を見直して自分への態度を変えるようアドバイスしました。そして、違った視点で自分を見つめ、自分の扱い方を変える方法を探すよう勧めました。ローラは穏やかに愛情を持って体を扱うようになりました。彼女はまた、男性に対してくつろいで接することにも取り組みました。

❖【事例／カレンの場合】トラウマ的体験の重荷を手放す

カレンが連絡してきたのは、何をどうしても体重が減らなかったからです。幼少時代に太り始めたカレンは、ぜい肉との闘いの人生を送っていました。

チューニングしてみると、痩せた少女の頃のカレンが見えました。そして、若い頃に何か深刻な問題が起こったことがわかりました。入院している彼女のイメージがパッと浮かんだからです。どうやら生死をさまよったようです。カレンの魂がその体から浮かび上がるのが見えました。周りの人たちが、「こんなに痩せ過ぎていたら助からないだろう」と口々に言っています。

助かる見込みがないという言葉を聞いたカレンは、死との境目にありながら、強くて健康になるために体重を増やそう、死んでたまるかと無意識に思っていました。彼女はまた、自分が家族に引き起こした苦悩を察して罪悪感をおぼえました。そこで家族を幸せにしなければならないと責任を感じ、自分が家族を幸せにしたいと願ったのです。生きるか死ぬかという状況だったため、体重を増やそうという決意は彼女の中に強く残りました。

あのときのことが減量できない原因だったと知ったカレンは驚愕しました。理由がわかると、カレンはインナーチャイルドに語りかけて新しい選択肢を用意することができました。そしてまもなくして、体重が減り始めました。痩せてはいけないと思い込んでいたインナーチャイルドを守る必要がなくなったからです。

また、カレンは健康的な食生活へと視点を改め、飢えては体重を増やすという行動に終止符を打ちました。

体の声に耳を澄ます方法を学ぶ

自分の体に親しみ、その声に耳を傾けることが大切です。食事をする前にまず自問してみましょう。「本当に空腹？　むしゃくしゃしていて何か口にしたいだけでは？　ただ食事の時間だからという理由で食べていない？　ちゃんと体の声が聞こえている？」。空腹なら、少し体をチェックしてみましょう。今あなたが摂れる食事で、一番栄養があって健康的なのはどんな食事ですか？

食べるときは時間をかけて、ひと口ずつしっかり噛んで味わいましょう。食事を楽しんでください。体がもう十分だと感じたら、それ以上詰め込むのはやめましょう。

本当は喉が乾いているだけなのに空腹だと勘違いする人がたくさんいます。食べる前に、本当は水分が欲しいだけではないか、確かめるようにしましょう。

ミネソタ大学が行った飢餓実験は、厳しい管理のもとで長期にわたる半飢餓状態におかれた被験者にどのような生理学的、心理学的影響が生じるかを調べた臨床研究です。研究者によると、長期にわたる食事制限は深刻な精神的苦痛や抑うつ状態を引き起こしました。被験者の中には人との交流をやめて引きこもる人、集中力、理解力、決断力がにぶる人、自傷行為に及ぶ人、食べ物に対して異常な執着を見せる人などもいました[注22]。また、実験を終えて好きなものを食べられるようになってからも、被験者たちは食べ物のことで頭がいっぱいでした。多くの被験者が食欲を抑え切れず、実験前に比べて最大八倍の量を食べた人もいたとのことです。

❖【事例／スチュアートの場合】悪循環を克服する

スチュアートの体重増加の原因は、慣れない国に移住したストレスでした。彼は英語を学び、仕事を見つけ、新たに友人を作らなければなりませんでした。英語を話すのが苦手だったため単純作業の仕事にしか就くことができず、祖国では収入も良かったスチュアートは落ち込んでしまいます。友人を作って異文化に溶け込むのもひと苦労でした。

彼は腹を立て、拒絶されたような気がして絶望します。自分は敗北者だと思い、気分転換にチョコレートやケーキなど甘いものを食べるようになりました。自分を罰したいという思いでアイスクリームやポテトチップスなどを貪ります。そして、食べまくっては気分が悪くなり、数週間節食生活をし、しばしば絶食状態に陥っては一週間食べ続け、失った体重以上に太る……という悪循環にはまり込んでいたのです。

私はスチュアートに、最も強い感情につながってみるよう促しました。彼は絶望感と怒りが一番強いと言いました。そこで、怒りと絶望感を一人の人間として視覚化してもらい、それと対話するよう伝えました。スチュアートには、自分の怒りと絶望感が今にも爆発しそうな大きな爆弾に見えました。そして、スチュアートがそれに話しかけて耳を澄ましたとき、彼の顔に涙がこぼれ落ちました。自分に過度の期待を寄せるのをやめて優しくなるべきだということに、彼は気づいたのです。

誰か健康志向の運動好きな知人がいないか聞いてみると、サイクリングやジム通いが趣味だという男性と最近知り合ったということだったので、私はその彼に連絡を取って一緒に運動をしたらどうかと勧めました。

三ヶ月後に再会したスチュアートは見違えるようでした。およそ二十キロ体重を落としたとのことで、健康的でたくましく見えました。新しい友人と週に五、六回ジムに通い、健康的な食生活をし、気分もかつてないほど爽快だと言います。英語も上達し、好きな仕事にも就くことができました。

彼は持てるエネルギーのすべてを惨めな気分に注ぐことをやめ、やりたいことに意識を向けて、それを達成するために必要な行動を取るようになったのです。

心身ともに健やかな生活を促進する

目的は減量だけではありません。健康的な生活を促進することが大切です。ここで、そのためのコツをいくつかご紹介します。

- 起床後にレモン半分をしぼって入れた水をコップ一杯飲みましょう。
- できるだけオーガニック食材を取り入れましょう。
- 起きて三十分以内に朝食を取りましょう。

◆食前にコップ一杯の水を飲みましょう。

◆食前に好きな香り、花、エッセンシャルオイルの匂いをかぎましょう。香りは空腹感を和らげてくれます。

◆食事中はスローテンポの穏やかな音楽をかけましょう。時間をかけて意識しながら食べることができ、食事も楽しくなります。それによって、少量で満足感を得られるかもしれません。

◆アルコール摂取量を減らしましょう。

◆口寂しいときは、甘いものではなく無塩ナッツ類やフルーツを少しだけ食べるようにしましょう。

◆上唇の中央にあるツボを押し、そのまま九十秒ほど保ってから水を飲みます（いつもおやつが食べたくなる人は、ここを指圧すると食欲を抑えられます）。

◆皿に食べ物が残っていたとしても、空腹感がおさまったら食べるのをやめましょう。

◆食事に彩りを添えましょう。特定の色を取り込むとヒーリングにも役立ちます。

◆食事は時間を決めて取りましょう。

◆できるだけ自炊しましょう。

◆調理油にはココナツオイルやごま油を使いましょう。他の種類の油の多くは、加熱によっておかしな匂いがしたり発がん性物質になることがあります。

◆炒め物や揚げ物は極力控えましょう。

◆棚にあるジャンクフードは捨ててしまって、健康に良い食材だけを買うようにしましょう。家にジャンクフードがなければ、誘惑に負けることもありません。

◆週に四、五回は運動しましょう。楽しみながら、いろいろなエクササイズを試してみましょう。

◆160頁の「感情解放のプロセス」を毎日行って、感情に取り組みましょう。

◆水筒を携帯し、炭酸水や糖分たっぷりの飲み物ではなく水を飲むようにしましょう。

- 食事は脂質、糖分、塩分を控えましょう。
- 毎日のエクササイズに、太ももを鍛えるランジ、横たわって行う片足あげ、スクワットなどを加えましょう。
- 理想の体重を達成した自分を視覚化しましょう。

❖【事例／ダイアンの場合】素敵な変身

ダイアンは体重を落として見事に変身し、多くの医療プラクティショナーを唖然とさせました。以下は、彼女自身が語った物語です。

「体重に悩む人生が始まったのはずいぶん前のことです。子どもの頃の体重は平均的なものでした。ところが思春期を迎えた頃から、親戚の男性たちが妙な視線をよこしてちょっかいを出してくるようになったのです。私はこの不愉快な注目がその後の自分にどういった影響を及ぼすのか、当時は何も気づいていませんでした。

また、両親はよく私をけなしていました。何をしても、どれだけ努力しても、両親の目に映る私は劣等生だったのです。そして、私が未婚で妊娠したとき母に堕ろすように言い渡され、体重が急激に増えました。両親にとって私は期待外れの存在なのだと感じました。

その後、二人の子どもを出産してから2型糖尿病と診断されました。末娘が生まれて一年後、イナの本『体が伝える秘密の言葉』を人からプレゼントされ、その後ワークショップに参加しました。その頃の体重はピークに達していましたが、ワークショップ二日目に、私は変化を感じ始めました。自分が痩せたように見え、体も軽く感じられます。それが減量の旅路のはじまりでした。それ以来、私は何度かワークショップ「ヴィジョナリー直観ヒーリング」に参加し、イナのオーディオ・プログラム（特に「早く痩せるプログラム」）も活用して、二十キロ以上減量しました。

この一年半でこれまで抱えてきたたくさんの感情的な問題を解消し、血圧と抑うつ症の治療薬をやめ、糖尿病の治療薬も減らすことができました。医師からは、医学的見地からは考えられないことだと言われました。

昨年半ば頃、主治医からコレステロールの薬は続けるようにと言われたのですが、半年間薬なしでコレステロール値を下げられるかどうか様子を見たいという私の意向に同意してもらいました。そして、イナのワークショップ、オーディオ・プログラム、エクササイズ、食事療法を続けて、三ヶ月もしないうちに薬が不要になるほどに快復したのです。二十二年間続けていたストレスばかりの仕事も辞め、自分でビジネスを始めました。適度の運動も楽しく、今ではリラックスして幸福な思いとともに過ごしています」

＊＊＊

【痩せるためのプロセス】

次のプロセスは、ダイアンをはじめ多くの人が減量するために活用したものです。赤い毛布、赤いコップと白いコップを一つずつ用意し、コップには水を注いでおきましょう。これらはプロセスの効果を高めるために使います。

❖ リラックスする

まず、静かな場所を用意してくつろぎます。リラックスできる姿勢で椅子に腰かけるか、横たわるかしてください。できるなら、赤い毛布にくるまりましょう。呼吸の流れを意識しながら、自然に目を閉じていきます。

心地良くなってきたら、鼻から大きく息を吸い、吸った空気が波のように全身を巡るところを想像します。息を吐きながら頭に意識を戻しましょう。リラックスしていくのを感じてください。

❖ ネガティブな思考と感情を解き放つ

自分自身や自分の体重に対する考え、思いに意識を向けます。罪悪感や怒り、恐れ、焦りなどがありますか？　「そんなに簡単に減量できるだろうか」と不安になったり心配したりしていませんか？

そうした思いや手放したい感情がある場合は、次のように唱えましょう。「私の体に内在する神聖なる癒しの叡知よ、どうかあらゆる疑念を消去してください。どうか、どうか消去してください。

あらゆる怒り、恐れ、罪悪感、不安、自己不信を解き放ち、体重を減らしてそれを維持する自分の力を疑ってしまうネガティブな考えを拭い去ってください」

心が軽くなるまで「解放」という言葉を繰り返し、制限的な信念を解き放ちましょう。

❖余分な体重が消えていくところを視覚化する

掃除機を手にしている自分を思い描きましょう。その掃除機で、体から不要な重みやよどみを根こそぎ吸い出すところを想像します。ぜい肉がついている部位に特に集中してください。そして、輝くような赤いエネルギーを全身に注ぎ込み、体の滞っている部分やぜい肉が落ちにくい部位にエネルギーが流れていくのを許しましょう。余分な体重が消えていく様子を観察します。消えていくところを、見て、感じてください。

次のように三回唱えましょう。「体に内在する神聖なる癒しの叡知よ、どうかすばやく簡単に脂肪を燃焼する身体能力をもたらしてください。どうか、どうか脂肪燃焼力を与えてください」

次の宣誓を潜在意識に深く浸透させましょう。「私の体はすばやく簡単に脂肪を燃焼させる方法を知っている」

❖水を飲む

プロセスの効果を高めるために、座って赤いコップから水を飲みましょう。赤いコップがなければ、赤い液体を飲んでいると想像してもかまいません。

横たわってさらにリラックスし、この赤い液体が体の新陳代謝と脂肪燃焼力を活性化させる様子に意識を向けます。新陳代謝が、健康で強い体を維持する最適なレベルまで高まっていきます。続いて、座って白いコップから水を飲みましょう。想像でもかまいません。澄んだ水が全身を巡り、体を洗い流しながらバランスを整え、再活性化する様子を観察してください。

❖指でタッピングする

両手の指で優しく額をタッピングしながら、次のように四回唱えます。「私は今、完璧な体重を達成する」。タッピングはこの宣言を体に思い起こさせる助けとなります。次に目の下をタッピングしながら、同じように四回唱えます。最後に胸のあたりをタッピングしながら、ゆっくりと深呼吸を繰り返し、同じように四回唱えてください。このタッピングは滞りを解き放ち、減量するという意図を根付かせるためのものです。

❖完璧な自己像と合体する様子を視覚化する

理想の体重を達成した自分を想像しましょう。どんな風に見えますか？　どのように感じますか？　何をしていますか？　どんな服装をしていますか？　周りの反応は？　ほかにどのような変化が見えますか？　完璧な自分と合体する様子を思い描きましょう。あなたの中にはすでにスリムで魅力的な一面があるということを知ってください。その一面は、健康的な食生活をし、体重を減らし、楽しんで運動するようあなたを励ましてくれます。

では、ムドラを作ります。親指と人さし指を合わせましょう。この形を両手ともに作り、その状態を十五秒間保ちます（手は、楽な位置に置いてください）。ゆっくりと深呼吸しながら、健康的な食事をして運動を楽しんでいる自分を想像しましょう。一ヶ月間楽しみながら運動を続けている自分を思い描いてください。終わったら指をリラックスさせて、何度か深呼吸しましょう。

もう一度親指と人さし指を合わせて、十五秒間、今想像した自分のイメージを強く生き生きと描きます。どれだけ気分が良いか気づいてください。次に、未来に足を踏み入れて、今から半年後に意識を向けます。運動を楽しみながら、意志を曲げずに魅力的な外見を手に入れた自分を描きましょう。何度か深呼吸します。出会う人が皆、あなたを誉めてくれるところを想像します。自信が高まってくるのを感じてください。では、現在に戻って親指と人さし指をリラックスさせます。

一日の中でモチベーションを上げたくなったときはいつでも、親指と人さし指を合わせて自分の完璧な姿を視覚化し、「健康的になろう」と自分を鼓舞してください。

❖体を動かす

時間に余裕がある方は、次のことをやってみましょう。音楽に合わせて、立った状態で四十秒間激しく体を動かし、二十秒間休みながら何度かゆっくりと深呼吸します。これを五回繰り返してください。新陳代謝が活性化され、血流が良くなります（循環器系に問題のある方にも最適なエクササイズです）。

❖ 減量ムドラ

新陳代謝、免疫系、減量を刺激するのを助ける効果的なムドラをご紹介します（副鼻腔炎などの鼻の症状や呼吸器系の問題がある方にも役立つムドラです）。

両手の指を組みましょう。右手の親指を上に向け、左手の親指と人さし指で右手の親指を囲むように輪を作ります。このままの状態を二分から二十分間保ってください。このムドラは、体重を減らし、健康を増進するのに効果があります。誰かを待っているときやテレビを観ている時間を利用して行うのもよいでしょう。

20・傷心を癒すには

Q

パートナーと別れたばかりで、何も手につきません。寂しくて悲しくて、胸が押しつぶされそうです。パートナーとはうまくいっていませんでしたが、それでも相手がいるというだけでどこか安心感がありました。今は別れと向き合おうとしていますが、気分も落ち着かず緊張してしまい、どうしていいのかわかりません。

ほとんどの人が、人生のどこかのタイミングで拒絶されたり傷ついたりといった経験をします。それはたいてい、戸惑いや深い心の傷が生じる混乱の時期となります。相手を責めて心を閉ざすのは簡単ですが、本章でお勧めしているのは、過去に学んでバランスのとれた考え方を見つけ、愛とサポートが新しい形でどのように人生にやってくるのかを発見することです。別れから学んで成長し、賢明になるチャンスです。自分によりふさわしい関係を呼び込みましょう。

別れることのつらさ

それがどれだけ不毛な関係でも、別れるということは喪失感や悲しみ、後悔、孤独感、不安を引き起こします。怒りや恐れ、拒絶感、内面の葛藤、傷心、不信感がないまぜになることも珍しくありません。あらゆる計画や夢が突如として崩れ始め、耐えがたいほど苦しく、感情が揺さぶられるような混乱が訪れることもあります。

うまくいっていない関係でも続ける方が楽だと感じることもあります。それは、その関係しか知らず、それが当たり前になっているからです。状況を変えることに後ろめたさや責任を感じたり、将来を恐れたりして身動きが取れなくなることもあります。前に進もうと決めると先が見えない不安を感じるものですが、そのときこそが自分自身や人生、人間関係に関する思い込みや考え方を見直すチャンスなのです。自分の内なる強さを発見し、過去の心の傷を癒して、将来に対してパワーが湧いてくる新たな選択を行う機会が訪れたということです。

ゆっくりと時間をかけて内面を探求し、本章の最後で紹介しているヒーリング・プロセスを行いましょう。別れた相手に対するネガティブな感情が潜んでいるのなら、第十四章「円満な人間関係を築く方法」で紹介している「コードを浄化するプロセス」を行ってください（２９４頁）。

感情が込み上げてくることもありますので、第六章の「感情解放のプロセス」（１６０頁）を合わせて行ってもいいでしょう。

サポートを求める

別れを経験したときは、ひときわ自分に優しくしましょう。あなたを愛し支えてくれる人たちにそばにいてもらうことも大切です。決めるべき重要なことがいろいろとあるかもしれませんが、自分の気持ちを表現する時間をちゃんと作りましょう。心を閉ざして感情を麻痺させないよう気をつけてください。

自分の気持ちを書き出したり、泣いたり、運動したり、何か創造力を発揮できることをすると気分が楽になることもあります。感情を整えるためのヒーリングもあります。マッサージやリフレクソロジー、鍼治療、アロマテラピー、チャクラ・バランシング、感情解放セラピーなどといった様々な療法も、気持ちを和らげるのに役立ちます。

別れのつらい気持ちを家族や友人に話したくない場合、あるいは身近に相談相手がいない場合は、カウンセリングを受けるという選択肢もあります。腕のいいカウンセラーなら、あなたが自分の気持ちを認められるよう手助けし、現状に新たな視点をもたらしてくれるでしょう。

子どもを支える

子どもがいる場合は、親子でちゃんと話し合って、彼らが失望や心の傷に対処できるよう手を貸してあげてください。別れることに決めたのは彼らのせいではないと説明することがとても大切です。なぜなら、子どもというのは両親の別れを自分のせいだと考えてしまいがちだからです。子どもに相手（父親あるいは母親）のことを悪く言うのはやめましょう。あなたがどれだけ苦しくても、子どもにどちらの味方につくのかを決めさせたり葛藤を与えるのは本意ではないはずです。もしも相手が虐待的で子どもに危険が及ぶ懸念がある場合は、子どもを守るためにあらゆる予防策を講じてください。

別れた相手と子どもにはあなたとはまた別の親子関係があるということを、認識しておきましょう。両親それぞれとの健全な絆は、子どもの精神的、感情的、身体的健康と幸福感に欠かせません。大人になってから他者と実りある関係を築く力を養うためにも、健全な親子関係はとても重要になってきます。

「人生は好転する」というポジティブな考え方が前進へのきっかけとなります。過去のどの時点で間違ったのだろうと気に病むよりも、今できることに集中しましょう。自分を労って、前に進むための決断をくだすことを自分に許可してください。

過去に学ぶ

別れたあとは、ハートが悲しむ時間をしっかりと作りましょう。心を閉ざしたり苦痛をまるごと押し殺したりしないよう気をつけてください。過去を癒し過去の経験に学ぶことが、前進してより良い関係を引き寄せることにつながります。心を閉ざしてしまうと、新たな出会いを妨げたり、間違った相手とばかり関係を持ってしまうことになります。

過去の関係のポジティブな面を認めると、失敗や失望ではなく達成感や充足感を持って次の段階に進めます。少し立ち止まって、自分が過去の経験からどのように成長したか考えてみましょう。自分のどのような面が進歩しましたか？　あなた自身について、どんな発見がありましたか？　次に関係を築くときには、どうしたいですか？　次の相手にはどんな人を求めていますか？

時間をかけて自分の好きなところに気づいてください。自分は人からどのように扱われたいのか、どうすればもっと楽しめるのか発見してください。心に傷を抱えているときに忘れがちなことは、あなたをもっと楽しく情熱的で心温まる愛へと導いてくれる愉快で愛情深く創造的な人、魂の喜びに生きる人が、周りにたくさんいるということです。あなたはただ、心を開いてポジティブな雰囲気を放っていればいいのです。

探求して変容する絶好のチャンス

途方に暮れているときは、自分の内面を探る絶好のチャンスです。「自分のことはよくわかっている」などと思わずに、自分が好きなことや惹かれること、ワクワクすることを発見してみましょう。これまでに試したことのないこと、たとえばダンスや旅行、転職に挑戦してみようと思うかもしれません。住んだことのない町や見知らぬ土地に引っ越そうと思い立つかもしれません。

私のクライアントに、パートナーと別れてからポールダンスを始めた人がいます。彼女はそのおかげで体重が減り、自信がつき、セクシーな気分を味わうことができました。南極旅行に出かけ、その後三ヶ月間南アメリカを旅したクライアントもいます。彼女は気分を一新し、人生観を新たにして戻ってきました。

別れがきっかけで殻を打ち破り、自分の創造性を再発見して人生の目的へと突き進んだ人たちも知っています。彼らはまるで新しい人生を与えられたかのようでした。体を鍛え上げ、マラソンを始め、作家になった男性もいます。犬を飼い、服を着せて撮った写真でクリスマスカードを作ったところ友人たちの間で大好評だったため、それを数百万ドル規模のビジネスへと発展させた女性もいます。

学校に通い始めた人、ボランティアを始めた人、投資家になった人、ソウルメイトと出会った人、幸福感と充足感が増した人――いろいろな人の話を聞きましたが、それができたのは彼らに新たな道を歩む勇気があり、失ったものではなくその後の可能性に意識を向ける意欲があったからです。

あなたはもうすべてが終わったと思っているかもしれませんが、この終わりに見えるものが実は変容のはじまりなのだと理解することが大切です。次のように自問してみましょう。「失ったように思えるものは何だろう?」「失ったように思えるものは、一体どのように姿を変えて戻ってくるのだろう?」。愛を失ったと思っているのなら、今のあなたに愛情を注いでくれている人に目を向けてください。それは友人や家族かもしれないし、もしかすると最近出会って優しい言葉をかけてくれた誰かかもしれません。

拠りどころを失ったと思っているのなら、あなたを気にかけてくれている人を探してください。また、自立して生計を立てる力があることに気づく段階が訪れているということも考えられます。パートナーを失って寂しいのなら、あなたと時間を過ごしてくれる人を探してみましょう。反対に、少し時間をとって自分一人で楽しむことを学ぶチャンスかもしれません。あなたが失ってしまったと感じているものが姿を変えて現れていることに気づき、そのことを認められるようになるほど、あなたは落ち着きを取り戻して全力で人生を楽しめるようになっていくでしょう。

❖【事例/ジュリアの場合】新しいはじまり

ジュリアとフィルがオーストラリアのシドニーに住んで数年が経っていました。二人は一緒になるために何度も困難を乗り越え、とうとう結婚を決めて家庭を築くために家を買いました。そして、ギリシア出身のフィルは、結婚して落ち着く前に家族に会っておこうと里帰りすることにしました。

フィルが戻ってきたとき、様子がそれまでと違っていました。どこか落ち着きのない、心ここにあらずといった状態でピリピリしています。そしてフィルは、まだ心の準備ができていない、ギリシアに戻って生活したいとジュリアに打ち明けました。ジュリアは最初、絶望のどん底に突き落とされたような気がしました。以前から長期的な関係を築くことへの不安をほのめかしてはいましたが、フィルがここまで気を落として惨めな様子で戻ってくるとは夢にも思っていなかったのです。しばらく自分の内面を見つめたのちに、ジュリアは自分が二人の関係に多くを求めすぎていたことに気づき、彼のもとを去るという苦渋の決断をしました。

実家に身を寄せ、ジュリアはアパートを探し始めました。別れてから最初の一ヶ月は大変で、戸惑いと孤独感しかありませんでした。それでもジュリアは、苦痛と悲嘆にもがき苦しむのではなく人生のポジティブな面に目を向けることにしたのです。フィルから学んだことを一つひとつ見つめ直し、自分がどれだけ成長したかということに気づきました。新しい関係に自分が何を求めているのかもはっきりしました。

数ヶ月の間、ジュリアは友人たちとの旧交を温め、かつて関心を抱いていたことを再発見し、自分を育みながら過ごしました。そして直観に耳を傾け、自分のハートに従うようになったのです。フィルと別れて四ヶ月が経ち、ジュリアは再スタートを切る心の準備ができました。新しいアパートを購入するという予知夢を見て、実際に数日後に購入しました。

誕生日が近づいていたので、ジュリアは斬新な髪型に変えて新しい服を買い、また男性とデートすることに決めました。そして一ヶ月もしないうちに、ジュリアはトムと出会います。ジュリアがパートナーに求めるものすべてをトムは備えていました。トムはシングルで思いやりがあり、魅力的で頼もしく、創造力とユーモアもある上に、ジュリアに夢中でした。

ジュリアがポジティブな姿勢で自信をつけていったことに、私は感銘を受けました。彼女は一度心の傷に向き合ってから、人生がもたらす新たな可能性に目を向けたのです。

一年半後、ジュリアとトムは結婚しました。

隠された秩序

『正負の法則　一瞬で人生の答えが見つかる』の著者、ドクター・ジョン・ディマティーニにインタビューを行ったとき、彼はこう話していました。「あなたが惚れ込んでいるものや憤りを感じるものは、あなたの頭から離れることなく時間を奪います。そうなると、それらに振り回される人生になってしまいます。偏りのない考え方ができて初めて、人は自由を得るのです。宇宙にはバランスを司る正負の法則があります。それが見えていないとき、人は方向性を見失います。しかし法則が見えていると、慌てるのではなく平静に今この瞬間を生きることができ、未来や過去にとらわれることもなくなりま

す。知恵とは、隠された秩序とそれを司る法則に気づくことなのです」[注23]
自分の責任を引き受けると、自らの体験に隠された秩序と天からの祝福を発見することができます。そして、実際には何も欠けてはいないのだということに気づくチャンスが訪れます。欠けているように思えることも、実際には祝福が姿を変えて現れているだけなのです。

＊＊＊

【傷心を癒すプロセス】

ここでご紹介するのは、癒しと前進の助けとなる三つのプロセスです。「ハートとつながるプロセス」は何度も行ってください。また、294頁の「コードを浄化するプロセス」で元パートナーや関係する人とのコードを浄化し、160頁の「感情解放のプロセス」であなたが抱えているネガティブな感情もすべて解放しましょう。

❖力が湧いてくる質問をする

以下の質問への答えを書き留めましょう。のちの参考になります。

◆この関係において、私を成長させてくれたポジティブな要素は何だったのだろう？

◆まだわだかまっている後ろめたい気持ちがあるだろうか？　私はその気持ちを手放してもいいと思っているだろうか？

◆元パートナー、または自分自身を許す必要があるだろうか？（第九章195頁の「許しのプロセス」を行いましょう）

◆今の私をサポートできる人は誰だろう？

◆そのサポートを受けることを自分に許可できるだろうか？

◆たとえそれがつらくても、私はハートを開いたままでいられるだろうか？

◆私が今から人生に引き寄せたいと思う人はどんな人だろう？

◆私は今どのような関係を望んでいるのだろう？

❖バランスに気づく

紙を用意して、元パートナーと別れたことで失ったと感じるものを書き出します。裏面には、失ったと感じるものが新しく姿を変えて今どのように人生に現れているかを書き出します。たとえそれが目には見えなかったとしても、人生のバランスに気づこうとしてみてください。

❖ハートとつながる

胸に両手をあてて、ゆっくりと深呼吸を繰り返します。体をリラックスさせることに集中して、自分に優しく穏やかな気持ちを向けましょう。

次のように唱えてください。「神聖なる癒しの叡知よ、どうかあらゆる怒り、悲しみ、孤独、罪悪感、恐れ、○○○（ほかに解放したい感情があれば入れてください）をハート、マインド、体、エネルギー・フィールドから解放できるよう力を貸してください。どうかハートをなだめて、平和、静けさ、優しさ、穏やかさ、温かさで満たすことができますように。この困難のときに私を支え励ましてくれる人を呼び寄せてください。決断をくだすときは導いてください。人生を秩序立てるために取るべき最善の行動を示してください。どうか自信、幸福感、未来への情熱を取り戻すことができますように。ありがとうございます」

心が軽くなるまで、「クリア」という言葉を繰り返しましょう。

美しい緑、ピンク、黄色の色彩がハートを駆け巡り、ハートを浄化するところを視覚化します。

そして、あなたが心からやりたいことを思い描き、それを受けとることを自分に許しましょう。

次のムドラでプロセスを終えます。まず背筋を伸ばして座り、合掌して祈りのポーズを作ります。中指の先が額の中央、第三の目の高さになるようにします（両肘は横を向いています）。ゆっくりと深呼吸を繰り返しましょう。元パートナーに明け渡していたパワーをすべて取り戻すところを想像します。あなたを強く成長させてくれた相手に感謝しましょう。「ウムー（ｕｍｍｍｍｍ）」という音を何度か発してください。少なくとも二、三分、できれば最長五分間このポーズを保ちます。パートナーと別れたときは、自分が強くなったと感じるまでこのプロセスを毎日二、三回行ってください。

21・悲嘆、死、喪失感に向き合う方法

Q

誰かを亡くしたあとに人がたどる悲嘆の段階について教えてください。愛する者の死に向き合った人、若くして亡くなった方や老いて亡くなった方の話で、何か励みになるようなものがあれば教えてください。祖母がもう長くないのですが、できるだけのことをしてあげたい、極力穏やかに愛を感じながらこの世を去って欲しいと思っています。また、最近幼い子を亡くした親友がいます。彼女がその喪失に向き合えるようサポートしてあげたいです。

死や悲嘆の思いを語るのはつらいことですが、愛する人の死は誰にでも訪れることで、いずれは自分自身もこの世を去ります。大多数の人は、死について議論するくらいなら歯を抜かれる方がましだと考えているでしょう。愛する人を失うのではないかと考えるだけで、恐れや不安、悲しみが湧き起こることも珍しくありません。しかしながら、多くの人にとって、愛する人を看取ることは人生を一変させる出来事になりうるのです。母親を看取った友人から最近話を聞いたのですが、彼女は精神的に自由になり、もう他人が決めたルールに従うつもりはなくなったと言っていました。生命への視点

が百八十度変わり、何が重要で何がそうでないかという価値観もすっかり変わったようでした。

死への恐れを取り除く

愛する人が病気になったり亡くなったりするのを目の当たりにするのはつらいことですが、死のプロセスを学び、人にもそれを教え伝えることが大切です。体というものは、魂をほんの短い期間守るための容れ物だということを理解しておきましょう。魂は永遠です。死とは、肉体が滅びて魂が故郷へ帰るというだけのことなのです。この移行を少しでも楽に受けとめるために、この物理的な世界から次の世界へと移行する魂の旅路を知っておきましょう。

悲嘆にはいくつかの段階があることは知られていますが、人にはそれぞれ個性があり、愛する人の死に対する受けとめ方も千差万別です。死は残された者にとっては強烈な喪失に感じられることがありますが、それは新しい世界への美しい旅立ちでもあります。死を祝い、魂の故郷への帰還ととらえる文化もあります。

多くの人は死を恐れますが、それは死が未知なる世界の入り口だからです。退行催眠や臨死を体験したことがある人にとって、次の世界への移行はそれほど不可解なものではなく、むしろ心が静まる経験です。

死の前後、あるいは死の瞬間に、家族や大切な人の魂と対話しようとする人も少なくありません。クライアントの相談に乗っているときだけではなく、私自身もそういった魂の交流を何度も目撃したことがあります。魂は家族に連絡する手段として夢に現れたり、物を動かしたり、電気をチカチカ点灯させたり、直接触れたり、ヴィジョンに現れたりします。霊能者を通じて訴えたり、子どもとコミュニケーションを取ることもあります。

死やスピリット・コミュニケーションに関する数多くの著作があり、霊能者でもあるジェームズ・ヴァン・プラグは次のように語っています。「死後の世界に関する証拠を示して意識は永遠だということを証明できれば、死への恐怖はなくなる」［注24］

❖【事例／著者の場合】初めて向き合った死

私の初めての死にまつわる体験は、まったく予期せぬものでした。当時初めての赤ちゃんを妊娠していた私は、母親になることを待ち焦がれていました。妊娠は、私自身の内なる力とのつながりをよりいっそう高めてくれました。

予定日の三週間半前、産婦人科で助産師にいつもの検査をしてもらったところ、すべては順調だということでした。ところが帰り支度をしているときに、私はなぜか赤ちゃんの心臓に異変があるのではないかと強く感じたのです。

心音を確認した助産師は、問題ないから心配しなくていいと言いました。胎動をあまり感じなくても心配ない、妊娠後期になると赤ちゃんが大きくなるから動くスペースがなくなるのだ、ということでした。私は彼女の言葉を受け入れ、そのまま帰宅しました。数日後、私は赤ちゃんがあまり動いていないことに気づきました。子宮から妙な音も聞こえます。それでも私は助産師の言葉を思い出し、様子を見ることにしました。

その週の終わりに激しい子宮収縮が起こり、ポールが車で病院に連れて行ってくれました。痛みが尋常でなかったため、一刻も早く病院にたどり着くよう、ポールに支えられて車から降りました。病院に入り、痛みのあまり屈み込む私を見て看護師が近づいてきました。私は彼女に寄りかかるようにして歩きました。陣痛の波が押し寄せてきたとき、彼女が私の腹部に手をあてて、最後に胎動を感じたのはいつかと尋ねました。どうしてそんなことを聞くのだろう、と私は腹を立てました。

病室に入る頃には陣痛がさらに激しくなり、もうすぐ生まれるのだと思いました。助産師が来たとき、私はいきんでいました。そして彼女が赤ちゃんを取り上げてくれ、私は精魂尽き果ててしばし朦朧《もうろう》としていました。部屋が静まり返っています。私は混乱し、助産師を見上げて聞きました。「赤ちゃんは無事？」

一瞬黙って、彼女は「残念ですが」と言いました。意味がわからず、私はポールのほうを見ました。ポールは涙を浮かべています。目の前が真っ暗になりました。赤ちゃんに目をやると、動いていません。そこでやっとわかりました。

赤ちゃんは死んでいたのです。

私は皆に部屋から出て行ってもらいました。どうしてこんなことになったのか理解できなかったのです。ここはオーストラリアなのに……。ちゃんとした医療を受けられる国でこんなことが起こるなんて。「私のせいだわ。私にどこか異常があったに違いない」。私は混乱していました。天井を向いて、呆然としていました。何も感じないし、体は動きません。

どのくらいの間、天井を見つめていたのでしょう。ふいに、信じられないことが起こりました。人生で初めて天使を見たのです。白い服をまとった、美しくて優しそうな天使。「心配しないで。あなたはもうすぐ二人の子ども――男の子と女の子に恵まれるのだから」。天使がそう言うと、その横に夢のように愛らしい子どもが二人、姿を現しました。とてもかわいくて楽しげな二人の子どもたち。私はなんとなくほっとして、目を閉じました。

その後数時間、私はどこか感謝のような気持ちを感じていました。赤ちゃんは亡くなってしまったけれど、産もうと決意したことに後悔はない、と私はポールに言いました。たくさんのことを学んだからです。この経験を活かして人を助けようと私は心に誓いました。

あまりにも衝撃的で痛ましい経験だったため、忘れようにも忘れられません。私はこの経験を受け入れて、今後に役立てようと思いました。

ポールも打ちひしがれているのがわかっていたため、私は彼を慰めようとしました。そして朝を迎える頃に意識がよりはっきりしてくると、痛みが体を襲ってきました。悲しみの波が押し寄せ、涙がとめどなく流れてきます。ただ、ただ悲しい。私は泣くことしかできませんでした。

それから数週間、果てしない試練のときが続きました。絶望的な気分でした。喪失感と失われた夢に向き合うだけでもつらいのに、周囲からの同情と慰めにも対応しなければならなかったからです。自分の死産の話をする人もいれば、赤ちゃんを二人失った人、三人失った人の話――恐ろしいことに、四人も赤ちゃんを失った人の話をする人もいました。そうした話を聞いていると気分は落ち込む一方です。もう聞きたくない、どこかへ逃げて消えてしまいたい……。

体が赤ちゃんを抱っこしたいと求めていました。この感覚、この思いは経験したこともないほど苦しいものでした。

ポールが死後の世界に関する本を数冊買ってきて、二人で夢中になって読みました。それでもまだ切ない思いは消えません。人が死ぬ夢を見ては汗だくになって飛び起きるということを繰り返しました。そこでポールは自分たちには助けが必要だと考え、二人で精神分析医に診てもらうことにしました。初診時、医師から死と向き合うコースがあるから参加してみてはどうかと言われました。それを聞いた瞬間、私は参加すべきだと感じました。コースはその日の夜、しかも車で五時間かかる会場で行われるということでしたが、私たちは迷わず向かいました。

会場に着くと、六十人ばかりの人たちが座って話をしていました。私は空いている椅子を見つけて座りました。驚いたことに体が震え始め、私は泣き出してしまいました。私は自分のその反応が理解できませんでした。何しろ私は泣き疲れていたのです。泣き過ぎて、もう涙も枯れ果てたと思っていたのに……。あとになって理解したのですが、涙が出たのは「自分は一人じゃない」ということに深いレベルで気づいたからでした。多くの人が同じような経験をして絶望し、見放されたような気持ちで神性とのつながりを失っていることに気づいて、泣けてきたのです。

夜も更け、講師が宿泊先が決まっていない人はいるかと皆に尋ねました。ポールと私が手を挙げると、すぐに一人の女性が「うちにいらっしゃい」と言ってくれました。彼女の目を見つめると、そこには私と同じ悲しみと苦痛がありました。まるで鏡を見ているようでした。理由はわかりませんでしたが、私は彼女と過ごすことに何か意味があるのだと感じました。

家に着くと、彼女は二人の子ども――赤ちゃんと幼児――を亡くしたこと、上の娘が最近レイプされて今もとても苦しんでいることを話しました。家族を襲ったとてつもない苦悩とトラウマに耐え切れなくなった夫は、家を出てしまったそうです。

そのようなつらい経験をしたにもかかわらず、彼女は驚異的な強さと勇気と優しさを備えていました。私は言葉を失い、彼女の前にいることを光栄に思いました。彼女のどこからそんな力が湧いてくるのだろうと不思議でなりませんでした。

翌日、私たちは三人ずつのグループに分けられました。私のグループには二十一歳の女性と二十二歳の男性がいました。そのプロセスで行ったのは、私たち三人がボートに乗って海の上を漂流しながら島へ向かっているところを想像するというものでした。ところがボートが運べるのは二人だけなので、生き残るためには一人が犠牲にならなければなりません。ボートに残るべく、あとの二人に自分がどれだけ価値のある人間で、生き残るべきかを説得する必要がありました。皆、正直に話すことを求められました。

プロセスが試していたのは、それぞれの自己価値観、勇気、生きる意欲でした。当時死んでしまいたいと思っていた私は、自分はボートに残らないであろうことに気づいていました。誰が犠牲になるかが決まったら、その人は他の二人の目を見て言葉には出さずに自分の気持ちを伝えなければなりません。

これは私にとって、ボートから投げ出されるよりつらいことでした。絶望、自暴自棄、恐れ、拒絶、無価値感、怒り、恥の感情に向き合わなければならなかったからです。私は生まれたとき、一週間母から離されました。私はそのときの苦痛、私自身の赤ちゃんと別れた苦痛、そして神性とのつながりを失った苦痛に向き合う必要がありました。

その後、許しと解放のプロセスを行って、大きな癒しを感じることができました。

私の癒しの旅に控えていた次なるステップは、心が休まる場所へ行くことでした。どこか特別な場所――私にとって神聖な場所に行く必要があったのです。ポールと私は、ヨーロッパに行くことに決めました。旅の途中で、子どもを亡くしたことがあるという人にたくさん出会いました。彼らはその経験をあまり人に話したことがないということでしたが、私はそういった人たちの話を聞いて、自分も嘆き悲しんでいいのだという気持ちになりました。そして、彼らもそれぞれの喪失感を認めて癒しへの道を歩み始めるきっかけを得ました。またイギリスでは、有名なサイキックであり文筆家にしてスプーン曲げの名人でもあるユリ・ゲラーに会いました。彼は、自分も赤ちゃんを亡くしたことがあり、あなたたちの苦悩がわかると言いました。その出会いは癒しとなり、私たちの喪失感に向き合う助けとなりました。

ポールと私は、自分の気持ちを表現するために詩や歌をたくさん作りました。それをもとにして、二人の初めての本『First Kiss』が誕生しました。

やがて私たちは、二人の健康な子どもに恵まれました。

誰にもあなたがどのように喪失感に向き合うべきかを教えることはできません。けれども、私が気づいたことをお伝えしておきたいと思います。まず、失ったことを感じて、話して、書いて、描くことを自分に許すことは、大きな助けになります。また、自分が感じた喪失の中に祝福を見つけられると、よりいっそうの勇気と思いやりと直観的洞察を持って前進できるということも私は発見しました。

ヨーロッパから戻って数ヶ月後、シドニーに住んでいたポールの母親が私たちを招いてくれました。出発の前日、ポールがシャワーを浴びている間、私は荷物を詰めていました。すると突然、年配の男性が私のベッドの脇に立っているのが見えました。初対面のはずですが、どこか見覚えがあります。ああ、ポールの母方のお祖父さんだわ、と察しました。数年前に亡くなった方です。最初のショックがおさまると、彼が赤ちゃんを抱っこしているのに気づきました。彼は言いました。「心配しないでいいからね。私が赤ちゃんの面倒をみているから」。涙があふれてきました。彼が真剣に言ってくれているのがわかったからです。しばし言葉を失っていると、やがて彼の姿は消えました。

ポールの実家に滞在している間、私たちはある霊能者に会いに行きました。その霊能者は、何一つ話さないで欲しい、といの一番に言いました。そしてチューニングするとすぐに、彼はポールの後ろに立っている男性について話し始めました。数日前に私が見た男性です。私はそこで、男性の手に何か見えないか聞いてみました。霊能者はまず、男性が一本のバラを持っていると言いました（ポールの祖母の名前はローズです）。少し間を置いて、彼の目に涙が浮かび始めました。私たちの赤ちゃんが見えたのでしょう。彼は優しい口調で、「男性は赤ちゃんを抱いている」と言いました。

ポールのお祖父さんは、数日前に私に言ったこととほぼ同じことを霊能者に伝えました。

この体験によって、私は自分が見たものは幻ではなかったということを確信しただけでなく、悲嘆と向き合う力も得ることができたのです。

悲嘆の段階

悲嘆にはいくつかの段階があるとされていることは前述しました。それぞれの段階が起こるタイミングは様々で、残された人によってそのとらえ方も変わってきます。また、起こる順番も人によって大きく異なります。悲しみをくぐり抜ける体験はその人の信念や受けた教育によって大きく左右されるため、いずれかの段階を飛ばす人もあれば、一つの段階に留まり続ける人もいます。

❖ショックと否定の段階

たいていの場合、最初に迎えるのはショックと否定の段階です。ショックは、冷静さを失って完全に崩れ落ちてしまわないよう、自分を守る防御手段として起こることがあります。また否定とは、現実を受け入れたくないという思いです。この段階にはまり込まずに自分の状態をしっかりと自覚し、この段階はいつか通り過ぎるものだということを知っておいてください。

❖苦痛と罪悪感

ショックがおさまってくると、感情面、精神面、身体面において深刻な苦痛が訪れることもあるでしょう。思い切ってこの苦痛の波を体感し、泣いてください。叫んだり、枕を叩きつけたり、ボクシングで発散してもかまいません。深呼吸したり、歌ったり、震えに身を任せるのも一つの手です。溜まった感情を放つためにできることをやってみましょう。何よりも心の傷を深めるのは、苦痛を押し殺したり、薬物やアルコール、暴力に逃避することです。

罪悪感や後悔に苛まれ、自分の対応が十分ではなかった、ほかにできることがあったかもしれないなどと思い込んでしまうこともあります。自分に優しくし、後悔を生んだ行動にとらわれないよう自分を許してください。

❖怒り

怒りの矛先は、神、自分自身、運命、医療、医師、家族に向けられたり、自分が加害者だと思う人物、特に殺人の場合は犯人に向けられることがあります。とりわけよく生じる疑問は、「どうして私がこんな目に？　私のせい？　私が何か間違ったから？　どうしてこんな罰を受けなければならないの？」というものです。この怒りを健全なやり方で表現しなければなりません。１６０頁の「感情解放のプロセス」や、書くこと、描くこと、ボクシング、ダンス、歌、スポーツなどを通して怒りを発散してください。適切な医療関係者や体の癒しに携わる専門家に相談することもできます。

❖取り引き

取り引きの段階では通常、人は本人が信じている大いなる存在（高次の霊的存在）と取り引きをしようとします。「断酒します」「禁煙します」「もう二度と虐待しません」「嘘をつきません」「ギャンブルをやめます」――こういった誓いを立てて交渉を試みたり、「堅気になります」「人助けします」「人のために尽くします」「勉強し直します」「自分の体を労ります」「人生を神に捧げます」などと、神に約束しようとすることもあるでしょう。

取り引きをしたからといって人が生き返るわけではありませんが、本人が深刻な病を抱えていたり生死をさまよう状況にある場合などは、大いなる存在に助けを求めることによって奇跡が起こることがあります。私は実際に、心から強く誓ったり、変容を約束したあとに人生を一変させた人たちを目にしたことがあります。

❖悲しみ、落ち込み、孤独感

悲しみ、落ち込み、孤独感は悲嘆の段階においてよく見られる感情で、人生のいろいろなタイミングで起こります。これらの感情は、愛する者が去って何年も経ってからでも起こりうるものです。数分でおさまることもあれば、数週間、長くなると数ヶ月にわたって尾を引くこともあるでしょう。虚ろな気分や孤独感、何も手につかないような気持ちが生じることもあります。

そうした感情を押し殺すのではなく、愛する人を思い出させてくれる曲を聴いたり、思い出を書き留めたり、亡き人の忘れられないところを思いながら瞑想したりしてみましょう。グリーフ・カウンセラーに話を聞いてもらったり、定評のある霊能者やヒーラーに会って心の整理を手伝ってもらってもかまいません。

愛する人が亡くなったために自分が何らかの性質を失ったと感じるのなら、そうした性質について熟考してみましょう。また、その性質を備えている身近な人に会ってみることも、あなたがそれを取り戻すのに役立つかもしれません。

肉体が消滅しても魂は生きていて、自分がこの世を去ったときに家族や友人と再会できるのだということを理解しておくと、喪失感に向き合う際に大きな慰めとなります。

❖前進する

前進の段階では、最善を尽くして生きること、癒しの道を探すことに意識が向き始めるでしょう。自助グループの活動やヒーリングのセミナーに参加したり、スピリチュアルな書籍を手にしたり、人生の選択を熟考したり、価値観に変化が生じたりすることもあります。

旅をしたり、引っ越したり、転職したり、学校に通い始めたり、人間関係を見直そうと思うかもしれません。そして、よりポジティブで向上心あふれる視点を持って再出発する――つまり、新しいことに挑戦して毎日を全力で生きようと行動を起こすのです。

ここでは性急に決断するのではなく、一歩ずつ前進することが大切です。

❖受容と平穏

余命いくばくもない人がこの地上での生を肯定して穏やかさを感じ、もう次へ進むべきだと考えたとき、死を受け入れる気持ちが訪れることがあります。それはたいてい内省と許しのプロセスであり、自分がこの世で成したことを認めて、家族や友人への愛を表現するときでもあります。

残された人たちも、愛する人が痛みや苦しみから解放されて安息の地へ旅立ったことがひとたびわかれば、それを受け入れることができるでしょう。

❖【事例／サラの場合】友の旅立ち

サラが電話してきたのは、がんを患う友人のデルタが死に瀕していたため、彼女の旅立ちのために何かできることはないかと思ったからです。

私はチューニングを引き受けました。デルタに意識を向けると、ベッドにじっと横たわる女性のイメージが浮かびました。サラによると、デルタは昏睡状態にあるそうです。かたわらに少年が見え、すぐにそれが彼女の息子だとわかりました。デルタの肉体は死の瀬戸際にあるようでした。彼女からテレパシーで伝わってきたのは、自分の死が息子に与える打撃を心配する思いでした。そして、息子が自分の死を受けとめて、彼を置いていくことを許してくれるだろうと確信できるまで、なんとか持ちこたえたいという意思も伝わってきました。デルタは私に、息子にこう伝えて欲しいと頼んできました。「お母さんはいつもそばにいて、あなたを霊界から見守り、助けてあげるからね」。そのことをサラに伝えると、彼女はとても感謝してくれました。

電話を切って階下に降りると、唐突にダビデの星のイメージが目の前に浮かびました。イメージはなかなか消えず、それがデルタに関係するような気がしたのでサラに電話して伝えたところ、デルタはユダヤ人なのだと知らされました。デルタにとって、ダビデの星は重要なシンボルだったのでしょう。サラは、自分のダビデの星のペンダントをデルタにかけてあげると約束しました。

数時間後、サラから電話がきました。病室に着くとデルタはすでに自分のダビデの星のペンダントをかけていたそうですが、それでもサラは自分のものも友人の胸にかけてあげました。そのとき、デルタの顔に涙が伝い落ちました。自分の願いが叶ったことがわかっているかのように……。

少ししてデルタの息子が病室に現れ、「もう逝ってもいいよ」と言いました。まもなく、デルタは息を引きとりました。

二、三週間して、サラがヒーリング・セッションを受けにやってきました。数分後デルタが部屋に現れましたが、サラには黙っていました。デルタがサラに近づき、彼女を抱きしめてからその足を両手で包み込みました。サラに何か感じるか聞いてみると、足元が火がついているかのように熱いと答えました。そこでデルタがすぐそばにいることを伝えると、サラは大きな慰めを感じたようでした。デルタはサラに関する個人的かつ正確な情報を私に伝えてきました。サラにそのことを話すと、彼女は心から感謝していました。それは、とても感動的なセッションとなりました。

❖【事例／著者の祖母の場合】移行

死に関する話や悲嘆の感情に向き合う話をいくつかご紹介してきましたが、本章の締めくくりとして、私の祖母が永眠したときのことをお話ししたいと思います。祖母の今生からの移行は、苦しみと癒しの体験となりました。多くの方にとって、何らかの参考になるのではないかと思います。

祖母は亡くなる二ヶ月前に白血病と診断されました。祖母は第二次世界大戦で母親と七人の兄弟姉妹を亡くしています。戦争を生き抜いた祖母が深刻な血液疾患を発症したと聞いても、私はまったく驚きませんでした。なぜなら、戦争を生き延びた人がこの疾患に苦しめられた例をたくさん知っていたからです。むしろ八十代になるまでこの血液のがんが発症しなかったことの方が不思議と言えるかもしれません。

祖母は闘志あふれる人だったため、彼女の病気の話を聞いた家族の大半は、ショックを受けながらも「彼女は病気にも打ち勝って快復し、長生きするだろう」と口々に話していました。祖母が死にかけているという事実は受け入れがたく、その様子を見ても弱々しいところなど皆無でエネルギーに満ち、絶対に生きていこうという意思が感じられました。

もってあと数ヶ月だろうと診断した医師に最初は怒りをおぼえましたが、私はその宣告をギフトととらえることにしました。これは祖母と大切な時間を過ごすチャンスではないかと思い、彼女と家族の癒しを手助けしようと考えたのです。

私は祖母に、自分の癒しと人生への感謝に意識を向けるよう勧めました。これまでの苦しみを乗り越えて、心の平穏を見つけて欲しかったのです。

最後の一ヶ月間、祖母はかつてないほどポジティブで、心を開いてすべてを受け入れようとしていました。抵抗、不安、心配を手放し、ハートとマインドを開いて私の話に耳を傾けてくれました。

私は痛み緩和や感情解放のエクササイズ、ネガティブ思考を変えるエクササイズ、さらに過去を癒すエクササイズも教えました。祖母は天使について大っぴらに語り、他界した彼女の両親とつながろうとしました。

その数ヶ月間、私は毎日のように祖母に会いに行き、特別な時をたくさん過ごしました。これまでに後悔したことやり直したいことがあるか聞いてみると、祖母は私をじっと見つめて「ないよ」とはっきり答えました。

祖母が亡くなる二日前、チューニングしてみると、祖母の魂が半分ほど肉体から離れかけているのが見えました。その夜はまだ、祖母も話したり笑ったりできました。心に焼きついているのは、彼女の左側に祖母の母親のスピリットが、そして右側に父親のスピリットが立っていたことです。この世を去る娘の旅路をサポートするためにやってきたのでしょう。私は心が慰められました。

翌日、祖母は肺炎を起こして病院に運ばれました。そして数時間後、意識を失いました。従姉妹、母、ポールと車で病院に向かう途中、私は祖母の魂を見ました。「あなたたち一人ひとりを愛しているわ。みんなありがとう。お祖父ちゃんのことをよろしくね」という思いが伝わってきました。

病院に着くと、私は意識が朦朧としている祖母に「もう旅立っていいのよ」と話しかけました。返事はできませんでしたが、祖母はちゃんと聞いていました。ふと、祖母の両親と兄弟姉妹がベッド脇に立っているのが見えました。

祖母の魂は穏やかで、なんだか気分が軽いと言っていました。ところが彼女の肉体はまだ闘おうとしています。その夜、従姉妹のジェニーが「どうしてお祖母ちゃんの魂は肉体を出たり入ったりしているのかしら?」と聞いてきました。するとちょうどそのとき、祖母の魂を肉体に結びつけているコードが見えました。私はすっかり心を奪われました。それまで私は、肉体が死んでコードが解き放たれるまで魂は肉体を離れられないということに気づいていなかったのです。「なるほど、そういうことなのね」と納得しました。人はこの世にやってくるとき、母親とコードでつながっています。誕生時に断ち切られるコード(へその緒)です。やがて肉体を去るときも、断ち切らなければならないコードが肉体につながっているのです。

祖母の魂は、死にゆく肉体に戻れないことに気づいて動揺していました。しかもコードがまだ肉体につながっていたため、霊界に行くこともできません。「もういいのよ、お祖母ちゃんはもう行くときなのだから」と私は説明しましたが、それにはもう少し時間がかかりそうでした。

翌朝、祖母の呼吸がますます危うくなってきました。いたたまれず、私はジェニーを誘って階下へ行きました。そして弟が病院に来るのを待っていると、祖母の魂が見えました。「お祖父ちゃんのことは大丈夫だから、心配しないで行っていいのよ」と私が伝えると、祖母はしばし沈黙し、「わかったわ、イノチカ。もう行くわね」と言いました。イノチカは私の名前イナのロシア語の愛称です。

病室に戻らなければならないと思いました。私たちが駆け込むと、ベッドの脇に看護師が立っていました。「間に合いましたね。もう息を引きとろうとされています」と彼女は言いました。私たちは見守り、大きな愛情を込めて何度も何度も祖母に愛を伝えました。悲しくはありましたが、どこか解き放たれるような体験でした。

聖なる視点

祖母が亡くなってから、誰かが「実際には死など存在しない」と言うのを耳にしました。これは死に関する別の視点――つまり、死は故郷へ帰ることを意味するのだから、誰も何も死ぬことはないという見方です。聖なる視点で見ると、死は消滅ではありません。それはただの移行であって、一つの世界から次の世界への旅立ちです。

私は、祖母の肉体は滅びても、心を開いて受けとめる気持ちがあれば、祖母の愛すべき資質をほかの人たちの中に見いだすことができるということにも気づきました。

祖母が他界してから、私は大きな愛とサポートを与えてくれる人に何人も出会いました。彼らが祖母の代わりになることはできませんが、誰かが愛や思いやり、気遣いを示してくれるたびに、私は祖母のことを思い出して深い感謝の念に包まれました。

身近な人がこの世を去ろうとしているとき、ハートを開いてこれまで閉じ込めていた感情の蓋を開けるチャンスが訪れます。これは、深く内省し、旅立ちつつある人への感謝を伝え、自分の愛の深さを感じて精神的に成長するチャンスなのです。そのようなときはペースを落として、内面を見つめ直し探求してください。

死に直面すると、死や生き方についての疑問がたくさん生じます。それは、自分にとって何が大切なのかを発見するチャンスです。

死にゆく人へのギフト

身近な人がこの世を去ろうとしているときにあなたが与えられる最も大きなギフトは、時間と愛と思いやりです。死にゆく人は、自分の存在価値を感じ、その人生と貢献を認めるチャンスが欲しいと思っています。愛する人に会いに行って話をしましょう。昏睡状態、アルツハイマー、そのほか何らかの理由で話すことができなかったとしても、コミュニケーションを図ってください。たとえ返事ができなくても、彼らにはあなたの声が届いています。

魂や霊界について教えてあげると、死に対する恐怖を和らげることもできます。

＊＊＊

【死と向き合うためのプロセス】

次にご紹介するのは、死にゆく人をサポートするためのプロセスと、あなた自身の恐れや喪失に取り組むためのプロセスです。１６０頁の「感情解放のプロセス」も一緒に行うことをお勧めします。前著『体が伝える秘密の言葉』でも、多種多様な感情に取り組むためのプロセス、亡くなった人を許すためのプロセスなどをご紹介しています。

❖祈る

死にゆく人のそばにいるときは、時間をとって愛の祈りを唱えましょう。できるなら、愛と思いやりとサポートの気持ちを込めてその人の胸に両手を置いてください。言葉は変えてもかまいませんが、次のような祈りを唱えます。「天使、ガイド、聖なるヘルパーにお願いします。どうか〇〇（その人の名前を入れてください）を愛と思いやりと光で包み込んでください。〇〇ができるだけ穏やかに、抵抗なく安心して移行できるよう手助けしてください。時が来たら、恩寵とともに光へと導いてください。ありがとうございます」

この祈りの目的は、死にゆく人に平穏と安らぎを感じてもらうことです。死の間際にいる人、あるいは昏睡状態にある人のそばに家族などが集まっている場合は、その人の最も印象深い思い出を語り合いましょう。その人を許したい、あるいはその人に許してもらいたいと思っている場合は、ぜひそうしてください。

本書の「感情解放のプロセス」に取り組んで、湧き上がってくる悲しみや苦しい感情をすべて解き放ちましょう。

❖ショックを解放する

あなたが大きな恐れやショック、トラウマを抱えている場合は、次のプロセスを行ってください。まず、ムドラを作ります。左手の薬指を右手の親指以外の四本の指で囲み、右手親指を左手の中央にあててぐっと押します。このムドラは神経系をなだめ、免疫系を安定させるためのものです。

押しながら、次のように唱えましょう。「私は今、体と細胞記憶からあらゆる恐れとショックを解き放ち、緊張をほぐしてリラックスすることを自分に許可します。私は愛され、サポートされています。今この瞬間から、事態はどんどん改善し好転していきます」

心が軽くなるまで、「クリア」という言葉を繰り返しましょう。

このポーズを五分から十分間保ち、それから右手と左手のポーズを入れ替えます。深く、リラックスした呼吸に意識を向けましょう。緑の光が神経系を伝わり、あらゆるショックを解き放つところを視覚化してください。

❖恐れに向き合う

愛する人の死は大きな恐れや不安を招くことがあります。ここでご紹介するのは、恐れを手放すのに役立つエクササイズです。

まず、あなたが恐れていることを書き出してください。起こりうることの中で最も恐れていることからそれほどでもないことまで書き出して、順番をつけます。この作業にはゆっくり取り組んでください。では、座って一つひとつの恐れを全身で感じてみましょう。あなたが経験したくないと思っていることは何でしょうか？

次に、最も強く恐れを感じる体の部位に両手を置きます。ゆっくりと何度か深呼吸してください。不快な感覚があれば、それを意識してみましょう。

続いて、心の中で、もしくは声に出して次のように唱えます。「この恐れを喜んで手放します」

この恐れの感覚を体から取り出して両手のひらに入れるところを想像します。そして、その恐れが鳥に変身するところを想像しましょう。この鳥を大いなる源へと明け渡し、それが飛んで行くところを視覚化してください。

❖癒しの宣言を唱える

次のように唱えましょう。「神聖なる叡知よ、どうかこの困難な状況が、実は私を成長、進化させ、前進させてくれるということを理解できますように。どうか喪失への恐れを明け渡すための愛あるガイダンスをもたらし、死を前にして与えられている聖なるサポートと人生の調和に気づくことができるよう導いてください。死を受けとめ、それを変容として見ることができるよう助けてください。私を理解し、親身になって癒しを助けてくれる人たちを連れてきてください。この経験の中に祝福を見いだし、希望を感じることができますように。ありがとうございます」

心が軽くなるまで、「委ねます」と繰り返しましょう。

ここで「クリア」ではなく「委ねます」という言葉を唱えるのは、状況が困難で理解の範囲を超えるとき、私たちにできるのは高次の源に委ねることだけだからです。

おわりに

本書『魂が伝えるウェルネスの秘密』では、人生において特に関心が高いテーマや難しい問題を扱っています。人生の様々な課題に対して意識を拡大させるのに本書が役立つよう願っています。私自身の経験談をはじめ、クライアントや家族、友人たちの話もふんだんにご紹介していますが、これらがあなたの人生に洞察をもたらし、新たな力強い選択をする動機づけとなれば幸いです。

読書はインスピレーションを与えてくれますが、プロセスの実行にかなうものはありません。421頁からの追記「継続は力なり」で提案していることを実践したり、ご自身のプロセスを日課にすることをお勧めします。人生はポジティブな行動なくして改善されるものではありません。本書で扱っている課題の多くは深刻なものですが、人生には笑いと喜びも必要です。ご自身でウェルネス・プランを立てるときは、楽しみながらできるバラエティと創造性に富んだものを考えましょう！

もし本書がお役に立ったなら、ぜひお知り合いの方にもお勧めください。ご家族やご友人にもそれぞれ考え方があるかもしれませんが、本書が新鮮かつ活気ある議論のきっかけになればと思っています。相手が意外にもヒーリングやスピリチュアリティに関心を持っていた、ということもあるかもしれません。

本書からおわかりいただけるかもしれませんが、私は世界中で行っているワークショップ「ヴィジョナリー直観ヒーリング」を通して人助けをすることに無上の喜びを感じています。そして、変容をもたらす強力なツールをお届けできるよう、いつも新しいやり方を探求しています。本書があなたにどのような変化をもたらしたか、ご一報いただければ幸いです（著者へのメッセージ・体験談の送り先は、431頁に掲載しています）。

どうか皆様がインスピレーションに満ちた驚くべき人生の旅路を歩めますように！

love
Inna

とびきりお利口でかわいい二人の子どもたちに感謝しています。あなたたちを授かってとても幸せです。感心な息子ラファエル、あなたはお母さんの誇りです。あなたの繊細さ、思いやり、人の話を聞く力、率直さ、深い探究心はかけがえのない宝物です。あなたは日々すばらしい成長を遂げています。アンジェリーナ、あなたは行く先々で光を灯します。いくら誉めても誉め足りない王女さま。あなたは人生を超越しています。とっても賢く、かわいくて楽しい子。あなたは天からの贈り物です。

タイ・ハンガーフォードにも感謝しています。最愛の人、あなたは私の世界を変えてくれました。

両親にも心から感謝しています。いつも二人の愛と承認とサポートを感じています。家族のためにいつもありがとう。

私のすばらしい家族全員にも感謝しています。特に弟のマラット、あなたのおかげで私は自分の体を労り、ちゃんとトレーニングしようという気になります。ありがとう！

従姉妹のジェニー、人生の旅路をあなたと歩めることができて幸せです。いつも嫌な顔一つせず話を聞き、私の仕事に関心を持ってくれてありがとう。あなたは特別な人です。そして、従兄弟のユリと奥さんのマンディ、娘のエミリー。あなたたち家族が成長していく姿を見るのがいつも楽しみです。

祖父母のエマとミーシャ。二人は今、霊界から私たちを見守ってくれていますよね。二人が苦難を乗り越えてきたこと、その勇気と愛、シンプルな生き方は私にインスピレーションを与えてくれます。

私の人生を楽しく豊かなものにしてくれる友人たち、ピオトル・ミクラスツースキー、アダム・ジョーンズ、フレデリック・エディンヴァル、マリーナ・ロザとポール・ロザ、ミリアム・クイノン・ペスカドール、カティア・ルイセル・フューリー、ル・グラン・グリーン。あなたたちの変わらぬ思いやりと力を尽くしてくれる気持ちに感動しています。アメリカ合衆国でも仕事をするようになってから、たくさんの人と知り合うことができました。皆様にもその心からのサポートにお礼を申し上げます。マイケル・ベックウィズ牧師、洞察力あふれる序文を寄稿いただいたこと、ラジオ番組でインタビューしてくださったこと、愛とサポートを惜しみなく与えてくださったことに感謝の思いでいっぱいです。私を信じてくださったニルヴァーナ・レジナルド・ガイル牧師、その知恵と友情を分かち合ってくださるあなたにも感謝を捧げます。ケヴィン・ロス牧師、初めてお会いしたとき、私の仕事に熱心に耳を傾けていただいたことがとても励みになりました。HeartThreads clothingのスコット・ウィルソン、あなたと知り合い一緒に仕事をする機会に恵まれたことを幸せに思います。11:11 Talk Radioのシムラン・シン、私のことを信頼して仕事を広めてくださったことに感謝しています。

世界中で私のワークショップを企画、運営してくださるスタッフの方々にも心より感謝申し上げます。ミリアム・クイノン・ペスカドール、あなたは私と共にメキシコ、フランス、スペインを巡り、数え切れないほど多くの人々に私のヒーリング・ワークを広めてくれました。さらに何千ものヒーリング・セッションをこなし、「体が伝える秘密の言葉」「ヴィジョナリー直観ヒーリング」をもとに数多くのワークショップを指導し、私の本をスペイン語に翻訳してくれました。あなたはすばらしい友人、ヒーラー、指導者です。言葉で表せないほど感謝しています。パオラ・リベロ、私の仕事を私以上に大きな視野でとらえてくれる人に初めて出会いました。天からの恵みのような人。あなたは人を幸せな気分にしてくれます。

ダイアン・ウィンにも感謝の思いでいっぱいです。お仕事をご一緒できてとても幸せでした。あなたの熱意、一途さ、活力にいつも励まされ、敬虔な気持ちにさせられます。

元夫のポール、あなたの思いやりと私の仕事への貢献に感謝しています。

音楽ディレクター担当のフィリップ・ゲルバック。あなたは「ヴィジョナリー直観ヒーリング」のオーディオ・プログラムの制作にあたって多大なる貢献をし、その才能を発揮してくれました。ありがとうございます。

クライアントとワークショップ参加者の方々にも心よりお礼申し上げます。皆様から、ハートを開いて他者の人生に貢献するというこの上ないギフトを与えられました。

思いやり深く、鋭い洞察力を持ったシンシア・ブラック、気遣いとアドバイスを惜しまないリチャード・コン、本当にありがとう。出版社Beyond Words Publishingとお仕事ができて光栄です。Atria Booksのジュディス・カー、いつも励ましとサポートをありがとうございます。Beyond Words Publishingのティム・シュローダー、エミリー・ハン、シーラ・アッシュダウン、リンジー・S・ブラウン、エマリサ・スパロー、ヘンリー・コヴィー、デボン・スミス、ビル・ブランソン、ウィットニー・クォン、ジェシカ・スタージ、リア・ブラウン、本書を最高の形で仕上げていただき、深く感謝しています。Beyond Words Publishingのチームのご協力にはただただ感謝の思いでいっぱいです。皆様のお気遣い、ご協力、ご配慮には言葉を失うほどです。本当にお世話になりました。

追記

継続は力なり

本書に限らず、私のワークはすべて読者やクライアントの方々に癒しのある生き方をしてもらいたいという励ましの思いから生まれました。癒しのある生き方とはつまり、自分や他者に優しくなれるよう毎日を送るということです。たとえ忙しい生活を送っているとしても、一日のうち数分間でも時間を作って自分の内面とつながり、人生を向上させてください。

あなたの健康と幸福を増進させる日々の活動がとても重要です。ご自身で考えた活動でもかまいませんが、ここでは日々の取り組みとして毎日実践できることをいくつかご提案します。

◆一日の初めに、第八章「聖なるエネルギーとつながり、自分を守る方法」でご紹介している「保護と浄化のプロセス」（185頁）を行いましょう。

◆自宅や職場で重苦しいエネルギーや異様なエネルギーを感じるときは、「スペース・クリアリングのプロセス」（337頁）を行いましょう。日常的に大勢の人と会う方は、毎日行ってください。そうでない方は、週に一、二回で十分です。

◆日中に嫌な感情が生じたときは第六章の「感情解放のプロセス」（160頁）を行いましょう。このプロセスは練り上げられたものなので、効果抜群です。ネガティブな感情はその悪影響が出る前にできるだけ早く解放することが大切です。前著『体が伝える秘密の言葉』を活用している方は、そこでご紹介している特定の感情や色彩を本書のプロセスに取り入れてもいいでしょう。

◆最近ショックを受けたりトラウマが生じた方は、第二十一章「悲嘆、死、喪失感に向き合う方法」の「ショックを解放するプロセス」（413頁）、「恐れに向き合うプロセス」（414頁）、「癒しの宣言を唱えるプロセス」（415頁）を行いましょう。

◆不安を抱えている方、家族を許して過去を癒したい方は、インナーチャイルドに向き合いましょう。第三章で取り上げているインナーチャイルドへの取り組みはとても重要です。まず87頁の「インナーチャイルドを癒すプロセス」から始めてみてください。

◆誰かを許すことが必要なときは、第九章「無条件の愛を実感するには」の「許しのプロセス」（195頁）を行いましょう。

◆ハートを開きたい方は、第二章「自分を愛するには」の66頁からのプロセスをすべて行いましょう。次に第五章「チャクラを活用して、癒しと霊的進化に達する方法」でご紹介している「ハートチャクラの浄化プロセス」(123頁)を行ってください。

◆減量したい方は、第十九章「自分の体を愛し、理想的な体重を達成する方法」の「痩せるためのプロセス」(375頁)を、体重に満足できるまで週に五回から七回行いましょう。

◆チャクラには定期的に取り組みましょう。113頁からの各チャクラの浄化プロセスは、それぞれさほど時間はかかりません。毎週、最低三つのチャクラにつながってください。

◆魂の目的を生きる心構えができた方は、第七章の「魂とつながるためのプロセス」(178頁)、第十二章の「魂の目的を発見するためのプロセス」(258頁)を行いましょう。明晰性が研ぎ澄まされるまで、これらを週に最低三、四回は行ってください。

◆成功と繁栄に集中したい方は、第十八章「人生に富と成功を引き寄せる方法」355頁からのプロセスを行いましょう。最低三ヶ月間、毎日行ってください。全プロセスを行うのが難しければ、できる範囲でかまいません。

◆「過去生のカルマを解消するプロセス」（235頁）や「過去生ヒーリングプロセス」（236頁）、「直観を磨くプロセス」（43頁）、「ソウルメイトやツインソウルとつながるプロセス」（221頁）、「愛情深いパートナーを引き寄せるためのプロセス」（278頁）、「傷心を癒すプロセス」（389頁）、「出産準備のためのプロセス」（307頁）、「死と向き合うためのプロセス」（412頁）は、それに関連する出来事が起こって特定のプロセスに引きつけられたときに行いましょう。

◆今は特定のパートナーがいない場合、あるいは今のパートナーに満足している場合でも、第十四章の「コードを浄化するプロセス」（294頁）は行ってください。このプロセスは、恋愛関係だけでなくあらゆる人間関係に生じる問題に対して強力な効果を発揮します。

◆妊娠していない方でも、妊娠と出産に関する第十五章は一読されることをお勧めします（296頁）。ご自身の誕生についても理解を深められるでしょう。

◆子どもがいる方は、第十六章325頁からのヒーリング・プロセスを毎晩、あるいは週に数回家族で行いましょう。子どもにも参加させて想像力を発揮できるよう励ましてあげてください。

読者の方々が健康と幸福への旅路を歩まれることを祈っています。何か進展があった方は教えていただければ幸いです。

訳者あとがき

イナ・シガールの二作目となる本書『魂が伝えるウェルネスの秘密』（原題『The Secret of Life Wellness』）は、前作『体が伝える秘密の言葉』に引き続き、読者をあらゆる方面でヒーリング（癒し）へと導き、ウェルネスへと引き立てるためのガイドブックです。前作で著者が向き合うよう勧めていた対象は「体」でした。本作におけるその対象は「直観」や「魂」です。それらは目にも見えず、物理的に届く声も持ちませんが、本書にはそうした姿形のない直観や魂と向き合うためのヒント、ひらめきをもたらす実体験、パワーを与えるプロセスが満載で、様々な悩みや困難を抱えている方々にヒーリングを届けたいという著者の願いが詰まっています。

著者は第十七章の事例「ピオトルの場合」で、ヒーリングの仕事を怪しむピオトルに対して「ヒーリングは痛みや病気のためだけに行うものではない」と語っています。人生のあらゆる方面に適用できるものだ、と。体に痛みがあったり不調を感じるわけではないけれども、どこか幸福を実感できないという方、人と打ち解けるのが苦手だという方、経済的に困っているという方……悩みには様々なものがありますが、何かが苦手だったり困難に感じたりするときは、そのうまく機能していない方面にヒーリングが必要だという合図なのかもしれません。

ヒーリングのためには、自分の内面を見つめて直観に耳を傾け、魂の目的を探求し、それに向かって「empowering decisions（パワーや自信が湧いてくるような選択）」をしていくことが大切だと著者は述べています。「ヒーリングに時間を設けるのは面倒くさい」あるいは「内面を見つめるなんて恐い」と感じる人もいるかもしれませんが、本書はそうした億劫さや恐怖心を払拭してくれます。各章のヒーリング・プロセスはどれも簡単なので、面倒くさがりの方でも毎日どれか一つくらいは実行できるのではないでしょうか。古今東西、悩める人たちの事例もふんだんに紹介されていますので、国籍や文化を問わず、自分と同じように「特定の領域がうまくいっていない」人たちがヒーリングを実現できたことを知ると、恐れではなく自信とやる気が湧いてくるでしょう。

ここで私自身の経験を一つお話しさせていただきます。本書を翻訳中、私はある知人との関係に悩んでいました。今思えばコミュニケーション不足が原因だったのですが、そのときの私は「自分だけが我慢して、相手に利用されている」と感じながら、一方では苛立ちを押し殺して良い人を演じ、関係を改善することを避けていました。ところがふと、自分の態度が第四章で登場する「犠牲者のアーキタイプ」そのものだということに気づいたのです。不満を抱えたままでいることは、パワーを損なう選択だということがわかり、「この状態を変えるには？」と考えたときに、やっと相手に自分の思いを伝えるという選択ができました。実際にそうしたとき、私が心配していた気まずい状態になることもなく相互理解を得て、想像以上の「Empowerment」を実感しました。自分の気持ちを伝えることがパワーになったと言うと大げさかもしれませんが、私にとっては「良い人の仮面」を取ることが勇気を必要とする行為だったのでしょう。本書に出会って気づきを得ていなければ、私はいまだに人間関係をぼやきながら、八方美人を装っていたかもしれません。

苦手なことや困難に感じることは人によって異なりますが、ほとんどの方にとって、本書で扱っているトピックの中には気になるものがあるのではないでしょうか。著者の洞察や事例を読んだだけでインスピレーションを得る方もいれば、何度もプロセスを繰り返してやっと一つの感情やパターンを浄化できるという方もいるかもしれません。けれども、ヒーリングはスピードを競うものではありませんので、読者の方々がご自分のペースで取り組んでいただければと思います。そして、本書が「内面を見つめる」ための助けとなり、お一人お一人にとっての「癒しが必要な領域」が変容し、ウェルネスがもたらされますようにと願っています。

最後に、翻訳中に生じた疑問にいつも丁寧に回答をくださったイナさん、前作に引き続き翻訳を任せてくださったナチュラルスピリットの今井社長、そして私の至らぬ点を大いに補い、ご協力くださった編集の光田和子さんに心より感謝申し上げます。

二〇一五年五月

采尾英理

13. Helen Schucman and William T. Thetford, *A Course in Miracles*: Course in Miracles Society, 1972
ヘレン・シャックマン、ウィリアム・セットフォード『奇跡のコース』ナチュラルスピリット、2010年
14. Caroline Myss（2002年7月の著者によるインタビュー "Healthy Choices for a Healing Lifestyle" *Living Now* より引用）
15. *Jonathan Livingston Seagull*（『かもめのジョナサン』新潮社）の著者 Richard Bach と著者との対談（2002年6月）より
16. *The Alchemist*（『アルケミスト』角川書店）の著者 Paolo Coelho と著者との対談（2002年10月）より
17. 同上
18. Masaru Emoto, *The Miracle of Water*, New York: Simon & Schuster, 2007
江本勝『自分が変わる水の奇跡』青春出版社、2005年
19. *The 9 Steps to Financial Freedom* の著者 Suze Orman と著者との対談（2004年5月）より
20. *Rich Dad, Poor Dad*（『金持ち父さん　貧乏父さん』筑摩書房）の著者 Robert Kiyosaki と著者との対談（2002年5月）より
21. 同上
22. Todd Tucker, *The Great Starvation Experiment*, Minneapolis: University of Minnesota Press, 2008
23. *The Breakthrough Experience*（『正負の法則　一瞬で人生の答えが見つかる』東洋経済新報社）の著者 John Demartini と著者との対談（2004年9月）より
24. *Growing Up in Heaven* の著者 James Van Praagh と著者との対談（2004年6月）より

注記

1. Mona Lisa Schulz, *Awakening Intuition*, New York: Three Rivers Press, 1998
2. Deepak Chopra, *Reinventing the Body, Resurrecting the Soul*, London: Rider, 2009
3. Stevan Thayer（2007年9月 *The Spirit of Ma'at* 掲載の Leon Pelletier と Phoenix Rising Star による "Cellular Memory — Cell Level Healing" より引用）
http://spiritofmaat.com/sep07/cellular_memory.html
4. Deepak Chopra, *Reinventing the Body, Resurrecting the Soul*, London : Rider, 2009
5. 参照：*Journal of Behavioral Medicine* 21, no.4（1998年）掲載の A. Siegman 他による論文、*Journal of Epidemiology and Community Health*（1998年9月）掲載の D. Carroll 他による論文
6. Ronald Grossarth-Maticek and Hans J. Eysenck, *Behaviour Research and Therapy* 29, no. 1, 1991
7. Glen Rein, Mike Atkinson, and Rollin McCraty, *Journal of Advancement in Medicine* 8, no. 2, 1995
8. Candace B. Pert, *Molecules of Emotion*, New York: Scribner, 1997
9. Deepak Chopra, *Quantum Healing*, New York: Bantam, 1989
ディーパック・チョプラ『クォンタム・ヒーリング——心身医学の最前線を探る』春秋社、1990年
10. ウェブサイト *Active Health* 掲載の Patrick Quanten による "Healing versus Curing"（2002年8月）
http://freespace.virgin.net/ahcare.qua/literature/mindspirit/healingvscuring.html
11. Robin Youngson（Hillsboro, OR: Beyond Words/Atria Books より2010年発行の *The Secret Language of Your Body* より引用）
12. Quest for Life Centre の創設者 Petrea King と著者との対談（2009年2月）より

■ 体が伝える秘密の言葉　*The Secret Language of Your Body*　２日間コース

体を活性化し、痛みを解き放ち、数分で負のパターンを手放して元気一杯になる方法を学ぶための基礎コースです。免疫系を強化し、神経系を再活性化させ、体からストレスや緊張感を解消する方法を指導します。『体が伝える秘密の言葉』を読んで効果があった方、自分の体が伝えようとしているメッセージを受けとって健康状態を完全に変容させたいと思っている方にお勧めです。簡単な方法で人生に自由と喜びをもたらすことができる驚きのコースです。

■ 感情が伝える秘密の言葉　*The Secret Language of Your Emotions*　２日間コース

あなたの感情はあなたの健康を左右し、幸福でパワーにあふれた人生を送る力に影響を与えます。このコースではそうした感情の影響力だけではなく、トラウマ感情を解き放つ方法についても指導します。あなたを制限するような重苦しいトラウマ感情でも解消することができます。どうすれば感情の奥底にあるものを経験できるのか、その方法を発見してください。今よりも楽に流れに乗りながら、チャンスと柔軟性と明晰性を会得して、奥深い感情を経験してみましょう。新しい自分、穏やかで幸福でバランスのとれた自分に出会ってください。

■ 影がもたらすギフトの秘密　*The Secrets of Your Shadow Revealed*　２～３日間コース

このユニークなワークショップは、あなたの人生を変え、あなたの影の側面がもたらすギフトを受けとれるようお手伝いをします。停滞、被害者意識、罪悪感、自分を傷つける言動から自由になれるでしょう。私たちは完璧なものを求める一方で、いつも恐れにかき立てられています。このワークショップでは、あなたを制限しているものを「力」に変える方法を実演します。あなたが否定し拒絶している自分のあらゆる側面が、どれほど大きなギフトを携えているのか発見してください。苦労、心配、苦痛の人生を、自由、平穏、自信に満ちた明るい人生に変えてみましょう。

■ ヴィジョナリー直観ヒーリング　*Visionary Intuitive Healing*　＜レベル１＞　５～６日間コース

神性とつながって本来の自由を発見したいと思っている方は、この人生を変容させるワークショップを気に入ってくれるはずです。これまでに見たことも聞いたこともないような経験ができるでしょう。ワークショップでは、精神的・感情的・エネルギー的なブロックや、人間や動物が抱える痛みを癒す方法を指導しています。直観を磨いてください。９つの主要チャクラに取り組みましょう。人のエネルギーに意識を合わせ、そこからメッセージを受けとってください。有害なブロックや不快な感情に別れを告げましょう。あなたの核となっている否定的な信念を解消し、人間関係に変化を起こしてください。もう古くなった考えや誓いは解消しましょう。宇宙の法則を知り、その法則を使って、人生のあらゆる方面において繁栄を受けとる方法を発見してください。

＊そのほかのコース

■ サクセスとマネー、豊かさを引き寄せる　*Success, Money & Prosperity*　２～３日間コース
■ 直観が伝える秘密の言葉　*The Secret Language of Your Intuition*　２日間コース
■ 運命の秘密を見つける　*The Secrets of Your Destiny Revealed*　４日間コース
■ クォンタム・リープ　スキルを研ぎ澄ます　*Quantum Leap: Sharpening Your Skills*　３～４日間コース
■ ヴィジョナリー直観ヒーリング　*Visionary Intuitive Healing*　＜レベル２＞　５～６日間コース
■ ヴィジョナリー直観ヒーリング　*Visionary Intuitive Healing*　＜レベル３＞　５～６日間コース

■ 著者紹介

イナ・シガール *Inna Segal*

「ヴィジョナリー直観ヒーリング（Visionary Intuitive Healing®）」の創始者であり、国際的に認められているヒーラー。講演家、著述家、テレビ番組のホストとしても活躍。エネルギー医療の分野における草分け的な存在で、医師から CEO、ヘルスケアの専門家、俳優、有名スポーツ選手などのほか、様々なクライアントを持つ。人々が自らの力で治癒に向かって旅路を歩むのをサポートすることに生涯を捧げており、その実用的なヒーリング方法や、ウェブ・ラジオ・テレビ番組などを通して、世界中の何百万人もの人たちの人生に変化を起こしている。

ホームページ：http://www.innasegal.com
著者へのメッセージ・体験談の送り先：inna@innasegal.com（日本語での送付可）

■ 訳者紹介

采尾 英理 *Eri Uneo*

同志社大学文学部卒業。教育機関や一般企業での翻訳に従事した後、フリーランスに。訳書に『体が伝える秘密の言葉』『なぜ私は病気なのか』（ナチュラルスピリット）。

■ 著者の他の作品

体が伝える秘密の言葉
心身を最高の健やかさへと導く実践ガイド

体の各部位の病が伝えるメッセージとは？　体のメッセージを読み解く実践的ヒーリング・ブック。
（ナチュラルスピリット）

カラー・カード
色に隠された秘密の言葉

今日からできるカラー・ヒーリング！　鮮やかなカラー・カード 45 枚と、使い方がわかるガイドブック付き。
（ナチュラルスピリット）

変容をもたらす「ヴィジョナリー直観ヒーリング」各種コースのご紹介

■ 魂が伝えるウェルネスの秘密 *The Secret of Life Wellness* ２日間コース

直観力を高め、内なる力を取り戻し、自分を愛し、つらい感情に対処するためのコースです。自分の価値を発見し、自分にふさわしい愛と滋養を受けとりましょう。魂とつながって対話してください。ソウルメイトに気づいて引き寄せる方法を学びましょう。人生の目的を発見して歩んでいきましょう。人間関係を改善し、自分の進歩を台無しにするのをやめて、人生における成功を生み出してください。シンプルかつ簡単で効果的な、大きな変容をもたらすプロセスを組み合わせて、最高の人生を創造しましょう。

魂が伝えるウェルネスの秘密
～人生を癒し変容させるための実践ガイド～

●

2015年6月12日　初版発行

著者／イナ・シガール
訳者／采尾英理
装幀／斉藤よしのぶ
編集・DTP／光田和子

発行者／今井博央希
発行所／株式会社ナチュラルスピリット

〒107-0062 東京都港区南青山 5-1-10　南青山第一マンションズ 602
TEL 03-6450-5938　FAX 03-6450-5978
E-mail　info@naturalspirit.co.jp
ホームページ　http://www.naturalspirit.co.jp/

印刷所／株式会社暁印刷

ISBN978-4-86451-166-7 C0011